やわらかアカデミズム・〈わかる〉シリーズ

よくわかる
保育心理学

鯨岡 峻・鯨岡和子 著

ミネルヴァ書房

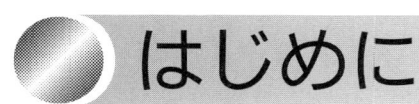

はじめに

■よくわかる保育心理学

　保育は，人生最初の乳幼児期において，ひとりの人間が人間として生きていくその基本姿勢を培うためにあるものです。本書ではこの考えに立って，この乳幼児期に何を育てることが重要なのかを改めて問い直してみたいと思います。

　これまで類書では，この時期は運動能力，認知能力，言語能力，対人・社会能力など，いろいろな能力が花開き，目覚しい勢いで発達していく時期であると捉え，保育はそれらの諸能力が開花するのを手伝い，その発達を促進するのが役割であるというふうに考えてきました。

　確かに保育には，子どもが成長していくのを援助し，諸能力の発達を促進していく面があります。しかし，それだけでよいのでしょうか。昨今の子どもたちを見ていると，能力的には問題がなくても，遊ぶことを楽しめない，友達と仲良くできない，自分の好きな遊びが見つからない，自分の思いを表現できない，先生の話しを聞こうとしない，大人の顔色ばかりうかがっている，等々，これから一人の人間として主体的に生きていく上に必要な基本姿勢に危うさの感じられる子どもが多数目に付きます。つまり，それらの子どもにおいては，本来，幼児期に育ってよいはずのものが十分に育っていないように見えるのです。

　こうした子どもの危うい姿は，ただ単に価値観や子ども観の違いによる見方の違いにすぎないとして片付けてしまうわけにはいきません。その裏側には，養育や保育の中で子どもたちが抱えずにはおかない多様な社会病理的な問題や対人関係上の難しい問題が，おそらく潜んでいるに違いないのです。

　一人の人間として生きていくその基本姿勢とは，自分に自信をもち，他者とのあいだに信頼関係を築いて対人関係の輪を広げようとし，自分の力を信じて周囲の「もの・こと」に興味や関心をもち，それらに働きかけてそれらを自分のものにし，そうして自分の世界を意欲的に広げていこうとする心や姿勢のことです。この基本姿勢は，乳幼児の頃から自分の存在や自分の思いを周囲の大人に受け止めてもらうことで培われていくものですが，それはまたいろいろな能力が花開き，自分の力として定着するための重要な条件にもなるものです。この基本姿勢は，これまでは子どもが集団生活の場に出てくる以前に，家庭の養育の中で育てられてきているのが常でした。そして，集団生活の場に出てきた後も，家庭でそのように育てられてきていることを暗黙の前提にして，子どもたちの世界をより充実したものにしていくのが集団保育の役割であると考え

i

て十分でした。

　しかし，昨今の子どもたちの様子を見るにつけ，集団保育の場でも子どものその基本姿勢を育てるというところをしっかり押えた保育が是非とも必要だという思いを禁じ得ません。能力の発達の面だけに目を奪われていたのではだめなのです。一見大人びて，いろいろな面に高い能力を発揮する子どもが大勢います。これらの子どもたちは，確かに周囲の大多数の大人の目には好ましいと映ります。にもかかわらず，しばしばそれらの子どもたちの心の奥底は空洞で，一人の主体として生きていくその基本姿勢が十分に育っていないのです。

　そのことに気づかずに，大人がその能力の高さにばかり目を奪われてしまうと，子どもは大人の能力促進の熱い働きかけに何とか応えようと，子どもなりに懸命に努力しようとします。その結果，心が疲弊してしまったり，あるいはそういう大人の期待に応えられない自分に子ども自身傷ついて，自分に自信を無くしたりしてしまうことになります。すべてがそうだとは言わないまでも，そうしたことが今の子どもたちが抱えるさまざまな困難に繋がっているのではないでしょうか。

　このような養育や保育に関する混乱は，子どもを取り巻く社会状況の大きな変化に起因していることはいうまでもありません。一つは家庭の養育環境です。家庭が核家族化し，養育者と子どもが一対一で向き合うという状況が生まれ，またその養育者を支えるはずの他の家族もその近隣や友人もそのように機能しない状況が生まれました。そのような事情の下では，共に生活する中で互いに支えあうという本来の人間関係が営めなくなりました。そのことが，子どもの育ち，特に心の育ちに深刻な影響を及ぼしているように見えます。二つ目は，それとも関連しますが，自由や自立，自己実現といった個の主体としての一面のみが強調された社会通念や価値観が支配的になる中で，人々が共に<u>主体として生きる</u>ということの重要性が見失われてしまったことです。そしてその結果，多くの人たちが面倒くさくて煩わしい人間関係を敬遠し，簡単で分かりやすいことだけをするという安易な方向へと生活全体が流れていったことが挙げられます。三つ目は，能力発達にのみ目を向ける発達観に基づいて，こう働きかければこういう力がつくといった安易な子育て論が横行し，養育者や保育者が容易にそれに振り回されるようになったことです。

　子どもが置かれている状況がこういうものであることを踏まえれば，集団保育の場においても，いや集団保育の場が率先して，いまの子どもたちが抱えている問題をしっかりと見据え，子どもの心を育てる保育，生きるための基本姿勢を育てる保育をしっかりと組み直す必要があるということが見えてくるはずです。そして，子どもの心を育て，生きる基本姿勢を育てるという観点から，家庭や社会に働きかけて，保育の場とその周囲を取り巻くさまざまな人たちとの緊密な連携を図っていく必要があることも分かってくるはずです。

もくじ

■よくわかる保育心理学

はじめに

I 保育の基本

1 保育とは何か ……………… 4
2 能力を伸ばすという
　視点を越えて ……………… 6
3 子ども中心主義の
　限界を乗り越えて ………… 10
4 保育の二つの目標
　「自分らしく生きること」と「みんなと
　共に生きること」 ………… 12
5 子どもは一個の主体である ……… 14
6 子どもの心の世界の二面性 …… 18
7 子どもという存在の二面性
　子どもは未来の大人 ……… 20
8 子どもを見る目　三つの目 …… 22
9 保育を見る保育者の目
　ホットな目とクールな目 ………… 24
10 一人ひとりとみんな一緒に
　個と集団、私と私たち ……… 28
11 保育者の対応の二面性 ………… 32
12 障碍児保育 ………………… 36

II 保育の内容

1 養護の側面 ………………… 42
2 食　事 ……………………… 44
3 身体と運動 ………………… 46
4 遊びの本質 ………………… 50
5 子どもにとっての遊び ……… 52
6 主体的に遊ぶとは …………… 56
7 さまざまな遊びのかたち …… 58
8 遊びにおける保育者の役割 …… 64
9 信頼関係 …………………… 68
10 子どもを一個の主体として
　受け止める
　子どもは保育者に主体として受け止め
　られることによって主体として育って
　いく ………………………… 72
11 認めること ………………… 76
12 ほめること ………………… 78
13 叱ること …………………… 80
14 情動調律と情動制御 ………… 82
15 依存と自立 ………………… 86
16 過干渉と放任 ……………… 88
17 コミュニケーション・言葉・
　イメージ …………………… 90

III 保育の実際

1 乳児期前期の保育
　新生児期から7カ月 ………… 96
2 乳児期後期の保育
　8カ月から1歳半 …………… 100

iii

もくじ

3　1歳半から3歳未満児の保育 …106
4　3歳児の保育 ……………112
5　4，5歳児の保育 …………118
6　保育の形態（1）
　　自由保育　自由遊び………124
7　保育の形態（2）　設定保育………128
8　保育の形態（3）　クラス構成……132
9　保育の5領域 ……………134
10　建物の構造や空間的配置などの
　　保育環境の問題 ……………138
11　保育の場での生活とその配慮点…142
12　運動会，発表会，諸行事 ………146

IV　保育者のあり方

1　保育者とは …………………152
2　保育者のアイデンティティ ……156
3　保育者の仕事
　　保育士と幼稚園教諭の共通点と
　　これから ……………………158
4　保育者の抱く葛藤 …………162
5　保育者の3つの専門性 ………166

6　保育者同士の関係 …………170
7　研修の意義と受ける姿勢 ………172
8　気になる子どもへの対応 ………176
9　負の出来事への対応
　　衝突，対立，乱暴，ケガ，安全 ……180
10　保護者との連携 ……………184
11　保育実践の問題点（1）
　　意地悪な行為や乱暴な行為への対処の
　　仕方 ……………………186
12　保育実践の問題点（2）
　　集団から外れることだけに目がいくと
　　いう問題 ……………………188
13　保育実践の問題点（3）
　　望ましい振る舞いへ保育者が方向づけ
　　てしまうこと ……………190
14　保育実践の問題点（4）
　　自由遊びの中での保育者の役割 ……194
15　次世代育成支援または
　　子育て支援 ……………………198
16　地域との交流 ……………202
17　就学へのつなぎ ……………204
さくいん ………………………207

やわらかアカデミズム・〈わかる〉シリーズ

よくわかる
保 育 心 理 学

I　保育の基本

　　このIでは，本書の基調を提示することを念頭に置きながら，保育の基本となる点をいくつか取り上げてみます。

1．保育とは何か
2．能力を伸ばすという視点を越えて
3．子ども中心主義の限界を乗り越えて
4．保育の二つの目標
5．子どもは一個の主体である
6．子どもの世界の二面性
7．子どもという存在の二面性
8．子どもを見る目
9．保育を見る保育者の目
10．一人ひとりとみんな一緒に
11．保育者の対応の二面性
12．障碍児保育

　子どもたちがそれぞれの思いで，それぞれに遊び込んでいる。こうした子どもたちの一緒に遊ぶ姿の背景には，保育する側の「見えない保育観」，つまり，こういう子どもの姿こそ幼児期のもっとも大切な姿なのだという保育観があり，また一人ひとりが保育者に支えられているからこそ，こうして一緒に遊べるのである。

（本書に収録した写真の大部分は京都市山科の岩屋保育園で撮影したもの，および同保育園より提供していただいたものであり，また数葉は大阪府高槻市の高槻幼稚園より提供していただいたものである。ここに記して感謝申し上げたい。）

I 保育の基本

 保育とは何か

保育とは何でしょうか。差し当たりは，①誕生から義務教育が始まるまでのおよそ６年間のあいだにおいて，②子どもが家庭などの生活の基盤を置く場から離れて，③他の子どもたちと共に日々通う集団の場で，④遊びを中心にした活動や生活を通して，⑤心身の成長を培う営みだと言えば，義務教育との違いを踏まえた保育の特徴を指摘したことになるでしょう。しかし，そもそもなぜそれを「保育」と呼ぶのでしょうか。

1 「保育」という言葉の由来

◯ 保護を必要とする側面

上記の保育の「定義」には，まず就学前の乳幼児が，大人の保護や世話や愛情を必要とする存在だということ，そしてそれを通常は家庭で保護者から満たしてもらっているということが大前提になっています。未熟な乳幼児は自分ひとりの力では生きていけません。必ず保護や世話など大人の働きかけを必要とし，しかもそれが丁寧に行われるためには，その子の存在を認め，その存在を大事に思う大人の愛情が不可欠です。周りの大人の愛情が足らず，単なる身体面の世話にとどまるなら，子どもは不安になり，元気をなくし，順調な成長を遂げていくことができません。乳幼児が幼ければ幼いほど，この保護や養護の面の比重が増します。これは保育の「保護・養護」に対応する面です。②の「家庭などの生活の基盤を離れて」ということの中には，本来は家庭で満たされるこうした保護や養護の面が，家庭から離れて過ごす保育の場でも必要になるということが暗示されています。

◯ 学ぶ＝真似ぶ側面

他方で，就学前の６年間は，子どもが身辺の自立をはじめ，生活に必要なさまざまな基本的な行動を，周囲から学んで身につけていく時期です。「周囲から学んで」とは，周囲の大人のすることを見てそれを取り込んだり，周囲にいる他の子どもたちのすることを真似て取り込むというように，「学ぶ＝真似ぶ」が基本になるものです。もちろんそこには，周囲の大人が「こんなことをしてほしいな」「ここはこうしてみよう」また時には「それはそうではないよ」ということを子どもに分かるように伝えるような「教える」営みも含まれてきますが，それは「こうしなければならない」といった強い教示ではありません。それでも，単に愛情深く保護し身辺の世話をすればよいというのではなく，各

▷１ このことは，第２次世界大戦によって戦争孤児になった乳幼児が，人間らしい愛情豊かな養育環境を欠くときに，たとえ栄養面，衛生面の配慮が十分なされても，元気をなくし，表情に乏しく，病気にかかりやすいという，いわゆる「ホスピタリズム」の状態に陥った事実，そして特定の保育者が愛情をもって関わると，そのホスピタリズムが軽減する事実によって裏付けられる。この種の研究では，フロイト・Ａの『家庭なき子ども』（1943）やスピッツ・Ｒの「ホスピタリズム」（1945, 1946）が有名。

▷２ 「まなぶ」という動詞の和語は「まねぶ」，つまり周囲を真似て取り込むということであるといわれている。

自の心身の成長のためには，また集団生活を安定して送ることができるためには，そのような緩やかな「教える」営みが保育には必ず含まれてきます。これは保育の「教育」に対応する面だと言ってもよいでしょう。

要するに，保護や養護の「保」の面と教育の「育」の面が合さって「保育」という言葉が成り立っていると考えることができますが，問題は保育における「教育」の面をどのように考えるかです。

2 保育における「教育」の面をどのように理解するか

3歳未満では，周囲の大人との信頼関係を背景に，身辺自立を中心にした保護や世話の面に大きなウエイトがあり，「教育」の面は，子ども自身の旺盛な探索心や活動の意欲を支えることが中心にきます。それが4歳を過ぎる頃になると，身辺自立もほぼ身につき，大人のいうことへの聞き分けもよくなり，それとともに，知的な面への関心も強まり，また集団で活動することへの意欲も高まってきます。そのようなことを背景に，自ら学ぼう，周囲を取り込もうとする姿勢が強くなってきます。また友達同士の関係もいったんこじれると，子どもたち同士で修復しかねる場面も増えてきます。このとき，それまでの子ども自身の探索心や活動の意欲を支えるというにとどまらず，いわゆる「発達の最近接領域」に働きかけるかたちでの「教育」，つまり，大人が提案したり，誘ったり，子どもが気づくようにもっていったりといった働きかけが必要になってきます。ところがそこに，保育の場における「教育」は，要するに大人が良かれと思うことに向けて子どもを「指導する」ことだという誤解が生まれる余地が潜んでいるのです。

たとえば，「保護・養護」そして「支え」が中心に来るはずの低年齢の子どもの保育においても，集団で子どもを扱う必要に迫られる中で，「○○をさせる」という「指導」が強く入ってくることになりました。そして，そのような指導によって，身辺自立や社会性が早く身につくかのように見える結果が得られると，大人がうまく働きかければ子どもの発達を促進することができるのだという錯覚が生まれてきます。こうして，保育の場はもちろん，家庭にまで大人の強い指導による「させる」対応が入り込むようになりました。保育における「教育」が，その本来の「子ども自身の真似ぶ」を「支える」というところから，大人が指導し，「させる」対応へと次第に傾斜していったように見えるのです。

言い換えれば，保育の場に「教えて身につけさせる」という「させる」働きかけが強く入り込んできて，本来の「学び＝真似び」が見失われ，目に見える「できる・できない」が子どもを見る視点になって，「できること」を増やしてやること，そして能力発達を促進することが保育者の役割だというような誤解が保育の場に浸透してきているように見えます。

▷3 ヴィゴツキー，L, S. は問題解決場面において子どもが自力で解決できる水準と，大人の援助や指導によって解決できる水準を区別し，前者を「すでに完成した水準」と呼び，この二つの水準のあいだの領域を「発達の最近接領域」と呼んだ。教育的働きかけはこの領域に向かってなされなければ効果を得られないというのがヴィゴツキーの主張である。

Ⅰ 保育の基本

 能力を伸ばすという視点を越えて

▷1 こうした文化の影響力の強調は，近年，ガーゲン・Kに代表される「社会構築主義」の立場，つまり人のものの考え方や態度はその人の生きる社会や文化の常識や規範等の影響を受け，それによって型取られるという考え方と相通じている。この社会構築主義の考え方は，現在，社会心理学，発達心理学，社会学，精神病理学，文化人類学等，多方面の学問に大きな影響を及ぼしている。

▷2 この考え方は，遺伝・成熟説として知られているものである。つまり，人の成長は遺伝子プログラムにあらかじめ書き込まれていたものが，時間の経過と共に（成熟と共に）次々に発現してくることだと考える立場である。発達を考えるとき，この考えを否定する者はいない。人種を超え，文化を超えて，ヒトという種に固有の発達の順序やテンポがあるのは（首が据わる，歩く，言葉を話す，等は，個人差がありながらも，人種や文化を超えてほぼ一定しているという事実は），このヒトの遺伝子プログラムによっている。ただし，このプログラムの発現が，子どもの生きる環境の影響を受けることも事実で，今日では「遺伝か環境か」ではなく，「遺伝も環境も」という考え方になってきている。

 「育てる」という視点の回復

　保育という言葉を理解しやすくするために，あえて「保」と「育」の二つの面を分離してとりあげましたが，本来これは家庭で乳幼児期の子どもを「育てる」というときの二面性に対応するものです。家庭では養育，保育では保育と呼びますが，子どもから見れば周囲の大人に「育てられる」ことに変わりありません。

　◯ 文化伝達としての育てる営み

　人間はみな文化の中に生きています。そして人間の乳幼児は，いまの文化を生きる大人によって保護され世話をされ愛情を注がれて育ちます。そのような大人の「育てる」営みには現行の文化（前の世代から引き継いだ文化も含めて）が染み込んでいます。ですから「育てる」という営みは，意図的に伝えていくにせよ，意図せずに伝わっていくにせよ，本来は大人から子どもへの文化伝達なのです。その意味では，子どもの成長はその身体面，心の面，能力の面に現行の文化が染み込んでいくこと，あるいは大人がそのようにもっていくことだと言っても過言ではありません。その結果，子どもは文化の担い手としての大人になっていくのです。

　ところが，このことが忘れられてしまって，子どもの成長は子どもに内在する力によって能力が開花していくことだという考え方が支配的です。確かに，子どもの心身の成長を外部から眺めているだけでは，その成長は自らの内に内在している力が時間経過と共に自然に開花して「自ら育つ」かのように見えます。そしてそこから，「育てる」働きかけは，その能力の開花をさらに推し進めることだという考えが生まれてきます。

　◯ 育てることの基本は信頼関係を築くこと

　しかし，乳幼児を育てるときの基本は，まず大人が子どもには子どもなりの思いがあると受け止め，そのように受け止めることを通してそこに信頼関係を築き，それを背景にして子どもがさらに自分の思いをかたちづくり，それをまた大人が受け止めるというように，大人→子ども→大人と循環がめぐるところにあります。そのこと自体，前の世代から引き継ぎ，次の世代に引き継いでいく文化的な営みだと考えなければなりません（この文化伝達がおかしくなったところに，今の子育ての難しい状況があるように思われます）。その中核にくるのは

「大人が子どもの思いを受け止める」ということであって，大人が望ましいことを「させる」働きかけではありません。「させる」働きかけだけでは，本当の信頼関係ができてこないのです。そして信頼関係を抜きには，乳幼児の場合，心の成長はもちろん，周囲の人と共に生きることに役立つ能力の成長も考えられないといっても過言ではありません。

ところが今日では，「育てる」ということに含まれている文化伝達の意味がいつのまにかそぎ落とされ，大人の都合や願望から導かれた「させる」「教える」という意味に置き換えられてしまったかにみえます。その結果，それが信頼関係を背景にした営みであること，また心を育てる営みが中心にくることが軽視されてきたのです。この悪しき流れを動かして，「育てる」の本来の意味を取り戻さねばなりません。つまり，「育てる」という営みは，乳幼児の能力の成長と心の育ちの両面が共に可能になるように，大人が幼い子どもの思いを「受け止め」「認め」「支える」対応を基本にする中で，そこに「誘い」「提案し」「手本を示し」「伝え」「促す」という対応を加味していくことなのです。

❷ 一個の主体として受け止めるという視点

一人の子どもが自分の思いをもって個性的，意欲的に生きる姿勢をみせ，友達と時には対立しながら，元気に仲良く集団の一員として振舞うようになること，つまり，一個の主体として成長を遂げることが，本来の「子どもの心身の成長」の意味であるはずです。にもかかわらず，最近の保護者の願いも「わが子の早い発達」に向かい，身辺自立や集団適応，さらには言葉や認知面の発達など，願わしい行動が増えることにばかり目が行って，子どもの「心の育ち」，つまり，人を信頼し，自分に自信をもち，安心し，安定して意欲的に毎日を過ごせるようになるという面が忘れられたり，見失われたりしている現実があります。こうした子どもの「心の育ち」は，子ども一人で培っていけるものではなく，明らかに周りの大人の育てる営みの中で育つものです。

◯子どもの思いを受け止め，大人の思いを伝える

本書で繰り返し触れるように，「一個の主体として生きていく基本姿勢を育てる」ということの中に，育つ側の子どもの問題と，育てる側の大人の問題が深く絡み合っていることが見えてきます。しかも，その際の「育てる」は，強く教え込むことではなく，むしろ子どものいろいろな思いを受け止め，また大人の思いを伝えていくことが基本になるものです。そして，そうして対応しているうちに，子どもの側がそのような扱いをしてくれる大人の思いや振る舞いを受け止め，取り込むというかたちで，そこに「育ち」が生まれ，それがまた周囲の子どもたちとの関係のありように繋がっていくのです。

このように，一見簡単に見える「育てる」という言葉に，実は育てられる子どもと育てる大人のあいだの非常に複雑な係わり合いが含みこまれているので

▷3 「一個の主体として」というのは本書のキーワードの一つ。これから本書のさまざまな節で，このキーワードを多面的に説明していく。

▷4 ただし，昨今の「心の教育」という教育界の発想については，それが本書の「心を育てる」という観点よりも「心を教える」という観点に傾いているように思われる点で，また本書では「心の教育」が最も必要なのはむしろ子どもよりも大人自身であると主張する点で，本書の立場は昨今の「心の教育」の議論とは一線を画している。

す。本書で「育てる」を強調するのは，大人が正しいと思うことを一方通行的に与えることや「させる」ことが「育てる」ことだという誤解を覆したいと思うからですが，さらに「育てる」が複雑な子どもと大人の係わり合いの中に成り立つ営みだと捉え直し，その複雑な係わり合いに踏み込み，そこで子どもが一個の主体として育っていく様子にもっと接近したいというのも，ここで「育てる」を強調するもう一つの理由です。

● 育てられて育つ

実際，現実の子どもの能力が高まるのは，人を信頼できるようになり，自分に自信を抱き，自分を肯定できるというように心が育っているからです。つまり，意欲的に自分の思いを表現し，周囲の世界に関心を向け，物事に取り組む姿勢が育っていない限り，外部から強く働きかけても能力は高まりませんし，また真に定着していきません。さらに，そういう心が育っていないと，周りの人と共に遊んだり生活したりすることにもなかなか喜びを見出せません。

このことからも分かるように，本来の主体としての生き方は，周りの人に受け止められて自分の思いを表現できる面が育っていくだけでなく，それを背景に，周囲と共に生きることに喜びを見出し，自ら進んで他の人と交わり，自分が主体として受け止めてもらうように自分も相手を主体として受け止めるようになるという，相互主体的な関係を深めていく面も必要なはずです。この両面をどのように「育てる」のか，そしてそのなかで子どもがどのように主体として「育つ」のかが，保育の根本なのです。

③ 保育についての本書の基本的スタンス

このようにみてくると，保育とは何かという問いに対して，本書のとる基本的なスタンスが見えてきます。要するに，一人ひとりの子どもは自分の思いをもった存在なのだと受け止め，その思いを尊重するというのが大人の対応の基本であり，保育においてもそれが基本だということです。

● 主体として生きることの二面性

そのなかで子どもは，そのように受け止めてくれる人と信頼関係を築き，それを背景に，まずは自分が個性的，意欲的に世界を生きる存在なのだという主体としての一面を培います。これは「私は私」というように，自分の独自性を前に出して意欲的に生きるのが主体だという意味です。

次に，周りの人の存在を認めて，その人たちと共に生きる姿勢をしっかりもつことも主体としてのもう一つの欠かせない面です。これは「私はみんなの中の私，私は私たちの中の一人」というように，他者と競争や対立をしながらも，他者から学び，他者を取り込み，他者と協同し，他者と共に生きる中で喜びや幸せを感じるのが主体だという意味です。

要するに「主体として生きる」とは，この二面をともに生きることにほかな

▶5 ここに相互主体的というのは，それぞれに主体である個人が身近な関係において「共に生きる」ことを目指せば，自分を貫きながらも必ず相手を尊重することが必要になり，しかもこれが一方の側に起こるだけでなく，相手側にも起こるということを言おうとしたものである。なおこれに関連して第2部第6節を参照されたい。

りません。乳幼児期にはこの「主体として生きる」ということの両面の基礎が培われれる時期です。その流れのなかで，年齢とともに次第にこの両面のバランスが図られるようになり，こうして大人と同じような一個の主体に成長を遂げていくことができるのです。

●保育の基本：子どもを一個の主体として受け止めて育てること

保育は，子ども一人ひとりの主体としての育ちを保育者が支える営みだといえます。この観点からすれば，集団を一斉に動かしたり，規律のとれた集団生活が営めたりというところに保育の主眼があるのではなく，やはり子ども一人ひとりが中心にきて，その子ども一人ひとりの内面において，「私は私」という気持ちが育ち，それを基礎に「でも私はみんなの中の私」という子どもなりの理解が生まれるようにもっていくことが，保育の本質だといっても間違いありません。

このように言えるのは，「大人になる」ということが単に身体的，能力的に完成された存在になるということではなく，むしろ一個の主体としての生き方，つまり「私は私」と「私はみんなの中の私＝私たちの一人」の両面をバランスよく生きることを身につけることだ，という考えが背後にあるからこそです。

こうしてここに，「いま一個の主体として生きている大人（保育者）が，子どもが一個の主体として生きていけるように育てること」という，本書における保育についての基本的なスタンスが見えてきます。そして，このように育てる側の大人の対応を考えて見ると，大人である自分自身，そのように育てられて一個の主体となった人であり，それが今度は立場を変えて，子どもを育てる側にまわり，自分が一個の主体として受け止めてもらってきたように，今度は子どもを一個の主体として受け止めるというように，「育てる」営みが世代から世代へと反復されていく様子が浮かび上がってきます。

考えて見れば，私たち大人はいま子どもを〈育てる者〉ですが，その〈育てる者〉はみな，かつては〈育てられる者〉でした。つまり，長いあいだ〈育てられる者〉だった子どもが，成長を遂げて大人になり，立場が逆転して，子どもを〈育てる者〉になったのです。そして，子どもはいま〈育てられる者〉ですが，成長を遂げて大人になれば，〈育てる者〉になっていく人です。一人の人間の生涯は，〈育てられる者〉として出発し，成長を遂げた後に自分の子どもをもつなどして〈育てる者〉に立場を移し，熟年に至っては前の世代を〈看取る者〉となり，また最期には次の世代に〈看取られる者〉になると考えることで，ほぼその全容を見通すことができます。このように考えれば，「育てる」営み自体が世代から世代へ受け継がれていく営みだということも見えてきます。

そしてその育てることの中身は，あれこれの能力であるよりは，私たち大人が前の世代から引き継いだこの文化を次の世代の子どもに引き継ぐ営みだという視点も切開かれてきます。

▶6　保育者の関わり方の留意点としては次のものを掲げることができる。①子どもの思いを受け止める。②子どもが自分で経験することを大切にする。③子どもが自分で考え工夫することを大切にする。④子どもが自分で気づくように言葉かけをする。要するに，こうした保育者の関わりによって，子どもが㋐自分の思いを表現する，㋑自分で積極的に「ひと・もの・こと」に取り組む，㋒自分で考え工夫し判断する，㋓他者の思いに気づき，他者の思いを受け止めていく，という4点を身につけることが保育の目標になる。

▶7　このパラグラフの内容は，鯨岡峻著『〈育てられる者〉から〈育てる者〉へ』ＮＨＫブックス（2002）に詳しい。

Ⅰ 保育の基本

 子ども中心主義の限界を乗り越えて

▷1 フレーベル・F (1782-1852)は，最初に幼稚園を創設したドイツ人。どんな子どもであれ，その子自身のうちにあらゆる能力が潜在しているという思想に基づいて幼児教育を展開し，幼児のための教育遊具を考案するとともに，「遊びと作業の教育所」を創設し，1840年にそれを初めて「幼稚園」と名づけた。

▷2 モンテッソーリ・M (1870-1952)は，医学畑出身の女流幼児教育学者。どんな子どもでも成長する力を内に宿しており，それゆえ教育者は子どもの環境を整え，よく子どもを観察し，子どもの自由な活動を尊重すべきであると主張した。医学出身の彼女はその考えを障碍のある子どもの教育を通して主張していたが，のちにこれを幼児教育に拡げ，幼児期にその発達の基礎として感覚が重要であるという立場から，感覚機能訓練の道具を開発し，理論と実践を結びつけたのが今日モンテッソーリ・メソッドとして知られているものである。

これまでフレーベルやモッテッソーリ，わが国では倉橋惣三など，保育に大きな影響を与えたひとびとが保育のテキストで取り上げられ，それを基礎に保育論が展開されるという流れがありました。そこには確かにいろいろな論争も含まれ，それが今日の保育論のなかに影を落としている部分もあります。

1 保育論にみられる対立図式

幼稚園教育においては，就学前に義務教育につなげる何らかの教育が必要だとする発想と，義務教育以前の保育だからこそ，教えるよりも子どもが自発的に選んだり発見したりすることが大事だとする発想との対立が，古くからありました。そして保育園保育に関しても，大人の生活の必要や都合に合わせて保育の効率を考える「教える」観点と，保育を受ける子どもの側に視点をおく「守る」観点の対立も，古くからの論争として今日に引き継がれています。

そのなかでいくつかの考えはふるいにかけられ，次第に今日の保育観や子ども観が練り上げられてきました。そこには上に掲げた人たちをはじめ，多数の実践に従事した人たちの困難な道のりがあったことを認めなければなりません。

2 子ども中心主義が生まれる必然性

本書の基本的スタンスで従来の保育論の基調と若干相違するところがあるとすれば，従来の「子ども中心主義」の問題があるかもしれません。

歴史的に見て，「子ども中心主義」は強調される必要が確かにありました。劣悪な家庭生活のなかで十分な栄養が与えられず，健康面や衛生面への配慮も十分でないまま，幼くして命を失う多数の子どもがいた現実が，わが国の歴史のなかにもありました。それは諸外国でも同様であり，戦争や飢餓の続く国では，今現在もみられる現実です。さらに，水汲みや子守や家事の手伝いなど，子どもは大人の生活を手助けする存在として扱われ，時には大人の暴力の犠牲になるなど，大人の思いに振り回され，虐げられてきた現実もありました。

こうした歴史的現実のなかで，大人の暴力や専横から子どもを守り，子どもの成長する権利を尊重するためには，大人の生活から切り離された特別の空間と時間を子どもに与え，その中で心身が十分に育つ条件を与えることが必要だという主張が生まれました。これが「子ども中心主義」です。これは世界各地の悲惨な条件下で育つ子どもたちを見れば，いうまでもなく重要な，必要不可

欠な観点だといえます。こうして，その特権的な場の中で，子どもたちは思う存分遊び，他の子どもと交わり，心身を成長させていくというシナリオが描かれるようになったわけです。このことは戦後の民主主義憲法のなかに反映され，またわが国の児童憲章や国連の児童権利宣言のなかに反映されました。そして戦後の経済復興期以降の50年の歴史のなかで，保育はそのような精神のもとに営まれ，子どもの特権的な世界を作り上げてきました。

3 豊かな時代の「子ども中心主義」の落とし穴

　ところが，生活が豊かになるのに応じて，保育の特権的な場がさらに拡充される一方，その場が生活と必要なつながりを欠くという現実が生まれ，そのことのデメリットが今日浮上してきているように見えます。ありあまる食べ物や飲み物やオモチャ，子どもを釘付けにするビデオや電子ゲーム，購買意欲をそそるありとあらゆる子どもグッズ，等々，物のない時代からみれば，それらは子どもたちが健康に育つことを保証してくれるもののはずでした。ところが，そのような物質的な生活の豊かさとは裏腹に，家庭では生活の忙しさのなかで，一方の極には子どもに丁寧に接することが乏しくなって，物を与えていればそれでよいというような放任の傾向が生まれ，他方の極には子どもに過剰に干渉し，できることを増やすことに専念する過干渉傾向が生まれてきました。しかもこのいずれの両極の対応も，大人の都合に合わなければ体罰を与えたり無視したりして，大人の意向に従わせようという強い圧力を加える傾向を強めているのです。

　こういう環境の下で，必要な愛情が得られないまま，ただ物だけが与えられている子ども，基本的なしつけが家庭で与えられない子ども，体罰や無視を繰り返し与えられている子どもなどが増えてきました。そして他方では，過干渉的に扱われて，常に保護者の思いに振り回され，保護者の意向に沿ったときだけ賞賛が与えられるというなかで，意欲に乏しく自己肯定感のない子どもも急増してきました。

　こういう家庭での育ちに問題を抱えている子どもが急増してきているとき，保育の場は従来と同じように，生活から分断された「子ども中心主義」の場であってよいのでしょうか。保育の場は，子どもたちの思う存分遊べる場であることは当然のこととして，いまの状況を踏まえれば，生活ともっとつながりをもち，保育の場を日常生活にもっと開いていく必要があります。家庭との連携や地域との連携，あるいはさまざまな機会を捉えた種々の交流などが，単に従来の保育の「欄外の営み」ではなく，それをも保育論のなかにしっかり組み込むとき，「子育て支援」や「次世代育成支援」をも包含できる新しい保育論が構築できるように思われます。

▶3　倉橋惣三（1882-1955）は，20世紀前半の保育界をリードした一人で，子ども中心主義，つまり幼児の生活世界を重視し，幼児の自発的な活動を尊重して，それを保障することが幼児教育の基本であることを説いた。この思想は多くの幼児教育や保育に従事する人の心を捉え，わが国における幼児教育の基礎を築いた。

▶4　児童憲章は1951年の5月5日の子どもの日に，児童に関係するわが国の各界の代表が集まり，児童の幸福な生活の保障についての国民的な合意を文言化したものである。

▶5　児童権利宣言は1959年の国連総会で制定されたもので，二つの世界大戦で子どもが被った不幸を反省し，国連憲章を基礎に，児童の保護の必要を認め，児童の幸福な生活を保障するために子どもの有する権利を謳ったものである。

▶6　Ⅱ-16「過干渉と放任」を参照のこと。

▶7　Ⅳ-12「保育の周辺」を参照のこと。

I 保育の基本

4 保育の二つの目標
「自分らしく生きること」と「みんなと共に生きること」

1 自分らしく生きるという目標

　従来，保育研究の中で「一人ひとりを生かす保育」というテーマがしばしば掲げられました。そこに現れている保育者の願いの中には，子どもたち一人ひとりが，みな個性的で，意欲的に遊びや物事に取り組み，そこで自分の思いを貫いて，自分を素直に表現して欲しいということが含まれています。保育者のこうした願いは，子どもを保育する一方の柱であり，目標です。それは，能力も性格も異なる子どもたち一人ひとりが，それぞれに自分らしくあって欲しい，自分を積極的に表現でき，自分の中で充実感や自己肯定感をもって生きて欲しいという願いでもあります。どれほど聞き分けがいい子どもであっても，自分の思いをすべて抑え，周りの歓心を買うことだけに汲々としているだけでは，とても主体として生きているとはいえません。

　この「自分らしく生きる」ということは，自分を周りから切り分け，「私は私」という面を際立たせることでもあります。保育の目標の一つは，保育者がさまざまな配慮や対応をして，それぞれの子どもがこの面を充実させていくことができるようにするところにあります。これはまた保育者が一人ひとりの思いを大切にし，その思いを受け止めて一人ひとりに丁寧に応じていくという対応のあり方を示唆します。そして，その目標が実現されたかどうかの評価は，子ども一人ひとりが「自分らしく生きている」かどうか，それぞれの心が充実し輝いているかどうかで評価されるといえます。

2 みんなと共に生きるという目標

　「みんなと共に生きる」ということも，従来の保育研究の中では「友達と仲良く生きる」や「共に生きることを目指す子ども」などというスローガンの中で取り上げられてきた，保育の基本的な目標の一つです。そしてこれは「主体として生きる」ということのもう一つの面でもあります。

　これは集団の場に生きる子どもたちが，一緒に遊んだり，一緒に食事をしたり，一緒に午睡をとったりというように，何かを一緒にすることが子どもにとって喜びや楽しみの源泉になるということです。しかし，共に生きるということは，そのような肯定的な面ばかりではありません。共に交わり，共に活動すれば，そこには必ず対立や摩擦などの負の面も現れてこざるを得ません。けれ

ども，子どもはその衝突や対立を通して，どうすれば衝突しないで自分の思いを相手に伝えることができるか，どうすればもっと面白く遊べるかを，自ら考え，そこで自分なりの知恵を発揮していくのです。それを支えるのが保育のポイントです。そうした正負の経験を通して，やはり「みんなと一緒がいい」「みんなと一緒の方が楽しく遊べる」という感覚が子どもの心に定着することが，この面での保育の目標なのです。これは「私はみんなの中の私，私は私たちの一人」という感覚が子どもに身につくことだといってもよいでしょう。

③ 二つの目標の両義性

ところで，この二つの保育の目標はねじれた関係にあり，しばしば「あちら立てればこちら立たず」というように自己矛盾する面を抱えています。これをここでは二つの保育目標の両義性と呼ぶことにします。ここに両義性とは，二つの面の両方が共に必要なのに，その両立が難しく，ときに自己矛盾することがあるということをいうものです。

たとえば，自由遊びをしているときに，お昼が近くなり，大多数の子どもは遊びを切り上げて，昼食の準備に向かいますが，一人の子どもは遊びを続けたいと主張するとします。このようなとき，保育者としては，各自がそれぞれに意欲的に遊ぶことを尊重しようという前者の保育目標からして，その子の遊びたいという気持ちを受け止め，認めてやりたいという気持ちが動きます。しかし，他方では，みんな一緒に食事をして，みんな一緒の楽しさにも気づいてほしいと思います。それももう一つの保育目標だからです。しかもそれを子ども集団全体の動きを見通して，一人ひとりへの配慮を念頭においてしなければならないのですから，保育者はまさに「あちら立てればこちら立たず」の思いに引き裂かれてしまいます。

こうして保育者は，「子ども一人ひとり」を尊重しつつ，「みんな一緒に」をも目指すというように両面ある対応を余儀なくされ，しかも一人ひとりの子どもの内部に，「私は私」という面が確かに育つように，それでいて「みんなの中の私」にも気づくようにもっていくというように，きわめてねじれた困難な対応を求められることになります。このように保育が困難な面をもつのは，まさに保育目標そのものに両義性が抱え込まれているからです。

その中で保育者は悩みや迷いや揺らぎを感じながらも，ともかくこの二つの目標が保育にはあるのだとわきまえ，その両面が一人ひとりにおいて育つように懐の深さをもって保育に臨み，その育ちを見極めることが求められます。その基本姿勢を忘れ，早く集団活動に適応できるように，早く社会的な行動を身につけるようにと，子どもの思いを無視して，大人の願う姿にはめ込もうと対応することは，保育の目標から大きく逸脱するものだということを再度確認しておきたいと思います。

▷1 両義性の概念を詳しく紹介し，また保育の場で繰り広げられる出来事がどのように両義性に貫かれているかを事例を通して明らかにしたものとして，鯨岡峻著『両義性の発達心理学』ミネルヴァ書房（1998）を参照されたい。

▷2 前掲書第3章を参照されたい。

Ⅰ 保育の基本

子どもは一個の主体である

　すでに前二つの節で「主体である」ということが二面性をもつこと，そしてそれが保育の二大目標に対応しているなど，かなりその内容に踏み込んで議論してきましたが，ここではこれまでとは少し違った切り口から，このテーマに迫ってみたいと思います。

固有性としての主体性

　子どもが一個の主体であるということは，まず第一に，自分固有の身体をもち，その固有の身体の活動を通して，子どもはさまざまな情動の動き（力動感＝vitality affect）を感じ，そこにその子ども固有の体験が生まれ出ているというところに見出すことができます。これは子ども一人ひとりの身体がその子に固有のものであり，少なくとも他の子どもの身体とは別個のものだというように，身体の固有性に基づく主体性の理解だといえます。この身体が感受する力動感に基づいて，子どもは面白い，つまらない，もっとやってみたい，自分もしたいというように，まさに自分が意欲的に活動し，興味や関心をもち，それを広げ，自分の考えを貫き，それらを通して自己充実を目指すのです。

　これが「主体的に」という表現が一般に意味する，その子の独自性，その子の唯一性を背景にした，その子の意欲の現れや，自己発揮する様相など，他から切り分けられたその子の固有性としての主体性，あるいは主体としての生きるかたちだといえます。これは子どもばかりでなく，大人もまた自分が一個の主体だというときに，常に念頭にあるものです。

　しかし，この主体としての側面は，自分固有のものであり，自分に内発するようでいて，実は周囲からの肯定的な映し返しをバネにして，さらにこの面を増強するというねじれを抱えています。つまり，自分に発する興味や発見が周りから肯定的に認められ，それを映し返してもらうことによって，子どもは自分に自己肯定感を抱き，自信をもち，それをバネにして，さらに興味ひろげ，新しい発見をしてというように，次々に循環がめぐって，自ら進んでという自発性や自主性を発揮し，それを通して自己充実感を深めて，さらに主体として世界に進み出るようになるのです。こうなるのは私たち人間がつねに自己充実をめざす欲求を抱えているからです。このことを私は自己充実欲求と呼んできました。この基本的欲求の実現を目指す動きが私という主体の基本的な活動であり，これはまた「私は私」というかたちで私の内部に収斂していく主体とし

▶1　この概念はⅡ-3「身体と運動」のところで詳しく解説している。

▶2　この概念は，前掲の『両義性の発達心理学』および鯨岡峻著『関係発達論の構築』ミネルヴァ書房（1999）に詳しい。これを図示すると次のようになる。

自己充実欲求の図

14

ての一面だといってもよいでしょう。

　この面の主体として生きるさまを保育者が受け止め，認め，尊重することを通して，子どもは自分が認められていることを感じ，自分を肯定し，それを自信にまで煮詰めることができます。そうすれば，今度はそのように受け止め認めてくれる保育者を信頼し，その保育者の思いを受け止め，その保育者のすることを取り入れるという「学び＝真似び」を発揮するようになり，そこを起点に他の子どもたちを受け止めることができるようになっていくのです。

❷ 相互性としての主体性

　これまで保育の場で，「主体として」や「主体的に」といった表現がなされるときは，たいてい上記の「固有性としての主体性」の意味合いで語られてきました。しかし，前二節での議論から明らかなように，主体として生きることにはもう一つの側面があります。子どもは自分ひとりで育っていくのではなく，保育の場ではみんなと一緒に遊び，みんなと一緒に生活をして成長していくのです。子どもは，最初はなかなか集団になじめない場合もありますが，集団での活動の経験を繰り返す中で，みんなと一緒に遊ぶ方が楽しい，みんなと一緒に食事をした方が美味しい，みんなと一緒にいた方が安心できる，等々，「みんなと一緒」を自ら求めるようになってきます。それは子どもたちだけの特徴ではなく，私たち大人にとってもいえることです。このことを私は，人間には幼児や大人を問わず，身近な人と一緒につながれている状態がいい，それで安心できるという基本的な性向（欲望）が備わっているとみて，「繋合希求性」[3]と呼んできました。これを満足させようとする活動が，もう一つの主体としての活動になるのです。

　実際，子どもたちが年中や年長になると，もはやブランコや滑り台を一人で遊ぶだけでは満足できなくなって，もっと「みんなで一緒」の遊びに向かうようになります。そしてその中で，協同したり競ったりしながら，さらに相手を認めたり，相手から認められたりという相互性を経験し，さらには一緒に歌ったり，一緒に遠足に出かけたりするなど，さまざまな「みんな一緒に」を経験します。その中には，お互いに共感したり，クラスの一体感を味わったりというように，自分をいつのまにかはみ出して相手と重なり，相手の経験が自分の経験でもあったり，自分の経験に相手が相乗りしてきてくれてよりいっそう楽しくなったりというように，自他が重なる経験も含まれてきます。そうした「共に生きる喜び」をバネに，子どもたちはさらに交わりの輪を広げ，「みんな一緒がいい」という主体としての生き方におのずと導かれていくのです。

　もちろん，その中ではお互いが「固有性としての主体性」を発揮することもあるので，いつも仲良くというわけにはいきません。時には対立や衝突も生まれてきます。しかし，そのような関わり合いのなかで，また周囲の大人（保育

▷3　これも『両義性の発達心理学』および『関係発達論の構築』に詳しい。この考えを図示すると次のようになる。

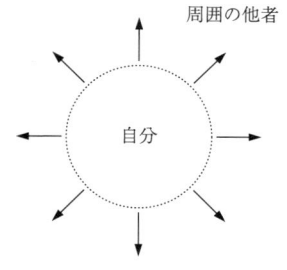

繋合希求性の概念図

I 保育の基本

者）の適時のまた適度な導きのなかで，子どもたちは，ルールを守った方が遊びが面白くなる，約束を守らないと周りから嫌がられて困ることになる，守るとみんなに喜ばれるといった経験を繰り返し，次第に，周囲と共同歩調をとることが自分にとってもプラスになることに気づいて，時には自分の思いを譲ったり，あるいは相手を慰めたりといった，周りや相手に合わせること，相手への配慮，思いやり等々に自ら向かうようになっていきます。そしてそのように共に生きることを通して，新たな自己充実が可能になっていくのです。

もちろん，その裏には，私たち大人がそのような向社会的（prosocial）な行為を主体としての生き方として普段，子どもたちの前で示すと共に，それが好ましいことであることを子どもたちに伝えていることがあるでしょう。そして，周りにいる大人への信頼関係を背景にその大人の振る舞いや考え方を自分の中に取り込む動きが子どもにあるからこそ，この種の向社会的な行動が身についてくるのです。このように，子どもが一個の主体として生きるということには，自らすすんで周囲と交わり，そこで共に生きる楽しさを味わい，また周囲から認められて嬉しいという経験をバネにして，信頼できる大人の思いや周りの子どもたちの思いを受け止められるようになり，こうして自ら進んでルールを守るようになったり，また相手の言い分を尊重できるようになったりするという面もあることを確認しておかねばなりません。これをここでは「相互性としての主体性」と呼んでおきましょう。

これまで，こうした「自分の思いを受け止めてもらう―相手の思いを受け止める」という相互性のなりたちは，向社会的行動，つまり単に習得されるべき社会性の一環としてしか見られてきませんでした。これが「主体としてのあり方」のもう一つの面だという認識は十分ではなかったように思います。しかし，人間はもともと一人で生きていけない存在である以上，相手から尊重してもらい，相手を尊重するという相互性が成り立たなければ，対立や摩擦ばかりを繰り返すしかない存在になってしまいます。このことを出発点に据えれば，本来の主体としての生き方は単に固有性としてのそればかりではないことに気づくはずです。そして，いわゆる向社会的行動や規範の習得は，外部からの圧力でいやいや身につけさせられるものではなく，むしろ主体として生きていく上で自分にとって必要なものだという認識が生まれてくるはずです。

▶4 これは反社会的（anti-social）という概念の反対語で，社会心理学や社会学では子どもや青年の行動が社会的な価値基準と同じ向きか反対向きかという観点から，このような概念を作り出している。

❸ 二つの側面の成り立ちの経緯

もちろん，この二つの面が一個の主体として生きていく中でどのように育ってくるかは難しい問題です。先にも周囲が子どもを主体として受け止めることによって，子どもが主体として育つという点に触れましたが，これについては他の節（II-6「子どもを一個の主体として受け止める」を参照のこと）で再び取り上げることにして，ここでは，乳幼児期に子どもの「こうしたい」「こうし

てほしい」という固有の思いが周囲の大人によって受け止められることを発端に、まずは「固有性としての主体性」が育ち始め、それが周囲の大人との関わり合いを通じて、ワンテンポ遅れて「相互性としての主体性」が育ちはじめ、その後は両方がお互いに他面の育ちを助長するかたちで相互にその内容を充実させ、最終的には大人の主体としての生き方の二面性に至るという流れを考えておくことができます。それは究極的には右図のようなヤジロベエが成り立つことを意味します。

乳幼児期にはこの一部のグレーの部分しか成り立ちませんが、しかし、この両面の育ちの端緒が切り開かれることは明らかです。そしてこれが保育の二大目標に繋がっています。

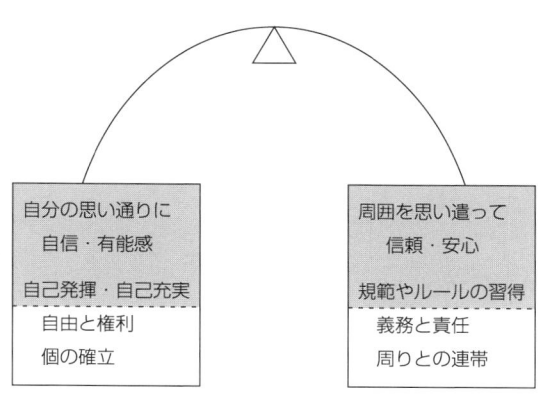

図1　一個の主体であることの二つの側面

この図は大人が一個の主体であるというときを想定して、その二つの側面を示したものである。乳児期にはまず左側の上部から成り立ってきて、左側が充実するのに応じて右側が次第に成り立ってくる。それゆえ、乳幼児期はこのヤジロベエは基本的に左側に傾斜しているとみてよい。それが成長と共に（社会化されると共に）、次第に右側とのバランスが取れてくる。今日の日本文化の問願は、大人の生き方において、このバランスが崩れ、左側に傾斜していること、しかもそれを主体的な生き方だと誤解しているところにある。

ちなみに、いま、子どもたちが変だ、自己中心的だ、わがまま勝手だ、人のいうことを聞かない、というように、大人たちは「相互性としての主体性」の面の育ちの不十分さを嘆き、あたかもそれが子どもに厳しい教育をしないせいであるかのような言説が飛び交いますが、「相互性としての主体性」が育っていない、一見皆と仲良くできずにわがまま勝手に見える子どもは、実際には同時に真の意味での「固有性としての主体性」もまた育っていないケースが多いことが見逃されがちです。自分勝手でやりたい放題のようでいて、本当はそのことをやりたいという思いをもっているのでもなく、自分に自信をもてず、皆と共にいることを喜べていないことが見えてくるのです。主体としての生き方はあくまでも周囲の大人が子どもの思いや尊厳を受け止めることを基本に生まれてくるものですから、強圧的に社会性を教え込むことで「社会性や協調性を身につけさせる」やり方では、「相互性としての主体性」からは程遠いものを育ててしまうことになることを銘記しておくべきです。

先にも触れたように、いま大人がこの主体としての生き方の両面をうまくバランスできないまま、左の「固有性としての主体性」の側に大きく傾いた生き方を「主体的な生き方」と錯覚していることが、子どもにこの両面が育ちにくい一番大きな要因になっていることも指摘しておかねばなりません。そのことを念頭に置くとき、こうした主体としての両側面を育てていくことこそ、長い目で見たときの保育のもっとも重要な役割だということが見えてくるように思われます。

Ⅰ　保育の基本

6　子どもの心の世界の二面性

1　子どもの心の世界の二面性

　人間は「ひと，もの，こと」とかかわりあう中で，嬉しい，楽しい，面白い，興味深い，等々のプラスの感情（情動）を経験します。しかしまた，面白くない，悲しい，不安だ，腹立たしい，等々のマイナスの感情（情動）も経験します。子どもも例外ではありません。子どもの心の世界はまさに「ひと，もの，こと」に関わって正負両面の感情（情動）が動く世界です。

◯子どもの肯定的な心の動き

　よく子どもは純真無垢だといわれます。0歳児や1歳児が保育者と目を合わせたときのくったくのない笑顔，プレゼントをもらったときの2歳児の笑顔，スーパーマンになりきった3歳児の顔，コマを回せたときの4歳児の得意げな顔，そして，小学校を参観したときの5歳児の真剣な顔……そこにはまさに子どもらしい純粋無垢な面が溢れています。あるいは，子どもが探究心や創造性を発揮したり，遊びに熱中したりする姿にもそれを見出すことができるでしょう。それはまた，子どもが「ひと，もの，こと」にかかわって肯定的な感情（情動）の動きを経験しているときでもあります。

　大人から見たとき，そうした子どもの姿は好ましいもの，いとおしいものに映ります。これまで「純粋無垢」や「天真爛漫」という形容が子ども対してなされてきたのもそれによっています。

◯子どもの負の心の動き

　他方で，子どもは人に依頼心や甘えややんちゃを示し，すねる，いじける，やきもちを焼く，意地悪をするなど，保育者から見て扱いにくい様子をしばしば示します。例えば，1歳児や2歳児は，機嫌を損ねると大泣きして，なだめてもなかなか泣き止んでくれないときがあります。また，3歳児はすねたりいじけたりしたとき，なかなか気持ちを立て直してくれません。そして4，5歳児になると，自分の思い通りにことが運ばなかったときや，自分のプライドが傷つけられたときなど，相手に対して攻撃的に出る場合もあります。これは特定の子どもがそうするというのではなく，どの子どもにも多かれ少なかれ見られるものです。ですから，こうした負の心の動きも子どもの現実の姿としてしっかり受け止めておく必要があります。

◯子どもは正負両面の心の動きがあってこそ子どもらしい

　大人は子どもの肯定的な心の動きや，それに伴う肯定的な行動は歓迎し，「天真爛漫」「純粋無垢」「可愛らしさ」などの肯定的な表現で捉えますが，子どもの否定的な（負の）心の動きや行動は，乗り越えるべきもの，排除すべきものとみなしがちです。大人の願いとしてはそれは当然かもしれません。また，子どもの負の感情が大人に伝染してきて，子どもに接する大人自身，否定的な感情に捉えられやすくなるのも事実です（このことは，虐待が子どもの負の感情の動きを前に生じやすいことからも明らかです）。

　けれども，負の心の動きを乗り越えて欲しいと思う前に，子どもがしばしば負の感情に捉えられる現実を大人はまずしっかり受け止めるのでなければなりません。ましてや，たいていの子どもは肯定的な心の動きを示すものだと子どもを一面的に理解して，子どもの可愛い面，よい子の面だけに子どもを押し込めてしまい，それが子どもらしいありかたなのだと錯覚してはなりません。むしろ，どの子どもも正負両面の心の動きを示すのだという現実をしっかり見据え，それが子どもの心の世界なのだと受け止める必要があります。

図2　ラファエロの聖母子像の絵

　養育者と子どもの幸せな関係を描いた絵としてこのラファエロの聖母子像がよく引かれる。抱っこされて安心した子どもは周囲に気持ちが向かっている。これはいわゆる「母子一体」を表現したものというよりも，信頼感を背景にそこに裂け目ができかけ，子どもが一個の主体として存在していることを示し始めた絵としても見ることができる。

　「天真爛漫」や「純粋無垢」といった美しい子どもイメージを作り上げておいて，子どもの負の心の動きや負の行動を子どもの世界から排除してしまうというのは，大人の勝手な見方にすぎません。私たち大人自身，正負両面の感情を普段経験しているのに，子どもだけはいつも美しいイメージで塗り固めるというのは，現実から遊離した子どもの見方です。

　天使のような純粋無垢な子どもを優しい聖母のような保育者が慈しみ育てるのが保育の理想型だと思い描く人がしばしば見られます。そして，現実がそれに合わないときに，それは子どもがいけないからだと不都合を子どもに皺寄せするのは，保育でもっとも避けなければならないことです。

❷　負の心を受け止める保育者

　肯定的な心を受け止め，認めることはできても，子どもの負の心を受け止めることができなければ，良い保育者とは言えません。子どもの負の心を抑え込むのではなく，それを保育者がひとまず受け止め，抱えることができれば，子どもはそのうちにたいてい自分の力でその負の状態から脱していくことができます。そしてまたそのときに保育者に深い信頼感を抱くことができるようになります。その意味では，子どもの負の心との向き合い方が，保育者の力量を測る物差しになるといっても過言ではありません。

I 保育の基本

子どもという存在の二面性
子どもは未来の大人

子どもの世界にはもう一つの二面性があります。その一つは、子どもはあくまでも子どもだというように、子どもは大人とは違う存在であることを強調し、いまの子どものあるがままを子どもとして捉える面です。しかし他方では、子どもはいつまでも子どものままということはなく、子どもは未来の大人でもあり、いずれは大人になっていかねばなりません。それは単に体が大きくなるということではなく、大人としていろいろな行動を身につけ、大人らしい心の動きを示すようになるということです。このように子どもが未来の大人であるということを強調して捉える面もあります。この二面性をどのように受け止めるかが、子どもの世界を理解する上で重要な鍵を握ってきます。

1 子どもは子どもであって大人ではない

幼く未熟でまだいろいろな世話を必要とする子どもは、決して大人のミニチュアではありません。児童憲章が定められ、子どもの権利条約が云々されるのも、裏返せば、子どもを労働に駆り立て、子どもを大人の意のままに扱って虐待を繰り返してきた人類の残念な歴史（そして今の現実）があるからでしょう。

ここに、子どもを大人の横暴から庇護し、子どもには「保育の場」という特権的な時間と空間を与えて、子どもがその場で思う存分子どもらしく振舞うのを保障しようという保育観が現れてくる理由があります。つまり、大人の思いで子どもを振り回したり、大人の圧力で子どもを大人の思いに従わせたりするのではなく、保育という特権的な場で、子どもが思う存分に自己発揮して遊び、子どもらしさを燃焼させることを保障する必要があるという保育観です。

昨日も、今日も、砂場でもくもくとトンネルを掘る子ども、プールで水を掛け合って歓声を上げる子どもたち、一斉に「いただきます」を唱える前に、つい目の前の食べ物に手が出てしまう子ども、お互いに使いたいおもちゃを取り合って泣き喚く子ども。保育の場で出会う子どもたちのそうした姿はどれもみな、子どもがまさに子どもであることの現れです。

前節では、子どもらしい心の動きに二面あることを見ました。大人に「可愛らしい」と思える一面と、「やっかいだな」と思える一面がその二面性ですが、その二面にも大人とは異なる、子どもらしい独特の心の動きがあります。ですから、そうした「子どもらしさ」をしっかり受け止め、尊重し、それと付き合うなかで、子ども自身が自ら成長していくことを期待するのが保育者の大きな

▷1 正確には「児童の権利に関する条約」で、1989年国際連合総会において世界人権宣言の一部として提唱され、わが国においては1994年に批准された。その内容は、子どもには特別な保護および援助を受ける権利があることを認め、家族や社会がその援助をあたえるべきことを謳っている。

▷2 アリエス・A（1960：杉山光信・杉山美恵子訳『〈子供〉の誕生』みすず書房1980）によれば、「子ども期」という考えはアンシャン・レジーム期以降に生まれたものであるといい、それまで子どもは「小さな大人」として扱われ、多くの子どもは幼少のころから労働に駆り出されてきたという。また「大人のミニチュア」という見方は、当時の絵画の表現に端的に示されていて、次頁の王女マルガリータの絵などは、まさに「小さい大人」として描かれている。こういう見方へのアンチテーゼとして、「子ども中心主義」が生まれてくる。

役割になります。

２　子どもは未来の大人である

　青年期の子どもはともかく，特に乳幼児期の子どもは，大人と同列に扱うことのできない「子ども」であることは誰しも否定しないでしょう。しかし，子どもはいずれ大人になっていく存在，大人になっていかねばならない存在です。身辺自立にしても，集団生活に慣れることにしても，あるいはさまざまな能力を身につけることにしても，それは「いま」を乗り越え，大人に向かうという大きな流れの中に位置づけられるものです。

　２歳や３歳では自分の思いがまず先行するために，相手の子どもの気持ちを尊重することがなかなかできませんが，４歳や５歳になると，みんなと楽しく過ごすために時には自分の思いを譲ることもできるようになります。また，自分のやりたいことを我慢して集団全体の流れに従う面も出てきます。ことばを流暢に話せるようになり，そのことばを武器に相手の子どもと渡り合うことさえできるようになります。そうしたことはそれまでの「未熟さ」や「幼さ」を乗り越えるステップとなるものです。それが子どもの「成長」を意味することはいうまでもありません。

　実際，保護者たちがわが子が未熟さを早く乗り越えて心身ともに成長し，何でも自分でできるようにと願うのも，子どもが未来の大人だからこそです。

３　子どもの世界の二面性に付き合うことが保育である

　前節とあわせて，子どもの心の動きに二面があり，またその存在に二面があることを見てきました。もちろん，大人から見て，肯定的な心の動きが好ましく見え，また早く大人に近づく姿が好ましく見えることはいうまでもありません。そこに，子どもに正負二面があることを忘れ，否定的な心の動きや姿をできるだけ排除しようという姿勢が生まれ，早い成長を促す働きかけだけが保育者としての役割だというような誤解が生まれる理由があります。つまり，子どもは本来，純粋無垢，天真爛漫な存在なのだから，子どもが負の感情を抱くようなことは極力排除して，常に可愛い子どもとして登場することを願うといった態度，あるいは早くいろいろな能力を身につけて発達の階段をどんどん登ることが保育に期待されていることだという考えに保育者は陥りやすいのです。

　このような落とし穴に陥らないためにも，保育者は子どもの多様な二面性に真正面から向き合い，子ども一人ひとりの正負二面の心，「いま」と「これから」の二面の心の動きを肌で感じ，そのいまを受け止め，その中に未来に向かう姿を見出し，自分の思いを子どもにていねいに伝えて保育していくことが求められます。

図３　王女マルガリータの絵

ヴェラスケスが1659年に描いたもの。ここでは王女が大人のミニチュアとして描かれているが，これは当時の西欧社会に浸透していた子ども観であったといわれている。

▶３　ここでは両義性という表現を使っていないが，「子どもは子どもである」という面と「子どもは未来の大人である」という面の両面も，これまで見てきた「私は私」という面と「私はみんなの中の私」という面との両面と同様に，「あちら立てればこちら立たず」になりやすく，両義的であるといわなければならない。このように，子どもという存在自体に両義性が孕まれていることが，保育を難しくしている大きな理由である。

I 保育の基本

8 子どもを見る目
三つの目

▷1 この節で述べられていることは、これまで「共感性」という概念で理解されてきたことと相当部分重なる。しかし、「共感的に子どもの気持ちを理解する」という表現は、ややもすると大人の心の中の問題であるかのように聞こえるところがある。それよりも、「子どもの目になってその場面を見る」と言った方が、より子どもの思いに目を向けていきやすいのではないかというところから、ここでは「子どもの目」という表現を用いている。

1 子どもの目（子どもの思いを感じる大人の心）▷1

　これは文字通り、子どもがその目を通して感じている世界を大人が感じ取ることをいうものです。子どもを目の前にしたとき、その子が見たり、感じたり、思ったりしたことが、側にいる大人にも伝わってきます。たとえば、道端のタンポポに手を伸ばし摘む子どもを見たとき、自分も子どもの頃にタンポポやレンゲやツクシを摘んだことを思い出し、つい足を止めてその子がタンポポを摘む様子にしばらく見入ったり、先を急いでいるのに摘み終わるのを待っていたりしてしまいます。また犬に出会って、はじめはこわごわ見ていただけなのに、そろそろと手を伸ばして触ろうとしたときに、急に「ワン！」と大きな声で吼えられて泣き出してしまった子どもに、それを見ていた大人は思わず「こわかったねー」と言ってしまいます。

　このように、大人は子どもと一緒にいるときに、自分がかつて子どもであったことも手伝って、容易に子どもの目になることができ、そこで子どもの思いや気持ちを感じ取ることができます。そして大人にこの「子どもの目」があるからこそ、子どもの心を受け止めることができるのです。

　子どもの気持ちが分かる、子どもの思いが分かるというときは、ほとんどこのように自分を子どもに重ねて、子どもの側から、「子どもの目」になって物事を見ているときだといってよいでしょう。その思いが分かったとき、思わず保育者の口をついて出てくることばが「共感的なことばかけ」の内容なのです。「そうだ！」「面白かった！」「よかった！」「やった！」といった、子どもの「いま、ここ」を認める保育者のことばかけは、まさに保育者が子どもの側から、子どもの目になって物事を見ているところから自然に生まれてくるものです。

　これは遠くから子どもを観察する態度の対極にある見方です。ただし、これは自分を子どもに重ねよう、子どもの側に立とうというふうに、自分が意識すれば常に可能になるというわけではありません。むしろ自然に自分の身体が子どもに開かれたときに可能になるものです。

2 大人の目

　一方、大人は大人の立場からも物事を見ています。もっと皆と仲良くしてほしい、好き嫌いなく食べて欲しい、元気に遊ぶのはいいけれど、おもちゃをそ

んなに散らかさないでほしい，もっとお行儀をよくしてほしい，等々，子どもを前にしたときの大人の思いはさまざまです。そして，そういう思いをつい口に出し，「早く食べてくれないと，片付けられないでしょ」と言ったり，その大人の思いに子どもが添ってくれないときに，「どうして分からないの！」とつい叱ってしまったりします。あるいはまた，泥んこになって帰ってきた子どもをみて，「まあ，どうしてそんなに汚すの！」と思わず呆れ顔に子どもを見たり，相手の子どもの嫌がることを繰り返すのを見て，思わず「どうしてそうするの！」と叫んでしまったり，いつまでも水道の水を飛ばして遊んでいる子どもを前に，「もう，そろそろおしまいにしようね」といったりすることがあります。こういうときの目が「大人の目」です。つまり「大人の目」とは，大人が子どもにこうあってほしいという思いで子どもを見るときの目のことです。これは「子どもの目」の対極にある目だといえます。

3　第3の目

　子どもを「育てる」ことのなかで，大人（養育者や保育者）はこの「子どもの目」と「大人の目」のあいだを揺らぎます。子どもの思いに添って子どもの思いを受け止める「子どもの目」と，大人のこうして欲しいという思いを伝える「大人の目」のあいだを行ったり来たりするのです。この二つの目をどのように調整していくかが「育てる」を左右するといっても過言ではありません。子どもを「育てる」ということは，子どもの思いをすべて叶えることでもなければ，良かれと思う大人の思いに子どもを引っ張り込むことでもないのです。そのバランスをとるのが第3の目です。

　それは「子どもの目」になっている自分，あるいは「大人の目」になっている自分を眺めるもう一つの目です。これは「反省する目」「自分を見るもう一人の自分の目」，あるいは，一人ひとりの子どもの心の育ちやその時の場面や状況を合わせて考えながら，そのバランスをとっていく目です。

　家庭での養育の場合でもそうですが，特に保育の場では，保育者としての自分の対応が子どもにとってよかったのかどうか，厳しすぎたのではないか，甘くしすぎたのではないか，必要な対応だったかどうかを常にチェックし，好ましくなかった場合にはその軌道修正をはかるのでなくてはなりません。

　もちろん，ときに好ましくなかったと反省せざるを得ない場合がしばしばあるのが養育や保育の営みでしょう。行き過ぎや勘違いが起こることを恐れるのではなく，それができるだけ起こらないように努めながらも，肝心なのはそれが起こったときに修正が効くかどうかです。「完璧でないからだめだ」ということではなくて，完璧ではないけれども，修正が効けばそれで十分だというアバウトさ，鷹揚さが保育には必要です。

　その修正をはかるうえで，第3の目を養うことが，大事になってきます。

Ⅰ　保育の基本

保育を見る保育者の目
ホットな目とクールな目

　どの保育の教科書にも，子どもを客観的に見ることの重要性が説かれています。確かに起こった出来事を客観的に見る目は必要不可欠ですが，保育を実践する際に，その客観的な目だけで十分なのでしょうか。またその客観的な目と前節で見た大人の3つの目とはどのような関係にあるのでしょうか。話を具体的にするために，一つのエピソードを参照しながら議論を進めて見ましょう。

　　3歳児の保育場面です。AちゃんはさっきからBちゃんの乗っている補助輪付の自転車を突っ立ったままじっとみています。観察者には自分も乗りたいというAちゃんの気持ちがありありと伝わってきます。保育者もそれに気づいているようですが，そのときには別の子どもの相手をしていて，特に対応するわけではありませんでした。そのうちに，AちゃんはBちゃんの乗っている自転車の前に立ちふさがると，Bちゃんを押しのけようとします。Bちゃんは抵抗しますが，結局AちゃんがBちゃんを押しのけてその自転車に乗り，向こうに行ってしまいました。Bちゃんは泣き出し，向こうに行ったAちゃんを指差しながら悔しさいっぱいの顔で保育者を見ます。そこに保育者がやってきて，「Bちゃんが乗っていたのにねえ……Bちゃんが先に乗ってたんだよって，まだ貸せないって，Aちゃんに言ったらよかったのに……でもね，Aちゃんも乗りたかったんだって」と，何とかBちゃんを慰めようとしました。そこにAちゃんが自転車をこいで戻ってきました。「Aちゃん，Bちゃんが先に乗ってたんだよ，Bちゃんに貸してって言わなくちゃ……でもAちゃんもさっきから自転車に乗りたかったんだね」とAちゃんに声をかけます。それを聞いたAちゃんは，憮然とした表情で自転車にのったまましばらくじっとしていましたが，そのうちに自分から自転車を降り，そのまま向こうへ行ってしまいました。

　これは著者が保育の場で観察したエピソードから抜き出したもので，どこにでもある物の取り合いの場面です。この場面を見る私の目はどのような意味で客観的で，またどのような意味で客観的でないのでしょうか。

　客観的な目（クールな目）

　目を開ければ，外界のさまざまなものが私の目に飛び込んできます。私が「見る」というより，現実の世界が私に「見える」という方が正確かもしれま

せん。私に見えるこの世界は，私が勝手に思い描く空想の世界ではなく，動かしようのない現実としてそこにある世界です。そこから私たちは，世界がまさにそのようにあるからこそ，世界が私にそのように見えるのだと考え，だから他の人にも同じように見えているはずだと考えます。つまり，自分の目に見えるものは，他の人にも同じように見えているはずだと素朴に思いこむのです。

先のエピソードに即して言えば，Bちゃんが先に乗っていたのに，その自転車をAちゃんが横取りしたという事実そのものは，確かに観察している私にとってそのように見えたということが出発点になってはいますが，しかし観察している私が主観的に（恣意的に）そう思ったというのではなく，誰にとってもそのように見えたはずだという意味で，つまりそこに居合わせた保育者にとっても，また周囲の子どもたちにとっても，そのように見えたはずだという意味で，客観的な事実だといってよいものです。

こうした客観的に見る目で捉えられた出来事が，子どもの様子や保育の実際の展開を議論するときの出発点になることはいうまでもありません。だからこそ，従来はこの客観的な目が強調されてきたのです。では，保育はこの客観的事実を捉える目，冷静に理性的に物事を認識する目だけで十分なのでしょうか。

前節を振り返って見ると，「大人の目」は，子どもの姿に大人（保育者）の気持ちが揺さぶられ，「こうして欲しい」，「こうして欲しくない」という思いが大人の側に湧き起こるときの目であり，その意味では「ホットな目」だといえます。まして子どもの側に立つ「子どもの目」は，子どもの心の動きに保育者の気持ちを重ね，いわば子どもに成り込んで子どもの喜怒哀楽を感じる目ですから，文字通り「ホットな目」です。これに対して第3の反省する目は，「クールな目」，事態を客観的にみる目に近いといえます。

「ホットな目」がなぜホットなのかといえば，「大人の目」であれ，「子どもの目」であれ，それは「私に固有の目」，つまり「私の身体が揺さぶられて私の中に何らかの感情が湧き起こるときの目」だからです。

先のエピソードはまず「私がそのように見た」ことが出発点になっていますが，そこでは「私」が背景に退いて，「誰もがそのように見たはず」という部分が前面にでてくるからこそ，「客観的な目」を問題にできたのでした。しかし，「私」を背景化してしまうのではなく，むしろ「私」という部分をもっと前面に出していけば，きっと「ホットな目」が浮き出てくるに違いありません。

❷ 物事を感じる目（ホットな目）

「私」という部分にこだわるとは，「私」という一人の人間が，いろいろな興味関心を抱き，それを背景にして，あるいはある価値観に沿って，物事を見る人間だということです。人によって興味・関心が異なり，また価値観が違いますから，それを背景にして見えてくるものも違ってくるはずでしょう。実際，

▷1　客観的に見るというのは，カメラの立場でその場面を見るということだといってもよいかもしれない。カメラはその場面を見ても，何も感じずに，ただ克明にすみずみまでその場面を写し取り，フィルムに焼き付けることだけが仕事だからである。しかし，人間がある場面を見るときは，カメラのように何も感じずにすみずみまで写し取るように見るのではない。むしろ見る人の思いを背景に，そこで何かを取り出し，それに何かを感じながら見ているはずである。これが次節で「ホットな目」を問題にする理由である。

I 保育の基本

保育の場でのさまざまな出来事は,「私」の興味関心や価値観を背景に「何かとして」感じ取られます。先のエピソードに即して言えば,観察している私にAちゃんが「さっきから欲しそうにしていた」と見えるところや,取り上げられたBちゃんが「悔しい思いをしている」と見えるところがそうです。

ところが,この私にとってはまさにその子の心の動きとして受け止められたのに,誰もがそのように受け止めるかといえば,必ずしもそうではありません。人によっては,Aちゃんを単に「意地悪な子だ」と見たり,「よくないことをする子どもだ」としか見ない場合があり得ます。

このように,関わる大人がどのような目で子どもを見ているかがその場面の理解や子どもの理解の大きな鍵を握ってきます。前節の「子どもの目」になれば,「欲しい」「悔しい」という子どもの気持ちがおのずから浮き出てくるでしょう。逆に,もっぱら「大人の目」でみているときには,「意地悪だ」や「よくない」といった捉え方が前面にでてきてしまいます。先のエピソードについていえば,「欲しそうにしていた」「悔しい気持ちになっている」といった捉え方は,まず第1に,取り上げたその子の行為をその前後の時間の流れのなかで捉えるところから,第2に,「子どもの目」になって捉えるところから導かれたものだといえます。ここに,「前後の時間の流れのなかで」「その子の目になって」という,保育者に是非とも必要な見方が現れています。これは客観的な目を含みつつ,それを越えた「ホットな目」をもつからこそ可能になるものです。

こうした「ホットな目」に捉えられたものは,繰り返すように,無条件に「誰にとってもそう見える」というわけにはいかない性格のものなので,必ずしも客観的とはいえません。しかし見る人の恣意でもありません。恣意ではないのだから真実なのかと言われれば,誤解も思い込みも入り込む余地がありますから,絶対の真実ともいえません。そこから,これまでの保育者養成の指導の中では,こうした「ホットな目」に捉えられたものは主観的なものだから極力排除し,客観的事実だけを取り上げればよいとされてきたのでした。

しかしそれでは,「子どもの目」が生かされなくなります。保育の実際の場面では「子どもの目」になることの重要性を強調しておきながら,その目に捉えられたものを人に伝える段になると主観的＝恣意的だとして葬り去るというのは明らかに矛盾です。その目に捉えられたものに基づいてこそ,「欲しかったんだね」とか「悔しかったね」といったことばかけが可能になるのですから,保育の実際の展開はこのホットな目で捉えられたものが鍵を握ることはいうまでもありません。

ここで重要なのは,「ホットな目」に捉えられたものの意義を強調するときに,それをそのまま絶対の真実だと逆に錯覚しないことです。私たちの身体が「○○として」感じ取るものが,ときに間違いや勘違いである可能性があることを率直に認める余地を残しておきさえすれば,勘違いであるとわかったとき

▶2 どの保育のテキストでも,保育者の言葉かけや声かけの重要性が指摘されているが,その言葉かけがどのように生まれ,どのように子どもに影響を及ぼすかが十分に議論されてこなかったように見える。そうした言葉かけは,こういう場面ではこういう言葉かけをするというようにパターン化できるものでは決してなく,むしろそれは保育者がその場面で子どもの思いをどのように感じ取ったかを反映したものである。つまり,保育者が「子どもの目」や「ホットな目」になってその場面を捉えているからこそ,そういう言葉かけが自然に可能になり,またそこからこそ,それが子どもに通じていくのだといえる。その点を理解しないまま,言葉かけの「言葉」だけに着目して,この場面ではこういう言葉かけをしましょうというように,言葉と場面との対応関係の問題にしてしまうと,言葉かけの本当の意義は見失われてしまう。

の修正が適切になされるはずです。そして，対人関係はその修正が効けば十分に営めるのです。

3 保育を動かす評価的な目

さて，先ほどのエピソードでの保育者の対応を振り返って見ましょう。そこには，取られた方のBちゃんの悔しい気持ちを受け止めて慰めながら，同時に自分が使っていたと自己主張していいのだと促す面がありました。また他方では，Aちゃんの使いたかった気持ちを受け止めながら，しかしBちゃんが先に使っていたのだから，貸してと言おうねと諭す面がありました。これは確かに，一般論として保育の願わしいあり方だといえます。

ここでは子どもたちが泥んこになって遊んでいる。これを保育者が子どもらしい活動と肯定的に受け止めることができる背景には，明らかにホットな目としての「子どもの目」が働いている。こうした子どもの姿に「どうして，ここまで汚すの」というホットな「大人の目」も当然働くだろうが，多くの保育者においては，「子どもの目」が「大人の目」を凌ぐので，こうした活動を「元気な子どもたちの遊び」として受け止めることができる。保育の場はそのような子どもの奔放な遊びを許容するだけの余裕と豊かさが欲しい一方で，季節によってはいくら子どもが要求しても，「暖かくなったらね」と子どもの要求に応じられないクールな目としての「第3の目」も必要である。

しかし，保育の場はもう少し微妙な力学が働いている場です。例えば，Aちゃんは普段はなかなか自分の気持ちを前に出していけない子どもなのか，それとも普段から自分の気持ちを押し出しすぎて，周りの子どもが嫌がる面がある子どもなのか，それによってAちゃんの振る舞いの受け止め方，保育者のことばのかけ方は微妙に違ってくるでしょう。

もしも，Aちゃんが前者の場合なら，保育者はBちゃんを慰めながらも，もっとAちゃんの使いたかったという気持ちの動きを価値づけるような対応になっていたかもしれません。逆に，Bちゃんが普段から自己主張の弱い子どもであるなら，今日の場面でもっとBちゃんの悔しい気持ちをしっかり受け止めて肯定し，Bちゃんが自分の思いをしっかり肯定できるように，そしてその思いを前に出していけるように心を砕く必要があるでしょう。

このように，AちゃんやBちゃんの「いま，ここ」での気持ちの動きをそれとして捉える「ホットな目」だけでなく，それを大事にし，それに基づきながら，これまでの保育の流れ，自分が担当するようになってからの子どもたちとの関わりの歴史などを勘案して，「いま，ここ」での対応を微妙に組み立てていくもう一つの目が必要になります。これは前節で見た「反省する目」，全体を冷静に鳥瞰する目に通じる「第3の目」であり，これは保育経験を積むなかで次第に磨かれていく「クールな目」だといってもよいでしょう。

要するに「ホットな目」と「クールな目」を行きつ戻りつし，また子どもの側と保育者の側を行きつ戻りつし，さらに状況全体を見渡しながら個別に注目して保育の流れを見ていくところに，保育者の保育を見る目があるといえます。

I 保育の基本

 一人ひとりとみんな一緒に
個と集団，私と私たち

　〈保育の目標〉の節でも述べましたが，保育は子ども一人ひとりの個性や個人差を尊重し，それぞれがそれぞれに充実感をもって過ごすことを目指す一方で，そのことを同時に集団の営みとして成り立たせていくことを目指しています。保育者の立場からみれば，それは「一人ひとりを大切に」と「みんな一緒に」を同時に意識して保育を展開するということです。また子どもの立場から見れば，自分の思いを前に出すと同時に，周りに目を向け，みんなと一緒に何かをすることが面白い，楽しいということに気づき，他の子どものすることを認めるようになることです。

 一人ひとりを大切に（私は私）

　子どもたち一人ひとりを大切に思い，個性や能力の違いを尊重しながら，それぞれが充実感を抱いて日々の保育の場を過ごせるようにもっていくというのは，いうまでもなく保育の営みの基本中の基本です。確かに，保育の場では子ども同士で育ち合っていく面はありますが，子ども一人ひとりに即して考えれば，やはり保育の基本は一人の子どもと保育者が一対一で接する面で，保育者が何を思い，何を感じて対応するかにかかっています。

　子どもたち一人ひとりは，それまでの家庭での育ちやもって生まれた気質を反映して，おっとりした子ども，神経質な子ども，すばやい子ども，ゆっくりな子ども，活発な子ども，おとなしい子ども，等々，一人ひとりが実に個性的です。保育者も個性をもった一個の人格ですから，その個性と子どもの個性とが響きあって，受け止めやすい子どもと受け止めにくい子どもがどうしても出てきてしまいます。しかし，保育者としてはそれを乗り越えて，まずはどの子どもをも個性的な存在として受け止め，一人ひとりの存在を同じように認めることができなくてはなりません。

　たとえ落ち着きがなく，他の子どもにしばしば乱暴を働いて，保育者の目に「気になる子ども」「困った子ども」と映る場合でも，その子に否定的な感情を抱いて，自分の気持ちの中から排除しよう，遠ざけようとするのは，明らかに保育者のあり方として好ましくありません。むしろそういうときにこそ，その子がなぜ落ち着かないのか，なぜ乱暴に振舞わなければならないのかを考え，その子の辛い気持ちに寄り添えるのでなければなりません。子ども一人ひとりは，まさに「こうしたい」「こうしたくない」といったそれぞれの思いを抱い

て生きている存在です。それを尊重するためには，集団生活のなかでも，どこかで一人ひとりの子どもと一対一の関係をつくりださねばなりません。30人前後の子どもたちを一人の保育者で保育していかねばならないとき，一人ひとりにどのように対応するかは確かに難しい問題ですが，朝の出迎えの場面やお帰りの場面，食事の場面や午睡の場面はもとより，何よりも自由遊びの時間帯がこの一対一を作り出せる絶好の機会です。保育のなかに自由遊びの時間帯を設ける一つの理由はそこにあります。また設定の場面でも，そのような機会がまったく得られないわけではないでしょう。保育はみんなが一斉に足並みを揃えて動くようにもっていくところに目標があるのではありません。子どもの側から見れば，「私」はあくまでも「私」なのであり，保育者は決して楽団の指揮者のような全体を動かす人ではないのです。

　子どもの「私は私」という思いがしっかりと子どもに根付くには，保育者がその子の思いを受け止め，その子の存在を認めているのでなければなりません。

❷ みんな一緒に（私はみんなの中の私）

　いま見たように，保育者にとって一人ひとりを大切にするのが保育の基本ですが，しかし子どもたちを集団として扱って，その集団の中で子ども一人ひとりを育てていかなければならないのも保育の現実です。そのように言うと，「集団として」は「やむを得ず集団として」という消極的な意味に聞こえるかもしれませんが，しかし，それ以上に，子どもの成長には集団生活が必要だという積極的な意味があることも認めておかねばなりません。

　実際，子どもたちは「子どもと保育者」という関係においてだけでなく，「子どもたち同士」の関係の中で遊びや生活を営みます。子どもたち同士の関わり合いのなかで，遊びをもっと面白くするために他の子どもを遊びに誘い入れたり，その逆に誘われたり，競争したり，他の子どものすることを見て自分の中に取り込んだり，あるいは衝突や対立を経験するなかで，どこまでしていいのか，どこでやめなければならないのかなど，さまざまなものを子どもは学び，身につけていくようになります。そこには，一緒に遊んだり生活したりすることが楽しい，面白いというような肯定的な面ばかりでなく，嫉妬したり，意地悪をしたりといった否定的な面も含まれてきます。しかし，そうした否定的な面の経験さえも，どうすればその否定的な経験をしなくて済むかを子ども自身が考え，自分の心を強くするのに寄与するのです。

　また子どもたちは，集団保育を経験する中で，いつのまにか自分が「○○組さん」なのだということに気づき，「○○組さん」として園外保育に出かけたり，園内のプールに入ったり，さまざまな活動を「みんなと一緒に」するようになっていきます。つまり，集団として生活するなかで，集団の一員であることに次第に気づき，集団の流れに合わせて遊んだり生活したりするようになり

ます。それは単にルールや約束事があることに気づくようになるということではなく、むしろみんなと一緒に何かをすることは一人でするよりも楽しい、面白いということに気づき、周りの人と「共に生きる」ことが自分にとって必要なことなのだと気づくようになるということです。それが何よりも集団生活をすることの積極的な意味です。

しかし、集団にはそのメンバーを同じ動きにもっていこうとする圧力が自然に働きます。その斉一化に向かう圧力が、ときには子ども一人ひとりの「こうしたい」「こうしたくない」という思いと衝突して、子どもの思いが圧しつぶされたり、集団の流れに押し流されたりすることも出てきます。自分はもっと遊んでいたいのに、みんなが食事に向かい始め、「○○ちゃんはまだ遊んでいる」と他の子どもがみんなに告げれば、その圧力の前にもっと遊んでいたいという自分の思いを押し込めざるを得なくなってしまうでしょう。

確かに、「みんな一緒に」に向かう動きが、みんな同じ活動をしなければならないというほどの集団圧力になれば、その子の心は圧迫を感じ、次第に自分の思いを前に出せなくなるという困った事態に立ち至ります。それは好ましくありませんが、しかし「みんな一緒に」の活動が自分にもよいことだと思えるときには、子どもは保育者や他の子どもの「一緒に」という思いを受け止め、自分の方から自分の思いを譲り、ある程度周りに歩調を合わせて、みんなと一緒に活動することに自ら喜びを見出すことができます。ですから、「みんな一緒に」に向かう活動が常に否定的な意味をもつわけではありません。

これは子どもの側から見れば、「私は私」だけれども、しかし「私はみんなの中の私、私たちの中の一人」なのだというように、私が二重化されることを意味します。そのためにも集団生活は是非とも必要なのです。

❸ 「一人ひとりを大切に」と「みんな一緒に」の兼ね合い

保育が難しい営みにならざるを得ないのは、この「一人ひとりを大切に」と「みんな一緒に」の兼ね合いが難しいところにその理由の一端があります。保育者にしてみれば、それぞれの思いを尊重すれば、各自がばらばらな動きになり、集団をまとめて動かしていくのが難しくなります。しかしまた、集団を一斉に動かしていこうとすれば、それぞれの思いを無視せざるを得なくなります。そこには「あちら立てればこちら立たず」の面があって、その兼ね合いに保育者はどうしても悩まなければなりません。

普段、あまり意欲的でない子どもが今日は本当に熱中して遊んでいるから、もう少し遊ばせてやりたいと保育者が思っているところに、他の子どもたちが「先生、お腹すいた、もうお昼ごはんでしょう？」とやってくるとき、保育者は遊んでいる子どもの思いを尊重しようか、それとも全体の動きを優先しようかと迷わざるを得ません。

▷1 この間の事情を具体的なエピソードを通して示す必要があるが、ここでは紙数の都合で割愛せざるを得ない。いくつかのエピソードは前掲の『両義性の発達心理学』の第3章「保育の場の両義性」に掲げてあるので、それを参照していただきたい。

I-10 一人ひとりとみんな一緒に

これから先生が読み聞かせを始めるので、3、4、5歳の異年齢クラスが全員集合したところ。早く聞きたいという子どもはその期待感の中で、先生に気持ちが向かっている。しかし、中にはその流れに乗りにくい子どももいる。年長さんの振る舞いをみて、それを取り込む、3、4歳の動きも見られる。みんな一緒の活動が自分にとって楽しいものだという感覚が育つことが重要である。

あるいは、みんなが大縄跳びをしようと言っているときに、「いやだ、ぼくは椅子取りゲームがいい」と自分の思いに強く固執する子どもを前にするとき、その子の思いも尊重してやりたいし、しかし大勢の子どもの大縄跳びをしたいという思いも尊重したいし、この子の思いと全体の思いをどのように兼ね合わせればよいか、保育者としては悩むところです。

これは「個の尊重と集団の尊重」という局面に生まれる悩みや迷いですが、そればかりではありません。一人ひとりの子どもの心の育ちにとって（あるいは一個の主体としての育ちにとって）、自分の思いを貫く面と、周りの思いに気づいてそこに自分の思いを重ねていく面の両面が育つことは、保育の大きな目標です。その面からすると、子ども自身が「私は私」という個の面と「私は私たちの中の一人」という集団の一員の面とを、自分の人格のなかで同時に活かすことができるようにもっていくというのも、保育者の重要な役割だということになります。しかし、「私は私」に傾きすぎて自分勝手にならないように、だからといって周りに合わせすぎ、「みんなの中の私」でいることに気を遣いすぎて、自分の思いを前に出せなくなってしまうことのないように、そのバランスがうまくとれるように子どもを導いていくというのは、保育者にとって至難の技でしょう。

そういう困難な保育の営みの中で最も注意を要するのは、「子ども一人ひとりを大切に」という面がおろそかになっている現実があるときに、それを「集団として動かしていかねばならないから」ということを盾に合理化したり、「集団として生活する楽しさや大切さに気づく」という面が十分に育っていないという現実があるのに、それを「一人ひとりの思いを大切にしているから」ということを理由にもってきて無視したりするという態度です。どちらかの面を「完璧に」実現しようとすれば必ず他方の面が破綻を来たします。まして両方の面を完璧に実現できるなどあり得ません。ですから、それぞれの面の実現に関しては、どうしても「ほどよさ」や「アバウトさ」が求められます。そして、保育者がその両面を考慮した対応をしながらその「ほどよさ」や「アバウトさ」に耐えられることも、保育者の専門性の一端だと考えてよいと思います。

Ⅰ　保育の基本

11　保育者の対応の二面性

　〈保育の目標〉の節で，子ども一人ひとりが①個性を発揮して自分らしく生きること（自己発揮すること）と，②周りの人と共に生きることが自分にとって大事だと思えるようになること，この二つが保育の基本目標だと述べました。これはまた，子どもの世界の二面性，つまりⓐ子どもは子どもであり，あるがままでよいのだという面と，ⓑ子どもは未来の大人として周りの人と共に生きていくために必要なものを身に着けていかねばならないという面との二面性にも結びついています。また保育者は㋐「子ども一人ひとりを大切に」（個）と㋑「みんな一緒に」（集団），㋒「私は私」と㋓「私はみんなの中の私，私は私たちの中の一人」という二面性を考慮することも求められます。これら①②やⓐⓑ，あるいは㋐㋑㋒㋓との関連で，保育者は常に二面ある対応を迫られます。

❶　子どもの思いを「受け止める」「認める」対応

　子どもがいろいろな場面で自己発揮し，さらに自分に自信を深め，興味・関心を広げていくようになるためには（つまり①やⓐ，㋐や㋒が満たされるためには），自分の思いや自分のすることを保育者からまずは受け止めてもらって，その上で，認めてもらったり，ときにほめてもらったりすることが必要です。無視されたり，けなされたりしたのでは，子どもの前向きの気持ちはしぼんでしまいます。ですから，この「受け止める」「認める」対応は保育の基本中の基本と言えるものです。ここで重要なのは，見せかけの「受け止める」「認める」であってはならないことです。本当は受け入れたくないのに，受け入れたふりをする，認めていないのに認めることばをかける……こうした対応は保育の現場にはしばしばみられるものですが，この見せ掛けはたいていの場合，子どもに見抜かれ，かえって子どもの保育者に対する不信感の出所になるものです。

　そして真の「受け止める」「認める」対応は，子どもから見れば「先生は自分のすることを受け止めてくれた，認めてくれた」という子どもの喜びや自信に跳ね返り，ひいてはそのように対応してくれる保育者を自分にとって大事な人，信頼できる人とみなすことにつながります。この基本の対応が不十分なままに，子どもとの信頼関係を築くことはおよそ不可能です。そして保育の場では，何よりも子どもと保育者のあいだに信頼関係があるということが，子どものさまざまな力が開花する上にも，また子どもが一個の主体として生きていく

2 保育者の思いを「伝える」対応

それぞれに個性的な思いをもって自己発揮している子どもたちが，集団生活を営み，「共に生きる」経験をひろげていく際には，子どもの思いや子どものすることを一旦は「これやりたいんだね」とその子の気持ちを受け止めながらも，「でも，それは危ないからやめようね」とこちらの気持ちを伝えたり，「そうするとみんなが困るよ」と周囲の思いに気づくように伝えたり，「今日はみんなでこんなことをしてみようか」と遊びを提案したりすることも，保育者の基本的な対応です。これは②やⓑ，㋑や㋣に通じる対応だといってもよいでしょう。

ここで重要なのは，たとえ他の子どもの使っているものを取り上げたり，あるいは他の子どもと喧嘩になったり，いつまでも泣き止まなかったり，というように，子どもが負の振る舞いや様子を示すときでも，その子のすることを頭ごなしに否定したり，抑えたり，無視したりするのではなく，その子のすることはその子のいまの思いの中から生まれてきているのだと一旦は受け止める姿勢をもつことです。もちろん，その受け止める態度は，そのまま全面的にそれを受け入れることを意味しません。その子の思いを受け止めた上で，それをして欲しくない，そろそろ気持ちを立て直して欲しいという保育者の思いをその子に分かるように伝え，あるいは全体の流れに乗ることがかえって楽しさや面白さを増すことに繋がるという保育者の思いを伝えることが必要なのです。単に保育者が規範やルールを示す指導者になって，大人の圧力で子どもを抑え込んだり引っ張ったりするのでは，子どもはいやいや従う結果になり，大人の前で自分の思いを表現できなくなって子どもが主体として育つのをむしろ阻害する結果になってしまいます。

幼児期に保育者が「教える」「導く」場面があったとしても，それは「こうしなければいけない」という規範の提示であるよりは，どうしても子どもにはこうしてほしいという保育者の思いを子どもに伝えていくということに過ぎません。そこには，子どもが自分からやめようという気持ちになれるように，自分から泣き止もうという気持ちになれるように，あるいは自分からやってみようという気持ちになれるようにもっていくという配慮や対応，そうなるまで待つという姿勢など，さまざまな工夫や態度が必要になります。

3 保育者の対応のグレイゾーン

いま，「子どもの思いを受け止める」対応と，「保育者の思いを伝える」対応とを対比的に述べましたが，この両面は表面的には逆向きの相容れない対応に

▷1 従来，子どもの危険な行為や乱暴な行為に対しては，保育者の指導性が求められるところと一般に考えられ，そういう場面では保育者は「教え・導く」対応が必要だとされてきた。つまり，保育者はそこで子どもにあるべき行為を教え・導き，保育者に望ましいと思われることを「させる」ことが必要だと考えられてきた。確かに，そのような禁止や制止は必要であるが，その場合でも，本書では保育者が子どもに「させる」ところを強調するよりも，むしろ保育者のこうして欲しいという思いを伝えることが重要だと考えている。つまり，「こうしなさい」ではなく「こうして欲しいなあ」を強調する立場である。これが子どもを一個の主体として尊重しつつ，大人の思いを伝え，大人の文化を伝えることの，具体的なかたちだと考えるからである。

見えます。実際，保育者として子どもに接するとき，子どものある行為をそれをするその子の思いを受け止めて，受け入れるのか，認めるのか，あるいはそれは困ると伝えたり，ここはこうしてと保育者の思いや願いを伝えるのかは，多くの場合，「あれか，これか」になりやすく，保育者は「あちら立てればこちら立たず」の思いに駆られることがしばしばです。

実際，一人の子どもに丁寧に接していると，いまこの子がやろうとしていることは本当はいけないことなのだけれど，その子のやりたい気持ちは分かるし，その子がこれまで何かをやりたいという前向きの気持ちをなかなか出せない子だったので，なおさら認めてやりたいと思う面と，周りの子どもたちの手前もあって，やはりここはどうしても止めなければならないと思う面とが保育者の内部で葛藤し，どうしてやっていいか迷ったり，分からなくなったりする場合がしばしばあります。こうした保育者の葛藤は，①と②，ⓐとⓑ，⑦と⑦，⑰と㊀がなかなか相容れないからこそ，ひいては保育の二つの目標そのものが両義的で，「あちら立てればこちら立たず」になりやすいからこそ生じるものです。ですから，この葛藤そのものをなくしてしまうような手立てはありません。

しかしながら，保育の実際をみてみると，「今日だけは認めてあげるけど，いつもはダメよ」とか，「本当はしていいんだけど，今日はお客さんがくるから辛抱してね」というような，微妙な対応がしばしばみられ，そのどちらともつかない，いわばグレイゾーンの対応が，保育の場に自由な雰囲気や潤いを与えているのも事実です。こうしたグレイゾーンの対応は，よくいわれる「白黒をはっきりさせる対応」の逆をいくものですが，その分，そのつどの場面で判断を求められるという曖昧さを抱えています。そして保育者に経験と心の余裕がなければ，なかなかこのグレイゾーンの対応ができず，「大人の目」で捉えた自分の思いを子どもにぶつけてしまうのも事実でしょう。

けれども，保育者のこの柔軟な「懐の深い」対応が，子どもには自分の思いを受け止めてもらっているという安心感を与えるとともに，この保育者の柔軟な対応が取り込まれて，自分がいろいろな場面に対応するときに，子どもの自我が柔軟に働くのに寄与するのです。この間の事情は次頁の図で示すことができます。

❹ その背景にあるカウンセリング・マインド

グレイゾーンの懐深い対応は，保育者のカウンセリング・マインドにも通じています。カウンセリング・マインドとは，①子どものありのままの姿を温かく受け止める，②子どもの立場に立ってものを考える，③子どもの心に寄り添いそれに応じる，④子どもが安心できる関係を築く（信頼関係を築く），の４点を基礎に，対人関係を動かしていく態度を言うものです。これは，「大人の目」で捉えたものに従う態度ではなく，むしろ「子どもの目」で捉えたものに従い

▶2 ここでのグレイゾーンは保育者の「懐の深さ」そのものである。

▶3 ここに示した４つは，カウンセラーに必要な心得をベースに，それを保育者と子どもの関係に置き直して整理したものである。子どもの思いを受け止めるところに保育の重要な部分がある。そして，保育者が子どもの思いを受け止めるということと，カウンセラーがクライエント（患者）の思いを受け止めるということには，大きく重なる部分がある。そこでカウンセラーがクライエントに接する際の心得を参照し，それをガイドに，保育者も子どもとの対応の場面にそれを生かそうというのがカウンセリング・マインドの主旨である。こうしたカウンセリング・マインドは，保育に限らず，教育や看護や介護などの対人関係を中心に営まれる職種に必要になるものである。それゆえそれらの職種においてこのカウンセリング・マインドの修得に向けた研修が取り組まれている。

ながら、しかし「第3の目」を同時に働かせる態度だといってもよいかもしれません。

このカウンセリング・マインドが子どもを前に自然に働くときに、グレイゾーンの懐深い対応がおのずから可能になるといえます。

こうした保育者のカウンセリング・マインドは、子ども一人ひとりに対応するときに必要となる態度ですが、同時に一人ひとりの保護者に対応するときにも、この態度が求められることがしばしばです。保育者に無理難題と思えるようなことを次々に押し付けてくる保護者がいるときに、保育者はその保護者を否定的に見てしまいがちですが、そこでカウンセリング・マインドが働けば、この保護者も初めての子育てで大変なのだ、不安がこういう態度をとらせるのだと懐深く受け止めることもできるようになるでしょう。いまよくいわれる子育て支援にも、保育者のカウンセリング・マインドが大事になってきます。

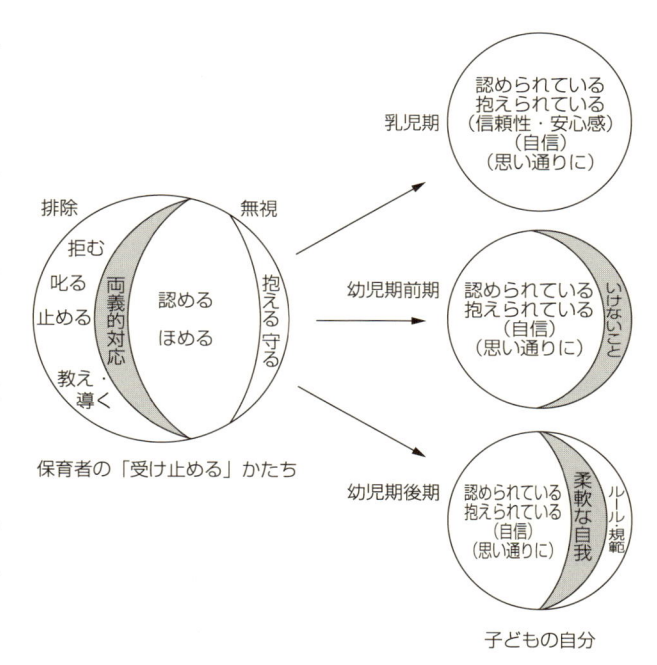

図4　保育者の対応の両義性とグレイゾーン

この図は、保育者の受け止めるかたちが子どもの心のありように繋がっている事情を説明しようとしたものである。特に保育者の両義的な対応のグレイゾーンが、子どもの柔軟な自我の働きに繋がるところが重要である。

このカウンセリング・マインドの働き方、つまり「懐の深さ」の発揮のされ方には、保育者が単に集団を動かしていく保育指導者であるだけではなく、一人の生活者として周囲の人とごく普通の対人関係を営む人でもあること、さらには、保育者自身かつては子どもであり、いろいろな人の思いの中で育てられてきた人であるということが目に見えないかたちで影響を及ぼしています。家族や親しい友人など、自分の周りの身近な人たちが、自分に対してみせてくれたさまざまな懐深い対応がいつのまにか取り込まれたり、逆にいろいろな人の好ましくない対応を反面教師とすることを通して、そのような「懐の深さ」を発揮できるようになるのです。

その意味からすれば、保育者が子どもの思いをていねいに受け止めていけるようになるためには、自分がまず一人の人間として真摯に生活を送る人でなければならず、また豊かな過去経験をいま現在に生き生きと甦らせることのできる人でなければなりません。

I 保育の基本

12 障碍児保育

1 障碍児保育の歴史

現在ではどの保育所，幼稚園でも，障碍のある子ども，つまり特別なニーズを抱えた子どもを受け入れ，統合保育を展開しています。これは昭和58年に当時の厚生省の策定した法律によって，障碍のある子ども（障碍児手帳を交付されている子どもで，医療的対応を必要としない子ども）を受け入れて保育する場合には，加配の保育者をつけ，国と地方がその費用を折半することを明示したことを背景にしています。以来，それぞれの市町村では，受け入れる子どもがどの程度の支援を必要としているかを受け入れ前に判定し，できるだけ保護者のニーズに応える方向を打ち出してきました。

そして1981年の国際障害者年を中心にノーマライゼーション，インクルージョンの思想が広く浸透していくなかで，障碍のある子ども自身の保育を受ける権利を保障する面から，保育所・保育園だけでなく幼稚園でも障碍のある子どもを受け入れる方向へと動き始め，受け入れた場合には手当てがつく体制が整ってきました。また障碍のある子どもたちを対象にした就学前の通園施設も整備され，さらに通園施設と通常の保育所の両方に通うことも制度的に受け入れられるようになってきました。

もちろん，制度が整備される前から，保育者たちの善意に発する自発的な取り組みとして，障碍のある子どもを保育の場に受け入れ，さまざまなかたちでその保育を考えてきてはいました。しかし，それは保育の動向としてはまだ「欄外」の動きにしか過ぎず，それが「欄外」の営みではなくなって，保育の重要な柱になるまでには，多数の年月を要したのです。

ともあれ，およそ20年のあいだにさまざまな制度が整備され，一方では障碍のある子どものもつ権利の面から，他方では障碍のある子どもが集団生活の中でその発達が促進されるという療育の面から，障碍のある子どもの統合保育が推進されてきました。

2 障碍児保育の意義

子どもは健常であるか障碍があるかを問わず，みな個性的です。健常な子どもの場合でも能力面での個人差は相当大きいものです。特に幼児の場合はそうですが，同じ年齢のクラスでも，生まれ月の違いで成長の度合いに随分違いが

▷1 障碍をどのように捉えるかは難しい問題を含んでいる。もって生まれた器質的な障害（たとえば染色体異常のような）は英語圏ではimpairmentと呼ばれ，またそのようなimpairmentがあれば，多くの場合，何らかの能力障害（disability）が現れ，それが健常な子どもとの振る舞いの落差を生む。そこでこの能力障害を可能な限り低減するという療育の発想やその子に潜在している発達の可能性を最大限引き出すという発達保障の考えが生まれ，これが障碍児保育や障碍児教育に大きな影響を与えてきた。こうした障碍の理解は，そもそも障碍は子ども本人の内部にあるという考えに導かれる。しかし，その子どもが内部に抱える障碍によって，周りと通常の生活が営みにくくなったり，障碍者差別を受けたり，というふうに，その子の生活のさまざまな面に健常の子どもには見られないハンディキャップが生まれてくる。これを取り上げるのがhandicapped childという視点である。つまり障碍はその子だけでなく，そこに家族をはじめさまざまな人を巻き込むことになる。筆者はこれを「共に生きる困難」と捉え，障碍はこの意味においても理解されなければならないと考えている。このことは障碍児保育の問題に直接影響を及ぼしてくる。

みられます。保育は本来，一人ひとりの個性の違いや個人差を踏まえ，それを尊重するところに組み立てられるものです。それが保育の原点だといっても過言ではありません。言い換えれば，平均的な子どもを想定して，どの子どもにも同じものを求め，子どもたちを一斉に動かすことが本来の保育の姿ではありません。ですから，その保育の原点の考え方からすれば，障碍のある子どもが保育の場に入ってきても，それは当然のこととして受け入れられるべきはずのものでした。それによってこそ，保育者は子ども一人ひとりがそれぞれであることを真の意味で受け止め，その上で，能力も性格も異なる一人ひとりの子どもを「共に生きる」という枠組みの中で保育していく姿勢を貫けるのだといえます。

つまり，単に障碍のある子どもの権利保障や発達保障，あるいは療育における発達促進という考え方から障碍児保育を考えるだけではなく，健常の子どもたちにとっても，障碍のある子どもと共に保育を経験することは，お互いに相手と自分との違いを認め，それを尊重しながら共に生きていくという，人間としての生き方の根本姿勢を身につける上で，重要かつ貴重な機会になるはずです。現に，いくつかの保育の場からは，統合保育を経験する中で，これまで見られなかったこんな子どもの姿が見られるようになった，統合保育を実施してよかったという声が聞こえてきます。ですから，その面からも統合保育は推奨される必要があるものだったといえます。

③ 障碍児保育の困難

しかしながら，わが国におけるこの20年前後の障碍児保育の歴史は，理念通りに展開されてきたとは必ずしもいえませんでした。

○保育する側の困難

まず，保育する側の受け入れ態勢（制度の整備はもちろん，保育者の障碍児保育研修，健常な子どもたちの保護者への説明と了解など）が整う前に制度が先行した市町村が多かったこともあり，しかも一斉に子どもたちを動かす設定保育中心の保育が展開されているところが多かったこともあって，障碍のある子どもが保育の場にやってきたとき，多くの保育者は頭を悩ませました。実際，統合保育が必要であるという理念は理解できても，実際の保育を展開する上では，障碍のある子どもを集団の中で扱うことが難しく，また加配がつく場合でも，今度は加配の保育者と通常の担任との関係をどのようにすればよいかが難しいというように，いろいろと困難な問題が浮上してきて，保育の現場が混乱することさえ珍しくありませんでした。

○一般保護者の理解の不十分さ

しかも，統合保育に関する一般の保護者向けの啓発活動が不十分だったこともあって，保護者の大半が統合保育の理解が十分でないままに統合保育が実施

▶2 障碍のある子どもをどのように呼ぶか，またどのように表記するかはなかなか難しい問題である。英語圏では国際障害者年（1981年）以降，従来のhandicapped children（ハンディのある子ども）からchildren with special needs（特別なニーズを抱えた子ども）というように変わってきた。今回の特別支援教育の流れは，この特別なニーズを抱えた子どもに必要な支援をするというところから生まれている。

▶3 1960年前後から北欧を中心に「障碍のある人も健常な人と同じようにできるだけノーマルに近い生活を目指すべきである」という主張がなされ，この考えは健康な人と障碍のある人が同じ地域や学校などで過ごすというインクルージョン（統合）の思想と表裏になって広まり，特に1981年の国際障害者年に大々的に広められた。わが国でもこの二つのキーワードが社会福祉のバックボーンになっている。

I　保育の基本

▶4　療育の「療」は医療の療,「育」は教育や保育の育からきている。このことからも分かるように,医療と保育や教育が連携して,障碍のある子どもの能力を高め,その発達を促進することを目指してさまざまに子どもに働きかけることがこの療育という言葉の意味である。治療教育とも呼ばれる。しかし,「連携して」とは言いながら,医療と保育が対等に連携することは滅多になく,概して医療の側から保育の現場に「指導」が入って,保育の現場がそれを受ける受け皿になるというかたちの連携がこれまでは多かった。医療の立場からの能力促進の発想と,保育の「子ども一人ひとりの思いを受け止める」発想とは,必ずしも整合しない。保育の場はあくまでも保育の場であって療育の場ではないという視点を堅持することも必要ではないだろうか。

▶5　法律上の裏づけは厚生労働省の「障害児保育対策事業実施要綱」によっている。つまり,「日々通所可能でかつ特別児童扶養手当の支給対象の障害児」という規定に該当する幼児を保育所が受け入れて保育を行う場合,保育士を加配するという制度である。これに基づき,市町村では対象の子どもが要綱にいう障害児であるかどうかを判定し,その判定に基づいて保育士を加配することになっている。

されたため,健常な子どもの保護者から,いろいろな声が聞こえてきました。たとえば,障碍のある子どもにばかりに手をかけて,自分の子どもは十分な保育を受けていないのではないか,高い保育料を払っているのに,というような保護者の不平や不満です。そしてこうした不協和音は,ノーマライゼーション,インクルージョンの思想の美しさとは裏腹に,現在でも決して聞こえなくなったわけではありません。

❹「どこまで受け入れるのか」

　障碍のある子どもを受け入れて保育をするときに,よく「子どもの行為をどこまで受け入れるのか」という問いがなされます。しかし,行為だけを取り出して「受け入れるのか,受け入れないのか」と問いを立てる前に,当の保育者がその子の存在をどのように受け止めているかが問題です。

○障碍のある子どもが抱えるハンディキャップ

　障碍のある子どもは,それまでの育ちの中で単に能力面のハンディキャップばかりでなく,心の育ちの面にもハンディキャップを抱えていることが大半です。障碍が発見された後の保護者の落胆や悲しみ,それを克服しようとする療育中心の生活,これらの条件が障碍のある子どもの心の育ちを阻害しやすく,そうした子どもたちは多くの場合,自分のこうしたいという気持ちを十分に周りに受け入れてもらってこなかった,楽しいことや面白いことを健常の子どもたちのようには経験してこなかった,それゆえに周りの人たちと共に生きる姿勢を十分に身につけてこられなかったというハンディキャップを抱えていることが大半なのです。

　ですから保育の場では,これらの子どもたちにあれこれの能力を身につけさせようと構える前に,子どもが自分の思いをもてるように,主体として生きる姿勢を育てることが重要です。それにはまず,その子の「こうしたい,こうしてほしい」という思いを保育者が受け止め,支えることが先決で,そのことを通して,その子が保育者を信頼して遊べるようになり,周囲と関わることに喜びを感じて自信をもてるようになり,意欲的に生きる姿勢を身に着けるようになってほしいと期待することが,対応の基本にならなければなりません。

　実際,子どものしたいことを支えていくと,子どもは次第に元気になり,いろいろなことに意欲的になっていきます。ところが,それにつれて,健常な子どもたちにはしてはいけないことになっている行為をその子がすることも生まれてきます。こうしたときに,その行為を受け入れてしまったのでは周りの子どもに示しがつかないのではないかという思いが生まれる一方で,その行為に禁止や制止を加えると,それまで培ってきた自分とのよい関係が壊れるのではないかという不安もまた生まれてきます。こうして「どこまで受け入れるのか」という問いに結びつくのです。

もちろん，子どもが保育者にかみ付くような負の行動を示すときに，これを受け入れることは難しいでしょう。しかし，保育者が子どもの気持ちを受け止めて対応していると，その子はいま周囲からの圧力を感じて不安定になっているのだということが分かり，その不安な気持ちが信頼を寄せ始めている自分をかむという行動になって表現されているのだと保育者に摑める場合があります。そのようなとき，そしてその子の辛さが保育者の身に染みてくる場合には，思わず「先生をかんでもいいよ，でもお友達はかまないでね」というような言葉が口をついて出てくるときもあるのです。

　要するに，「どこまで受け入れるか」という問いに，明確に「ここまで」という線引きができるわけではありません。むしろ問題は，行為を受け入れるか否かではなく，子どもの思いを保育者がどのように受け止めているかなのです。「かんでもいいよ」という保育者の表現は，確かにその子の行為を容認しているように聞こえますが，その本意は「かんで欲しくはないけれど，あなたがかまずにはいられない気持ちは分かる，だから，ちょっとかんでもいいよ」ということでしょう。つまり，この言葉は，その行為を容認するというより，その子の今の気持ちを保育者なりに受け止めながら，いまどうすることが大切か，どうすることが必要かを考えるところから紡ぎ出されている言葉なのです。

❺ 周囲の子どもたちに思いやりが生まれ，周囲の子どもたちも育つ

　大人の側にはいろいろな抵抗がある場合でも，子どもたちはごく自然に障碍のある子どもを自分たちの仲間として受け入れてくれます。そして保育者も気づかなかったような思いやりを示してくれたり，対応のアイデアを出してくれたりすることがしばしばあります。ただし，これは保育者をはじめ周りの大人がその子を受け入れる姿勢や態度をもっているからこそ生まれるものです。

　例えば，まだことばを話さない子どもがいまどうして欲しいのか，保育者になかなか摑めないときに，子どもたちは「先生，○○ちゃん，こうして欲しいって」とその子の気持ちを代弁してくれることがよくあります。子どもたちは身体を通して関わり合う中で，その子の思いを感じ取ることができるからです。そして「先生，○○ちゃん，ちゃんと人参を食べたよ」と保育者に告げた子どもが，自分の嫌いな人参に挑戦するというような場面も現れてきます。こうして，お互いの違いが分かった上で，お互いの存在を認め合い，そのなかで何かを一緒にすると嬉しい，楽しいという「共に生きる」ことの基礎を，子どもたちは身に着けていくことができるのです。

　しかし，こうした育ち合う姿が見られるようになるためには，健常な子どもについても，「一人ひとり」の子どもの独自性を認めながら「みんな一緒に」の保育が実践されていることが必要です。一人ひとりが認められていると感じるからこそ，障碍のある子どもを認めることができるのです。

▶6　37頁の側注を参照のこと。このように考えれば，障碍の改善は，能力面の改善だけで評価されるべきでなく，ハンディキャップがどれだけ軽減されたかという面，つまり「共に生きることの難しさ」がどの程度軽減されたかによっても，評価されてしかるべきだという考えが導かれる。

▶7　このような素晴らしい実践については鯨岡峻編著『〈共に生きる場〉の発達臨床』ミネルヴァ書房（2002年）の第4章の西原彰宏氏の論文を参照されたい。ここでは，保育者は子どもにかまれても痛がっていけないとか，いつもこういう言葉をかけなければいけないなどと言っているのではないことを確認しておきたい。子どもの思いが分かれば，そういう言葉が口をついて出てくることもあるということ，そしてそれはなかなかできないことだから，すごいことだといっているのである。

II　保育の内容

　このIIでは，遊びや信頼関係など，保育の中心的な内容を構成しているものを取り上げ，併せて遊びの場面を写真で紹介していきます。

1. 養護の側面
2. 食事
3. 身体と運動
4. 遊びの本質
5. 子どもにとっての遊び
6. 主体的に遊ぶとは
7. さまざまな遊びのかたち
8. 遊びにおける保育者の役割
9. 信頼関係
10. 子どもを一個の主体として受け止める
11. 認めること
12. ほめること
13. 叱ること
14. 情動調律と情動制御
15. 依存と自立
16. 過干渉と放任
17. コミュニケーション・言葉・イメージ

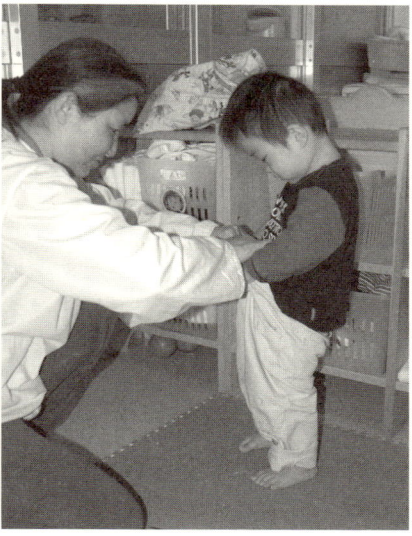

未満児の保育場面

自由遊びの場面

設定保育の場面

　保育は，子どもたちが自ら興味や関心を広げ，自ら自己発揮して活動する姿を保育者が支えることがその基本である。保育者が子どもの興味や関心を膨らむように環境を整えていくなかで，子どもたちは年齢に応じてそれぞれの思いで遊びや活動に向かい，「いま，ここ」での経験を胸に刻み込んでいく。それらの遊びや活動がどれほど多様なものか，一連の写真はその一端を示すものである。

Ⅱ　保育の内容

1 養護の側面

保育は0歳から6歳までの乳幼児期の営みです。この6年間のあいだに幼児は目覚しい成長を遂げますが，いまだ未熟な幼児であることに変わりはありません。そして幼ければ幼いほど，健康管理や身辺の世話をする必要はもちろん，不安になったり，落ち着かなくなったりすることから子どもを守る度合いが増すことはいうまでもありません。

1 健康管理面

保育の場は子どもたちが心身ともに健康な状態で元気に遊び生活する場です。しかし，保護者の都合もあって，微熱のある状態で保育の場にやってくる子どももいます。▶1 また元気に保育の場にやってきて遊んでいるうちに，何か様子がおかしく，額に手を当ててみると熱があるのが分かるという場合もあります。あるいはまた，何かで手を切った，骨折した等々の，緊急の対応が必要な場合もあります。さらには集団食中毒や伝染病，インフルエンザや水疱瘡など，特定の子どもを超えて集団全体に影響が波及する恐れのある病気もあります。

それぞれの保育の場には，そのような緊急の場合や影響力の強い病気の場合の健康管理に関して，対応を定めたマニュアルがあるはずですから，それに基づいた冷静な対応をすることが保育者に求められます。

健康管理は子どもが病気になったときの対応ばかりでなく，予防医学的な観点から，子どもが病気にならないような配慮，例えば手洗い，うがい，歯磨き，清潔，栄養，等々の配慮，さらには季節や天候を考慮しながら，子どもたちが元気に体を動かせるような運動面の配慮もまた必要でしょう。

2 災害その他の安全管理，危機管理

周辺での火災，地震などの災害はもちろん，不審者の闖入，登園，降園時の不測のトラブルなど，近年は安全管理に関わって保育者や保護者を悩ませる出来事が増えてきています。そのような出来事に直面したとき，子どもを守るべき立場の保育者としてどのような対応をすればよいか，これも最近では各園に安全管理，危機管理に関する所定のマニュアルがおかれているはずですから，それに即してきちんと対応することが求められます。

▶1　従来はこうした保護者の対応は「とんでもない保護者」という否定的な受け止め方をされてきたが，「次世代育成支援」の観点からすれば，保護者の側にどうしても職場を休めないぎりぎりのニーズがあるときには，体調の悪い状態の子どもでも緊急避難的に保育の側が受ける準備態勢を整えておく方向が考えられてもよい。病児保育の問題はこれからの保育の大きな課題の1つである。

❸ 行き過ぎた安全管理，危機管理に陥らないために

　確かに保育の場は子どもを養護する場ですから，そこに周到な配慮が必要ですが，保育者がどれほど健康面，安全面に気を遣っても，保育の場で水疱瘡などの病気がうつる，工作の場面や子ども同士の衝突の場面で，子どもがちょっとした怪我をするといったことは，おそらく避けられないことです。

　ところが，昨今の「少なく産んで大切に育てる」社会的風潮の中では，子どもの安全管理に関する保護者の関心が異常なまでに高く，ちょっとした傷でも「どう責任をとってくれる」と保育者に対していきり立つ場合が少なくありません。そうなると，保育者側も自己防衛的になって，はさみを使わせない，ナイフを使わせない，海辺に連れて出ない，子ども同士の衝突にすぐ介入する等々，保育の場で当然必要だと思われるような子どもの経験や環境を，安全管理の立場から制限してしまいがちです。

　そうならないためには，普段から，保育者と保護者のあいだで保育の中身についてはもちろん，安全面，健康面に関して十分に話し合いをもち，お互いにある程度の共通理解を得ておく必要があります。栄養面や健康面を考えるあまり，子どもの好き嫌いをなくすことに保育者が向かいすぎてもなりませんし，子ども同士が対立したり衝突したりする場面を保育の場から排除してしまってもなりません。集団の場ではいろいろなことが起こり得ることを前提にして，子ども同士のトラブルに関しては「お互い様」の気持ちを保護者同士が持ち合う必要があることも，何かの機会に保護者に伝えていく必要があるでしょう。

❹ 子どもの心の健康の面への配慮

　養護の観点から今日特に重要なのは，子どもの心の健康を守るという視点です。子どもを育てたがらない保護者，子育てを外注したがる保護者が増える昨今の社会文化環境の下で，保育の場にやってくる子どもの中には，保護者の十分な愛情が得られないままに不安に駆られ，大人不信やひいては自信喪失の心の状態になり，保育の場で元気に遊べない，他児に乱暴を働くなど，心の健康面に心配を抱えた子どもが増えてきました。これらの子どもは，一般的には保育の流れに乗れない，気になる行動をするというように，外見的には負の行動を示すことが多いので，保育者に否定的に見られがちです。しかし，子どもの心の健康という点からすれば，こうした子どもこそ「養護」の観点からもっと手厚く守られなければなりません。

　特に家庭で虐待を受けている可能性が疑われる場合，単に専門機関に通報して済ますというのではなく，保護者もまたぎりぎりの心的状態に追い込まれていることが多い点に配慮して，保護者と気軽に話し合える人間関係を普段からつくっておくことが大切でしょう。

II 保育の内容

2 食　事

① 食事の栄養面，衛生面，健康面への配慮

　O157事件以来，保育の場の栄養士さんや調理師さんたちは，衛生管理に配慮すれば生ものを扱うのが難しく，しかし栄養面，健康面に配慮すれば食事に生ものを使いたいというように，食事の準備に頭を悩ませる機会が増えました。栄養面，衛生面に配慮するだけでなく，子どもたちが喜んで，美味しいと思って食べてくれる食事の内容にすることが求められますから，なおさらです。

　最近では，家庭生活の不安定さを反映して，朝食抜きで保育の場に連れてこられたりすることも珍しくなくなりました。そのような家庭の子どもにとって，保育の場で提供される，栄養面の配慮の行き届いた，また手間をかけた食事は，健康面から言っても大事な意味合いをもってきます。

　また，子どもが幼ければ幼いほど，必要な量を摂取することが健康面から必須の要件となり，保育の中で食事のもつウエイトが大きくなることはいうまでもありません。それぞれの年齢に応じて，おやつや給食の分量が勘案される必要があり，またその日の子どもの体調やその日の運動量や天候の具合に合わせて，水分補給や食事の量が配慮されなければなりません。

② 集団の場での食事：楽しく食べる

　保育の場は集団の場です。集団の場の中での食事は，単なる栄養摂取の時間ではありません。お当番の役割を交代で果たしたり，自分勝手に食べ始めるのではなく，みんなで「いただきます」をして食べるなど，年齢と共にみんなで協力することの大切さに次第に気づいて，集団生活の一環として食事をするようになります。

　そうした集団生活の一環としての食事は，何と言っても，みんなで美味しく楽しく食べるということが大原則です。保育者の都合に合わせてさっさと食べさせることが目的ではありません。美味しい，楽しいという雰囲気の中で，他の子どもが美味しそうに食べる様子を見て自分ももっと食べようとしたり，上手にお箸を使っている子どもをみて，それまでスプーンだけだった子どもが自分もお箸を使おうとしたり，等々，その場は学びの場にもなり得ます。その点からすると，保育者も子どもたちと一緒の場で食事をして，大人はこうして食べるという姿を自然に子どもに見せていくことも大切でしょう。

▶1　本書では「育てる」ことを大人の文化の伝達という観点から考えようとしている。大人の生活があるところでは，子どもは生活する大人の姿からさまざまなものを吸収し，それがそのまま文化伝達になっている。それゆえ，保育の場にも家庭の場と同じように大人の生活の要素が十分にあれば，子どもはそこからも大人の生活の要素を自分のなかに取り入れていくことが十分に期待できる。それゆえ食事の場面でも，もしも保育者と一緒に食卓につくことが可能で，その保育者の食事の様子を目の当たりにすることができれば，子どもはそこからも自然にいろいろなことを学び（真似び）とっていくだろう。

II-2 食事

❸ 一人ひとりの食べる意欲を受け止めて

　幼児期にバランスよく食べる食習慣が身につくことは、大人になったときの食習慣の基礎であり、成人病予防に結びつきます。ですから、子どもの健康管理に関心をもち、順調な成長を願う大人は誰しも、幼児期に偏食をしないでバランスよく何でも食べられるようにという願いをもちます。

　その際、保育者はその願いを子どもに押し付ける前に、子どもの味覚はそれまでの家庭での食習慣や家庭の味への順応の結果だけでなく、それぞれ独特の感じ方をするものであることをまず考慮に入れておかねばなりません。

一人ひとりの食べる意欲を受け止めて対応することが基本で、食事が楽しくなれば食べる意欲も湧いてくる。

　保育の場のお昼時に、よく遊んでお腹がとてもすいた状態で食事に向かい、美味しそうにできた食事を皆で和やかに食べる雰囲気の中では、たいていの子どもは、食べたことがないものでも、あるいは少々苦手なものでも、いつしか食べるようになっていることが多いようです。また調理も子どもに食べやすいようにしてあったり、子ども向けの味付けにしてあったり、いろいろ工夫がこらされています。

　それでも、食べられないときがあります。野菜が全く食べられない、肉も魚もどれも全く食べられないというのでなければ、食べて欲しいという保育者側の気持ちを伝えながらも、子どものちょっとした好き嫌いは受け止めていくことが大切でしょう。またひどい偏食の場合には、その子の食べられるような味付けにするとかの工夫が必要です。そんなことをすると他の子どもたちの食事の指導によくないと考えるのでなく、食の細い子、偏食の子、食べるのが遅い子など、あくまでも子ども一人ひとりのいまを受け止め、食べたい気持ちを育てていく姿勢が大切です。

　もちろん、好きなものだけ食べていればいいというわけではなく、やはり何でも食べて欲しいという大人の思いを子どもに伝えていくことも大切です。「これをたべなくちゃ、だめ！」「全部食べるまで、遊びに行ってはだめよ！」というふうに、食べることに関して大人が強い規制や圧力を加えることは、「食事は美味しく楽しく」という食事の大原則に反するものですから、是非とも避けなければなりません。またそういうかかわり方をすると、子どもの食事に向かう意欲をかえって削ぎ、ひいては食事だけでなく、生活や遊びにも主体的に生きる姿勢をなくしていくことになり、また保育者との信頼関係を損なうことになってしまうことを銘記すべきでしょう。

II 保育の内容

3 身体と運動

身体の発育や健康問題を考えるとき，乾布マッサージや竹踏み，リズム運動，幼児体操，幼児スイミングなど，最近の保護者ニーズもあって，保育の場では運動面を重視した保育プログラムを準備するところも珍しくなくなりました。とりわけ家庭では屋外で体を動かして遊ぶ機会が激減し，もっぱらテレビやビデオや電子ゲームや電動オモチャで遊ぶしかなくなった現実を踏まえれば，幼児期に身体を動かすことの重要性は，確かに強調されなければなりません。

① 身体の感じる力動感

子どもは身体を通して世界を感じ取っています。大人にとっても子どもにとっても，自分の身体は視覚，聴覚，触覚，味覚，嗅覚などの五感の働く場所ですが，それらの五感の働きを通して，子どもはさまざまな力動感を感じ取っています。ここに力動感というのは，例えば，普段は「さらさら」流れる小川が，大雨の後に急流になって「ごうごう」流れるというように，あるいは心地よい風が「そよそよ」吹くときもあれば，寒い北風が「ぴゅーぴゅー」吹くときもあるというように，流れの速さの具合や風の強さの具合に，私たちの身体が何らかの力動的な感じ（情動の動き）を感じることをいいます。スターンはこれをvitality affectと呼んでいます。[1]

子どもが遊びや生活の中で感じ取っている世界は，まさにこの力動感（vitality affect）の染み透った世界です。同じ「痛い」と言うときでも，「飛び上がるほど」痛いときと，「じわーっと」痛いときとでは，その痛さが全く異なります。同じ喜ぶといっても，「ぴょんぴょん飛び跳ねるように」喜びを表すときと，「にんまり」した笑顔で喜びを表すときとでは，その喜び方，つまりそこに染み込んでいる力動感が違います。私たちの身体は相手の身体に染み透っているその力動感を感じ取れるようにできていて，人が人を「分かる」というときの基礎はそこにあるといっても過言ではありません。そしてこの力動感は，子どもがさまざまに身体を動かすときに，さらに生き生きと感じ取られます。

② 運 動

自転車で園庭を走り回る，縄跳びをする，築山を駆け上る，プロレスごっこをする，鬼ごっこをする，等々，子どもは保育の場ではほとんどじっとしていま

▷1 スターン・D（1985）は，このvitality affect（力動感）を①活動の輪郭，②リズム，③エネルギーのパタン，④時間間隔の4つの様相からなるとしているが，日本語では本文に示したような副詞的な表現や音楽のクレッシェンド，デクレッシェンド，緩急，強弱，といった表現でこの様相を捉えることができる。これまで「情動」というと，ダーウィンの8つのカテゴリー的情動（嬉しい，悲しい，腹立たしい，幸せな，等々）ばかりが取り上げられてきたが，気持ちや気分の様相を取り上げるときに，このスターンの概念はきわめて有用である。直訳すれば「生気情動」となり，そのような訳語も見受けられるが，ここではむしろ意訳して「力動感」と呼ぶことにしたい。

▷2 哲学者のカッシーラー・Eは，『シンボル形式の哲学』のなかで，「世界の表情」という表現を用い，「神々しい山」「うっとうしい天気」などの比喩的表現と言われているものも，私たちが世界の表情や相貌を捉えた結果だとしている。世界は表情に満ちていて，それを私たちの身体が感じ取るのだというのである。これはまさに子どもの生きる世界に当てはまる。

せん。常に身体を動かして何かをしています。子どもが動き回らなくなったときは，たいていは身体の不調が背景にあります。逆に子どものそうした身体の動きに染み透った力動感から，保育者は子どもの健康面の問題に気づくこともあります。

そこで保育の場では，子どもがさまざまな身体の動きを経験できるように，そして身体の動きを通して子どもがさまざまな力動感を感じ，またその感じを保育者や他の子どもと共有できるように配慮することが求められます。身体の運動というと，すぐさま健康や身体の発育と結びつけて，幼児体操やリズム運動，あるいはスイミングなど「健康増進」の枠組みで考えられがちですが，園庭のジャングルジムやブランコ，シーソーといった大型固定遊具の大半は，子どもたちにさまざまな身体の運動を可能にし，それを通して多様な力動感を経験することのできるものです。また園外保育で散歩に出かけたときにも，行き先によってはそこでさまざまな身体運動が可能になるはずです（崖登りや崖下り，等々）。そしてそれらの多様な運動を経験することによって，子どもの身体の成長が自然に促されます。またそこで子どもは五感を通して多様な力動感を経験し，遊ぶことへの意欲や遊ぶことの充足感が得られ，さらなる活動への意欲が育っていきます。そして思い切り体を動かして遊び，十分に満足すれば，お腹も減ってきます。その結果，昼食時に食事が美味しく食べられるのです。

自然の中で育つこと，自然に親しむことが大切だと言われていますが，それは理科的な興味関心を広げるという意味ばかりでなく，自然に親しめば何よりもそこで身体の多様な経験ができ，多様な力動感が経験できるというところにもっと目を向ける必要があります。また家庭に戻ったとき，いまの子どもたちは家屋の内外で身体を使って遊ぶということがほとんどなくなり，すぐにテレビやゲームになって，じっと見るだけ，ごろごろ寝転がるだけになっています。この現実を踏まえれば，身体を動かすことの意味は，一昔前以上に大きくなっているといわねばなりません。

3 身体を触れ合うことの意味

子どもの身体の動きを見たり，声を聞いたりすることを通しても子どもの内部で動いている力動感が保育者におのずと伝わってきて，子どもの「いま，ここ」が理解できるようになりますが，とりわけ身体と身体が接触する際には，力動感はその身体同士の接面を通して，より生き生きと伝わってきます。保育者が子どもと一緒に何かをして身体を動かし，さらにその身体が触れ合うときには，子どもも保育者もその力動感をより共有しやすくなります。「抱っこする」というのも，単に物理的に抱くことではなく，「抱っこ」を通して心地よい力動感が抱く側にも抱かれる側にも共有され，そこに安心感が醸し出されるということなのです。スキンシップが重要だというのはその意味です。

▶3 ただし，大型遊具を使っての遊びに関しては，子どもによって，そこで生じる力動感を楽しめたり，あるいはその力動感に不快や恐怖を感じたりと，大きな個人差があることを保育者はわきまえておかねばならない。ブランコの立ち漕ぎを楽しめる子もいれば，それが怖いと思う子どももいる。後者を「勇気のない子」と安易に受け止めて，ブランコへの挑戦を促すという対応は，そのような個人差を十分に踏まえたものとは思われない。力動感はたいてい相互に相似的であるからこそ，それは人と人をつなぐものになり得るが，しかしそこに微妙な個人差があることを保育者は踏まえておく必要がある。

▶4 スキンシップは，4頁の側注にしめしたホスピタリズム研究のなかで，保育者が単に機械的に授乳したりオムツ替えをしたりするのではなく，愛情をもって乳児を抱き上げたり，ほおずりしたり，お腹をなでたり等の皮膚接触をすることが大事だというところから導かれた言葉である。ここで重要なのは単に皮膚接触することではなく，「愛情をもって」という部分なのだが，そのことが忘れられ，目に見える行動としての皮膚接触の部分だけがクローズアップされて，この言葉が独り歩きしてしまった感がある。

力動感（vitality affect）のあふれる身体を使った遊び

　　力動感は子どものあらゆる活動に染み渡っているが，やはり身体を使った遊びのなかでもっとも生き生きと躍動することはいうまでもない。ここでは，「滑る」「よじ登る」「走る」「転がる」「しがみつく」「戦う」といった活動を取り上げてみた。

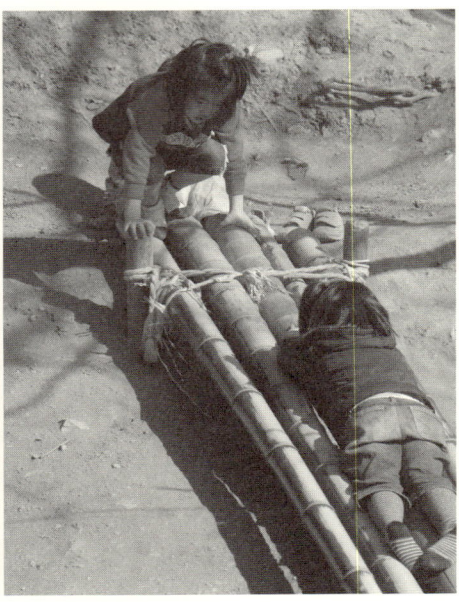

大竹で作った滑り台を「滑る」

園の裏の坂を「登る」「滑り降りる」：子どもたちはみな，滑ったり登ったりが好きで，築山が置かれている園が多数あるのもそのためだろう。

広い園庭を走り回る子どもたち：表情が生き生きしている

ダンボールを使ってキャタピラーのように転げて遊んでいる

木にしがみついている

「えい！」「やー」と戦っている

II 保育の内容

4 遊びの本質

> 1 『幼稚園教育要領解説』フレーベル館（1999）の28頁を参照のこと。

　ここでは平成11年に公表された「幼稚園教育要領解説」の第1章総説の（2）①に述べられている「幼児期の遊び」を参照し，遊びの問題を概観しておきたいと思います。

　　幼児期の生活のほとんどは，遊びによって占められている。この遊びの本質は，人が周囲の事物や他の人たちと思うがままに多様な仕方でかかわり合うことに夢中になり，時のたつのも忘れ，そのかかわり合いそのものを楽しむことにある。すなわち遊びは遊ぶこと自体が目的であって，人の役に立つ何らかの成果を生みだすことが目的ではない。しかし，幼児の遊びには幼児の成長や発達にとって重要な体験が多く含まれている。
　　遊びにおいて，幼児が周囲の環境に思うがままに多様な仕方でかかわるということは，幼児が周囲の環境にさまざまな意味を発見し，さまざまなかかわり方を発見するということである。例えば，木の葉を木の葉として見るだけではなく，器として，お金として，切符として見たりする。また砂が水を含むと固形状になり，さらには液状になることを発見し，その状態の変化とともに，異なったかかわり方を発見する。これらの意味やかかわり方の発見を，幼児は思考を巡らし，想像力を発揮して行うだけでなく，自分の体を使って，また，友達と共有したり，協力したりすることによって行っていく。そしてこの発見の過程で，幼児は達成感，充実感，挫折感，葛藤などを味わい，精神的にも成長する。
　　このように，自発的な活動としての遊びにおいて，幼児は心身全体を動かし，さまざまな体験を通して心身の調和の取れた全体的な発達の基礎を築いていくのである。その意味で，自発的な活動としての遊びは，幼児期特有の学習なのである。

　この解説は，幼児期の遊びの本質を簡潔に，しかもかなり具体的に捉えてまとめています。私たちが幼児の頃に夢中になった泥んこ遊びやままごとなどを念頭において読めば，その一行一行が納得できるはずです。しかしながら，ここには保育を展開していく上で重要な視点がいくつも含まれているにもかかわらず，もっぱら「遊ぶ子ども」を外側から見る視点から書かれていて，「遊ぶ子どもに付き合う」保育者側への言及がないために，いくつか誤解を生むもとにもなっているように思います。

●自発的,主体的な活動としての遊び

まず第1に,幼児期の遊びを自発的な活動として捉え,それが幼児期特有の学習であり,心身の発達の基礎だとみなしている点です。これをさらに言いかえれば,幼児の遊びは大人が何かを「させる」対応とは対極にあるものだということ,そして,その自発的な遊びが充実すれば,特別なことを教えなくても,その中で十分に子どもの心身が育つのだということを暗に示唆している点です。

いま保育の場には,あれもさせます,これもさせますと,たくさんの「させる」メニューを提示し,「それによって子どもが発達します」というかたちで保護者の関心や期待に迎合する動きがありますが,この「解説」の趣旨はそれとは対照的に,幼児期の子どもは自発的な遊びのなかでこそ心身が成長するという視点を明確に打ち出しています。その点は保育の基本として大事に受け止められる必要があります。

ところが,そもそも今回の要領改訂のきっかけになったのは,それ以前の要領でなされた「自発的な遊び」が誤解された点にあります。つまり,子どもは自発的に遊ぶのだから,保育者があれこれ介入するより,子どもにただ遊ばせておけばよいではないかという風潮が広まり,いわゆる「ほったらかしの保育」が多数見られるようになったのです。その反省に立って,今回は保育者の指導性が謳われるようになりましたが,この遊びの解説でも子どもが遊ぶその局面に保育者がどのように関わるのかが示されていないのは残念な気がします。

●遊びには正負両面の感情が伴われる

第2に,遊びを通して幼児は「ひと・もの・こと」にかかわって生き生きとした多様な体験を潜り抜けるのですが,幼児はその際,達成感や充実感などの肯定的な感情ばかりでなく,挫折感や葛藤など負の感情をも経験すること,そしてそれが心身の調和のとれた発達に必要なことだと見ている点です。

ここには,遊びがそもそも正負両面の感情が動く経験を与えるものであることが的確に示唆されています。子どもの遊びというと,よいことづくめで考えがちですが,そこには負の面も確かにあって,しかもそれはすべて否定的な意味をもつものではなく,かえってその負の経験を通して子どもが育つ面もあるのだという点を見据えているところは特に重要です。そしてこのことがまた保育者の対応と絡んで,誤解の余地を生んでいるように思います。つまり,遊びのなかで経験する失敗,挫折,不具合,対立,衝突を,子どもの成長に必要なことだと認めるのだから,それに保育者が介入する必要はないではないかという誤解です。

この「解説」は幼児期の遊びの本質を正しく捉えています。しかし,その趣旨を汲み取りつつも,そこで保育者が子どもにどのように対応するのかが必ずしも十分に見えてきません。そこで,以下にそれらを意識しながら,子どもの遊びを多面的に見ていきたいと思います。

▷2 単に介入しなくてもよいと考えるというより,これまで大人が遊びをリードし過ぎたために子どもの自発性の芽を摘んできたのではないか,という大人主導の保育への反省がその背後にはある。しかし,その反省が心理的ブレーキになって,介入すべきところにも介入できなくなり,それを合理化して,「子どもの自主性に委ねる」という言い方になっている場合がしばしばある。

II 保育の内容

5 子どもにとっての遊び

1 遊びの楽しさは力動感のめまぐるしい変化を基礎としている

「身体と運動」の項で述べたように，子どもは五感を通して（身体を通して）さまざまな力動感（vitality affect）を感じています。遊びはこの力動感の変化に基づく感性的な体験を中心とした活動だといえます。子どもが「ひと・もの・こと」にかかわって，それに夢中になり，それ自体を楽しむということは，まさにその活動を通して子どもがさまざまな力動感を感じ，それにひきつけられるということです。例えば，泥をこねるときの「ぺちゃぺちゃ」「どろどろ」，ホースの水を飛ばすときの「ピューッ」，鬼ごっこでつかまりそうなときの「はらはら」「どきどき」，大縄跳びのときの「ゆーら，ゆーら」「ぴょーん，ぴょーん」，挙げればきりがありませんが，子どもは，ことばで表現することの難しいありとあらゆる力動感を感じながら遊んでいます。絵本を見たり，先生の読み聞かせを座って聞く静かな活動であっても，子どもがそこで楽しみを感じている限り，子どもの内部では何らかの力動感が動いています。その力動感がまた，遊びのなかで強められたり，弱められたり，切り替えられたりと，めまぐるしく変化し，それが子どもには面白く，夢中になってしまうのです。

2 力動感は子ども同士のあいだで感染，浸透する

保育の場ではよく，突っ立ったまま，自分では動こうとしないで他の子どもたちのすることをじっと見ている子どもがいます。例えば，「ロンドン橋落ちた」の椅子取りゲームをみんなでしているとき，その輪のなかに入れないで，周りの子どもたちの遊ぶ様子を見ているだけの子どもがいます。そういう場合，保育者はよくその子を遊びの輪の中に誘いますが，よく見ると，その子は自分は動かないにもかかわらず，音楽が止んで子どもたちがさっと椅子に座る瞬間，まるで自分がそうしているように，体を硬くしたり，目を見開いたりしています。これは他の子どもの活動が醸し出す力動感がその子の身体に浸透していくからです。

この例のように，力動感は子どもから子どもへと容易に感染，浸透していきます。これが子どもと子どもを「つなぐ素」，あるいは子どもと保育者を「つなぐ素」だと言ってもよいかもしれません。保育者もまた，自分の生きた身体を子どもの遊びに開くことができる限りにおいて，子どもと同じようにさまざ

▷1 読み聞かせの場では，確かに子どもたちは座って保育者の読み聞かせをじっと聞いているが，しかし上手な保育者は，その読み方のなかで，巧みに声のトーンや力動感を動かして，子どもの興味を増幅するようにもっていっている。たとえば，怖い場面を読むときに，子どもはその内容もさることながら，その読みが醸し出す力動感に捉えられ，その恐怖をさらに搔き立てられ，読みの世界に引き込まれていくのである。

まな力動感を感じることができるからです。

　他の子どもがしていることを自分もすることになるのは，してみたいと思ってまねることもありますが，たいていは力動感が自分の身体に浸透してきて，いつのまにかそれをしてしまうというかたちが多いと思います。それほど力動感を基礎に身体と身体が容易に響き合うのです。そう考えて初めて，身体の活動が活発になる年齢以降，子どもたちが一人での遊びではなく，つながって遊ぶ，群れて遊ぶことが多くなるということが説明できます。

❸ 体を動かす，作る，かかわりあう，競う，調べる，発見する，等々

　遊びを力動感を中心に考えると，なぜ遊びが「動詞」で表現されることが多いのかも説明がつきます。縄跳びや鬼ごっこは，「跳ぶ」「走る」「捕まえる」が基礎です。ジャングルジムや築山は「登る」「降りる」「滑る」が基礎です。あるいはままごとは「きる」「まぜる」「かき回す」「並べる」が，そして色水遊びは「注ぐ」「混ぜる」が基礎です。このように見ていくと，遊びはそのほとんどが動詞で表現される活動を要素として含み，それがさまざまな力動感を醸し出していることが分かります。保育者がそこに目を向けていくと，子どもがいま何を楽しんでいるか，何を面白がっているか，何に興味をもっているかが分かるでしょう。また，多様な環境を準備する必要があるというのも，こうした多様な動詞で表現される活動がそこから引き出されるからに他なりません。

❹ 繰り返すことの意味

　それにしても，砂，水，泥のような不定形なもの，あるいはレゴブロックのような組み立て・解体が容易なものがなぜ子どもの遊びで好まれるのでしょうか。実際，子どもたちは，毎日のように飽きもせずトンネルを掘り，ダムを作り，そしてそれを壊し，また明日もそれを繰り返します。あるいはレゴブロックでせっかく素敵な宇宙船をつくったのに，すぐにそれを解体して次には怪獣をつくることに向かいます。もちろん，それを完全に説明してしまうことはできませんが，次のように考えてみることができるかもしれません。大人はどうしても子どもの遊びの中に何かの目的や意図を見ようとし，またその目的や意図の実現を見ようとします。しかし，子どもの遊びにとっては，たとえ製作することが目的の場合でも，その完成が目標だというより，そのプロセスでの活動とそこから得られる力動感やその変化自体が目的であり，目標なのです。手を通して得られる感触，壊すときの感覚，等々，ここでも子どもたちはその反復を通してさまざまな力動感を感じ取っていて，その力動感とその変化を楽しみ，面白がっていると受け止めれば，その繰り返しの意味も理解できるのではないでしょうか。

▶2　「人のすることを見て関わっている子」を保育者が安易に集団の流れに引き込んで，「○○さんも，みんなと一緒にやったね」と持ち上げていくという対応は，保育の場にしばしば見られるものであるが，子どもを一個の主体として受け止めるという本書の趣旨からすれば，そういう対応は考えものである。保育者からすれば，みんなで楽しい経験を共有できた方が，ただ見ているだけよりよいはずだというのだろうが，その子の様子をみて，自分から集団の輪の中に入ってくるのを期待しながら待つというのは，主体性の尊重，主体性の育成という観点からして，やはり重要である。もちろん，ただ「待つ」のではなく，時に誘ってみたり，きっかけを作ったりすることも大切である。しかし，そういう働きかけの前に，保育者とのあいだで信頼関係を築き，保育の場がその子にとって安心できる場になり，自分の遊びを見つけられるようになることが先決で，そうなると，その子もみんなと一緒の活動を楽しめるようになってくる。

▶3　さらに言えば，世界に働きかけてその世界を変形するということは，自分の力を自ら確かめ，自分に自信や自己肯定感あるいは有能感を抱く上で，重要な経験だと思われる。子どもが一見飽きもせずにその変形を繰り返すことの意味は，そういうところにもあるのではないだろうか。

子どもたちは見るもの，触れるもの，関わり合うこと，興味や感心をもち，さまざまに遊び込んでいく。

園の周辺が自然に恵まれていると，子ども同士の遊びの輪が広がる。園の裏庭で異年齢の子どもたちが遊んでいるところ。

規制の緩やかな保育の場では，このような泥んこ遊びも許容されている。

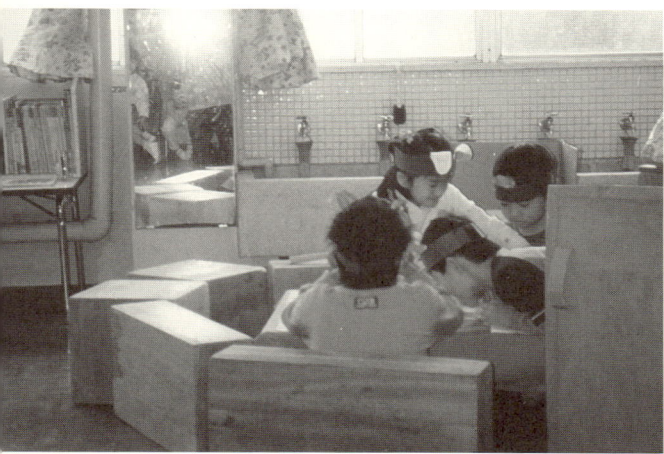

写真（左）　室内で大型ブロックを使っての遊び
写真（右）異年齢の遊びのなかで，画面の真ん中の2歳児は，年長の子どもたちのダイナミックな遊びに見入っている。この直後，この子は自分で地面を滑って遊び始めることになる（111頁の2歳児の写真を参照のこと）

まざまな遊び

　身体を使った遊び，外界を変形する遊び，物を制作する遊び，等々，子どもたちは実にさまざまな遊びを繰り広げている。保育者は「子どもの目」になって，いま子どもが感じている遊びの楽しさを共有できれば，その子をよりよく理解することができるようになるだろう。

II 保育の内容

6 主体的に遊ぶとは

　要領解説でも述べられていたように，子どもの遊びは子どもの主体的な活動だといわれます。ここで主体的とはどういう意味かを考えてみたいと思います。

1 自分から遊びをみつける

　子どもの遊びが主体的な活動だということは，まずもって子どもが「自分から遊びをみつける」ところにみることができます。保育園や幼稚園に来て，保育者に朝の挨拶をし，出席のシールをノートに貼るやいなや，たいていの子どもは何かの遊びに自ら向かっていきます。もちろん，すでに遊んでいる子どもの遊びに引きつけられてそこに参加したり，他の子どものしていることを真似たりする場合もありますが，その場合でも，それを「自ら選ぶ」というところに，つまり外部から指示され，させられてするのではないという点で，それもやはり「自分から遊びを見つける」という範疇に含めて考えることができます。

　しかしながら，家庭で強い指示にさらされ，保護者の顔色をうかがって保護者のいうなりになってきた子どもの中には，保育の場でみずから遊びをみつけることが難しい子どもがいます。そういう子どもは，保育者の指示をまち，指示された活動は率先してできるのに，自由遊びの時間に「好きな遊びをしていいよ」と言われると，急に落ち着かなくなって，あたりを見回し，誰かのやっていることを真似してやっても，本当にそれを楽しむことができません。そういう子どもを見ればなおさら，自分から遊びを見つけることがいかに大切であるかが実感されます。たとえそれが毎日繰り返される同じ遊びであっても，「また同じ遊びをしている」と否定的に捉えるのでなく，それをその子自身の主体的な選択なのだと保育者は肯定的に受け止める必要があります。そしてよく見ると，同じ遊びをしているようにみえても，その子なりの何らかの工夫を凝らしたり，新しい発見があったりすることがほとんどです。それを十分に楽しみ，堪能することによって，次の新しい遊びを新しい目で探していくことができるのです。

　それにしても，園にやってくるなり，「先生，今日，これして遊ぶ！」と自分の目当ての遊びに入っていく子どもたちをみると，その子の体から発散されるオーラのような力動感に，見ている私たちにはいかにもその子が一個の主体だなあという感じを与えます。その元気はつらつさこそ，子どもの願わしい姿そのものなのです。そういう姿に接しているうちに，それぞれの子どもの得意

▷1　子どもたちの遊びのなかには，いまの不安定な気持ちを安定させるために同じことを反復しているという場合も確かにある。その意味では「同じことの反復」に見える遊びが，自分なりの工夫を凝らしてそこに変形を持ち込み，それを楽しもうとしているのか，それとも，反復することで気持ちを安定させようとしているのかは，保育者が見極めなければならないポイントである。しかし，いずれの場合であれ，そこから子どもが自分自身の力で抜け出していくことが大事で，そこに大人が働きかけて無理に引き出そうとするのは問題である。特に子どもが不安定な気持ちでいる場合，それが保育の場がまだ本当に安心できる場になっていないためなのか，あるいは家庭環境が安定していないためなのかはともかく，いずれの場合であれ，まずはその子の気持ちを受け止めて，保育者との信頼関係をしっかりしたものにしていくことが大事である。

な遊び，挑戦したい遊び，気持ちを安定させるための遊びが次第に見えてきて，子ども一人ひとりがみつける遊びがその子の個性や今の心の状態を表すものであることも分かってくるでしょう。

そのように子どもたち一人ひとりが「自分で遊びを見つける」ことができるように，保育者は保育の場に多様な遊びの環境を用意する必要があります。

❷ 自ら遊びを楽しむ，喜ぶ

遊びが主体的な活動であるのは，子どもがそれをして楽しい，面白い，嬉しいと肯定的な感情を経験できるからでもあります。ある園の4歳児の一人が，廊下で繰り返しコマまわしに挑戦していました。何度失敗しても繰り返し挑戦しています。コマに紐を巻きつけていくところは上手にできるのですが，コマを投げ出して巻いた紐を体の方にぐっと引くところがうまくいかないせいで，なかなか思うように回せません。だんだん難しい顔になってきていましたが，偶然，投げたコマがうまく回り始めました。そのときの一瞬の顔の輝きこそ，子どもたちが遊びの楽しさを実感する瞬間でしょう。そういう遊びの楽しさを知り，いろいろな遊びを通してその楽しさや面白さを広げていくところに，遊びが主体的な活動であることの証をみることができます。

逆に，他の子どもに命令されて，いやいやながら水を運んだり，大型ブロックを持ってきたりする子どもは，いずれその場から離れ，別の遊びに移っていくのが常です。そのような回りから命令されていやいやながらする遊びは，まさに主体的な活動ではなくなってしまっているからです。そして，いやだ，面白くないという思いからその遊びから離れること自体，その子の主体的な選択だといえるでしょう。遊びはあくまでも楽しいからするのであり，楽しいから他の子どもともつながるのですが，しかしそこにそれぞれの思いがかぶさってきて，そこに食い違いが生まれ，最初面白かった遊びが次第に面白くないものに変わっていくというのも，子どもたちの遊びの特徴です。

最近の子どもたちの遊びをみて気になるのは，その遊びを楽しめていないとみえるときに，それを嫌だといえない子ども，あるいは嫌だという気持ちを十分に表面に出せない子どもがかなり見受けられることです。スピッツは，8カ月の乳児が養育者の対応に首を振って「ノーといえること」が，その子が一個の主体として育つ上で大切だと述べています。相手との関係のなかで「いや」と言えるというのは，相手に巻き込まれることなく，自分の思いを表現できるということですから，まさに主体的なことです。

遊びの中でその「いや」を言えない子どもが増えてきているのです。そのような子どもはまた，確かに対立や衝突も目立ちません。それを聞き分けがよいと捉えるか，主体としての育ちに問題があると捉えるかは，保育のあり方を大きく左右することは間違いありません。

▶2 スピッツ・Rは8カ月の乳児が首を振って「ノー」を表現できるようになることは，子どもの中にその子なりの「自分」が出来上がっていく上で大きな一里塚だと述べている。しかし，もちろん子どもの「ノー」を養育する側，保育する側がいつもそのまま受け入れられるわけではない。その子の「ノー」と言いたい気持ちを受け止めながらも，「もう嫌になった？でも，もうちょっと食べようね」と大人の思いを伝えていくことも大切である。大人が子どもとは異なる一個の主体だという理解が子どもに生まれるためには，自分の思いと大人の思いの食い違いに気づくことが不可欠だからである。子どもが「ノー」と言うから，それをただ受け入れればよいという対応では，そこに真の人間関係は生まれないことを銘記すべきである。

II 保育の内容

7 さまざまな遊びのかたち

　子どもたちは「ひと・もの・こと」にかかわって遊びます。子どもにとってはどんなものも遊びのきっかけにしていくことができます。それは人や生き物の動きが子どもの内部にさまざまな力動感を引き起こすからです。またオモチャを含むさまざまな事物が子どもの活動を誘い，それに働きかけることを通して（動かしたり，作ったり，壊したり，等々）やはりさまざまな力動感を感じるからです。さらには目の前に繰り広げられる出来事，たとえば水の流れ，雲の動き，木の葉のそよぐ様，水面に輝く陽の光，等々が，子どもの心を揺さぶり，さまざまな力動感を醸し出すからです。

1 自然とのかかわりの中で

　自然はさまざまな表情をみせ，隅々にまで力動感が染み込んでいます。子どもはその自然がもつ表情に吸い込まれるかたちで自分の心を動かします。澄み切った青空はすがすがしい心を，大雨の後のごうごうと流れる川は怖いという思いを，春のうららかな陽光は思わず走り回りたくなる心を動かしてくれます。自然に親しむこと，自然のなかで遊ぶことの重要性が指摘されていますが，確かに，こうした自然のもつ力をもっと保育の場に生かしていく必要があります。
　園庭にも樹木や花々の自然がありますが，保育の場の周辺に容易に出かけることのできる自然環境があれば，たとえば裏山の崖や林，原っぱ，丘，小川，畑や田んぼのあぜ道などであっても，子どもたちはその自然の懐のなかで，四季折々の季節の変化を感じ，生き物や植物の息吹を感じることができます。菜の花やレンゲの花，すみれやタンポポに春を感じ，色づく葉っぱや赤い木の実に秋を感じるでしょう。それらの力動感は同じように子どもたちの心にも保育者の心にも忍び込みますから，特別の事情がない限り，みんなが同じような気持ちに自然になることができます。そして，自然はおのずから子どもたちの身体に働きかけて，その運動を誘い出し，そこからまた多様な力動感を子どもの心の中に引き起こします。
　保育において環境構成を考えるとき，まずこの自然とのかかわりを可能にする環境をいかに整えるかが重要になってきます。もちろん，特別な工夫をしなくても，近所の公園や小さな菜園でも，子どもたちは十分に遊べます。しかし，少なくとも何らかのかたちで自然に触れ合う遊びができる環境構成が保育には是非必要でしょう。

▷1　46頁の側注を参照のこと。発達心理学の基礎を築いたウェルナー・Hは，幼児の相貌的知覚の研究でも有名である。彼は，幼児が折れた枝をみて，「痛い，痛いって，いっているよ」とか，大きな振り子時計の振り子の揺れを見て「時計さん，いやいやをしている」というような例を取り上げて，これはその事象に与えた子どもらしい解釈ではなく，子どもはまさにそこでの事象をそのような相貌として捉えたのだと考え，これを相貌的知覚と呼んだ。こうした相貌的知覚は以来，幼児の知覚の特性と見なされてきたが，そうではなく，私たち大人も世界を一つの表情として捉えて生きているというのが46頁の側注に示したカッシーラーの主張である。

2　事物や遊具とのかかわり

　園庭内のブランコ，シーソー，うんてい，ジャングルジム，三輪車や補助つき自転車など，身体を大きく使う遊びを可能とする遊具はもちろん，ジョウロ，スコップ，バケツ，さまざまな容器など，砂場や園舎の軒先で遊べる事物が用意されていれば，子どもたちはそれに誘われて，砂遊びや水遊び，あるいはままごとなどに自然に導かれます。

　さらに園舎内の遊戯室では巧技台や大型ブロック，保育室のなかでは紙，はさみ，セロテープ，クレパス，色鉛筆，等々，描いたり作ったりするのに必要な事物に誘われて，子どもたちはさまざまな遊びに向かいます。

　環境構成とは，こうした子どもの主体的な遊びを可能にする条件をつくることに他なりません。とはいえ，与え過ぎれば子どもの自発的な工夫が生まれる芽を摘む結果になります。与えなさ過ぎれば子どもの遊びが生まれにくくなります。その兼ね合いが難しいわけですが，保育者が子どもの頃に遊んで楽しかった思い出があれば，当然，それに子どもを導くような環境構成が目指されるでしょう。そういう営みを通して，経験が次世代に伝承されていくことも，保育では大事なことです。

3　人とのかかわる中で遊ぶ

　遊びを通して子どもは同年齢の友達や異年齢の友達にかかわり合い，また保育者とかかわりあいます。そのなかで，認め合ったり，競い合ったりすることを通して，楽しさを共有したり，あるいは衝突や対立を経験したりし，それが心の中に刻み込まれて，自信や有能感や劣等感が生まれ，また人への信頼や不信が生まれます。友達同士で遊ぶからこそ楽しさが倍加するのですが，逆に友達と遊ぶからこそ，対立や衝突が起こり，葛藤を経験せざるを得なくなります。

　このように，遊びが主体的活動だというときに見過ごしてならないのは，その遊びが常に好ましいもの，楽しいものとは限らず，ときにそこに負の感情が表れることです。とりわけ遊びが人とのかかわりの中で生まれているときには，そのことをしっかり見据えておく必要があります。遊びはそのように正負の両面の感情を引き連れて現れるものだということ，それゆえ負の経験や負の感情をすべて否定的に見て排除しようとするのではなく，その負の経験や負の感情を通して，子どもの心が育つのだという認識を保育者がしっかりもっていることが大切でしょう。

　実際，一人だけで楽しむ遊び，事象や事物にかかわって発見する楽しさのある遊びもありますが，年齢が上がるにつれて，友達の輪が広がり，友達に加わってもらうことによって遊びがもっと面白くなるとともに，対立や衝突も起こってくるのです。

▷2　その点で言えば，保育者が子どもの頃に楽しい遊びの経験を豊富にもっていることが大事になってくる。保育者が子どもの遊びに共感できたり，子どもに面白い遊びを提案できたりするというのも，保育者自信の遊びの経験の豊富さが背景的に働いているからという場合が多い。特に自然に恵まれた環境下にある園では，保育者が周辺の地理をよく知り，四季折々の変化にも通じていて，どの季節にどこに行けば子どもたちが喜びそうな自然と出会えるかを経験的に知っているかどうかは，自然を生かした保育を計画する上にも重要である。

自然と関わる中での遊び

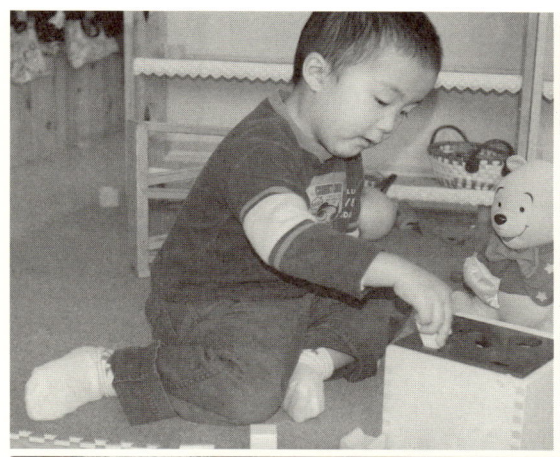

事物や遊具と関わる中での遊び

人と関わる中での遊びには，追いかけっこや戦いごっこのような身体を使った遊びや，この見開きページに見られるような事物を介在させた遊び，またペアでの遊びや数人の仲間での遊びなど，実に多様な遊びのかたちが認められる。

人と関わる中での遊び

その中で子どもたちは，競ったり，譲ったり，相手のすることを取り込んだり，共感したり，あるいは焼きモチをやいたり，これまた実に多様な対人経験を潜り抜けているのが分かる。

II 保育の内容

8 遊びにおける保育者の役割

「要領解説」では遊びに対する保育者のあるべき対応についてはほとんど言及されていませんでした。「子どもの主体的な活動である遊びを通して子どもが心身両面にわたって成長を遂げていく」というところだけ読めば、それこそ「子どもをただ遊ばせておけばいいのだ」という誤解が生まれかねません。しかし、いうまでもなく遊びを通しての成長は、子どもだけで、子どもが遊ぶという活動だけで実現されるのではありません。そこでは保育者が重要な役割を果たしています。しかもそれは決して環境を準備すればそれで終わりで、あとは子どもたちが自発的、主体的に遊んで成長を遂げていけばよいというふうには済まされません。その遊びで得られたさまざまな経験、得られた生き生きとした力動感が面白く、楽しいこととして子どもの心にしっかり根付き、それが達成感や成就感になり、自分への自信や他者への信頼になり代わるためには、その根付きを支える保育者のていねいな対応が必要不可欠です。

① 関心を示す、認め・支え・映し返すという役割

子どもの遊びを通して得られた経験が子どもに根付き、子どもがさらに遊びを広げていこうと思えるようになるためには、まず保育者が「ふーん、○○ちゃんはそんな遊びがすきなんだ」と一人ひとりの子どものすることに積極的に関心を示し、それを認め、支え、子どもが「やった！」「できた！」と思うまさにその思いに保育者の思いを重ねて、「やった！」「できた！」と映し返すことが是非とも必要です。そのとき、子どもはどれほど嬉しそうな顔をするでしょうか。その喜びが心に根付き、自信につながったり、認めてくれる先生を好きになることにつながったりするのです。

その逆に、おざなりの「できたね」「すごいね」と言うことばかけは、子どもには何ら自分の遊びを認めてもらったという喜びにつながりませんし、そこでの経験が心に根付く機会にもなりません。保育者のことばかけが子どもの心に届くのは、保育者が子どもの感じている力動感を一緒に感じ取り、いわば子どもの位置で子どもになって（成り込んで）、子どもが口にするはずのものが思わず保育者の口をついて出てくるときです（「子どもの目」）。

そのような子どもの心に届くことばかけや映し返しができるためには、まず子どものすることに積極的に関心を示しているのでなくてはなりません。また子どもの遊びに自分も加わってみることがなければなりません。子どもの遊び

▷1　子どもに気持ちを持ち出して自分を子どもに重ねているうちに（「子どもの目」になっているときに）、一瞬、自分が子どもの手や口のところで、その子のすることを感じることがある。これはその瞬間に、自分が自分でなくなってむしろ子どもになってしまっているという意味で「成り込み」と呼ぶ。詳しくは鯨岡峻『原初的コミュニケーションの諸相』ミネルヴァ書房（1997）の103頁以降を参照されたい。

▷2　こういう言葉かけや声かけのことを、子どもの気持ちを「映し返す」とか、「鏡になる」という言い方をするときもある。ニューソン・Jはこれをその経験に音声的なマークを与えることだとして「ヴォーカル・マーカー」と名づけている。いずれにしても、それが子どもに反響し、その子の行動を増幅させたり減衰させたりすることに繋がる。その意味では、後に出てくる「情動調律」という概念とも相通じている。

を遠くから眺めて,「○○さんは,いまこの遊びをしている」という見方では,子どもが感じている力動感も面白さや楽しさも,保育者には伝わってこないでしょう。その意味では,保育者は子ども一人ひとりと一緒に遊ぶ局面がどうしても必要になります。確かに,多数の子どもを集団として保育する現実のなかでは,一日の保育の流れを追うばかりで,子ども一人ひとりとなかなか遊べませんし,たとえ遊べても,そこで子ども一人ひとりの心の動きを追うことなどとてもできないというのが実情かもしれません。しかし,そこにさまざまな工夫を凝らして,今日一日のなかでは限られた数の子どもとしかかかわれなくても,そのなかで一人ひとりとほんの少しの時間でも経験を共有する機会をつくることが保育者に求められます。

このように見てくれば,遊びが子どもの主体的な活動だからといって,「ただ遊ばせておく」などということはありえないことが分かるはずです。むしろその逆に,子どもの主体的な遊びに保育者が付き合い,そこで子どもの感じている力動感を感じ取りながら,認め・支え・映し返すというのは,必要な対応であるというにとどまらず,もっとも難しい対応だといわねばなりません。それをしっかりできるかどうかが,保育の専門性に深く関わってきます。しかも,単によい結果を認めるだけでなく,うまくいかなくて何度もトライしている子どもに「がんばったね,がんばってるね」とその子の何とかうまくやってみたい気持ちを認めることも大事です。さらに失敗した子どもにも「残念だったね」「今度は先生も一緒にするからね」とその子の落ち込んだ気持ちを受け止めてやることも大事です。そうすることによって,もうちょっと頑張ってみよう,また次にやってみようという気持ちが子どもに起こって,子ども自身で次に繋いで行くことができるのです。

❷ 遊びを提案し,遊びを共に楽しむ役割

遊びが子どもの主体的な活動で,しかも自分で遊びをみつけることが主体的であることの中身の一つだということを見てきました。そこには確かに,環境さえ整えておけば,あとは「ただ遊ばせておいて」も子どもはその遊びのなかで育つのだという誤解が生まれる余地があります。しかし,いうまでもなく,コーナーを用意しておきさえすれば,あとは自然発生的に子どもは遊んでいくというわけにはいきません。あるいは保育室のなかにさまざまな素材が準備されていることを子どもに伝えておけば,子どもが自分で素材を選んで遊んでいくかといえば,そうともいえません。

それに保育する側には,自分が子どもの頃に経験した面白い遊びを子どもたちにも経験して欲しいとか,こんな遊びを通してこんなことに気づいて欲しいといった,保育者の願いや期待もあるはずです。

それが「保育計画における遊びを通しての指導」と言われていることの中身

でしょう。確かに子どもだけでもいろいろな遊びを自然発生的にみつけて遊びこんでいきます。特に自然環境のなかに連れ出せば，自然が子どもをうまく遊びに誘い出してくれます。しかし，それだけでは子どもの経験はなかなか広がっていきません。

◯コマ回しのエピソード

ある保育園を訪ねたとき，正月明けで4歳児たちがコマ回しを競い合っていました。紐を巻いてまわす本格的なコマ回しですが，子どもたちはめいめい，自分のロッカーからコマを出して，自発的に遊び始めました。上手に回せる子，何度やってもうまくいかず，それでも挑戦を続ける子，「ボクはコマはしない」と宣言しながら，うまく回せる子を羨ましそうに見ている子，いろいろな子どもたちがいました。

そこだけ見ると，子どもたちの自発性の様相が際立ちますが，こうした保育の背景には，保育者がクリスマスのときにサンタさんのプレゼントというふれ込みで，みんなのプレゼントの袋にコマを入れておいたという経緯があったのだそうです。自分が子どもの頃になかなか回せなかったコマを，子どもたちはどんなふうに挑戦して回せるようになるだろう，回せるようになったらどんなに得意になるだろうな，という保育者の期待や願いがあったのです。

その意味では，その園でのコマ回しの遊びは，確かに子どもの主体的で自発的な遊びですが，同時にそれは保育者が準備し，暗黙のうちに仕掛けた遊びだともいえます。そのなかで，子どもたちは保育者の期待したような遊びを展開し，まさに熱中し，回るコマの力動感に感動し，回ったときの達成感を経験するのです。そこには遊びに関心を示し，認め・支え・映し返すことを越えた，子どもを遊びに誘い，その遊びを構成する保育者の重要な役割があります。

◯大縄跳びのエピソード

さらにある園の4歳児たちの一団は，「郵便屋さん」の掛け声で大縄跳びをしようということになりました。4歳児の一人が縄の端をもち，保育者がもう一方の端をもって，「郵便屋さん」，「郵便屋さん」と掛け声をかけながら縄を揺らし始めました。一列にならんだ子どもたちが，順番にその揺れる縄を縄跳びの要領で何度か跳び越し，次に保育者が「いちまい」「にまい」と掛け声をかけながらその縄を大きく旋回させます。旋回する輪をうまく潜りながら足元に来る縄を跳び越すのは4歳児ではなかなか難しいのですが，保育者が子どもの跳ぶ瞬間にうまく合わせて縄を揺らしたり旋回させたりするので，かなりの子どもたちがその大縄跳びを跳ぶことができ，この遊びは子どもたちに大変な興味と興奮を掻き立てていました。

このときの保育者をよく見ると，歌のリズムに合せながら，また子どものジャンプするタイミングを計って，縄を揺らしたり旋回させたりしています。だからこそ，縄が子どもの足にひっかからないのだということが分かります。

▷3 その遊びがかなり続いた後，保育者は大縄を回しながら，それ以外の子どもたちの遊びに一瞬目をやったために，大縄を跳び続ける子どもから気持ちが離れる結果になった。するととたんに大縄が子どもの足にひっかかってしまった。その経緯を見ると，単に保育者が大縄を回し，子どもがそれを跳ぶというかたちで遊びが成り立っていたわけではないことがよくわかる。保育者が子どものジャンプのタイミングにうまく合わせて大縄を回していたから，大縄跳びの遊びが成立していたのである。さらに，ここでは保育者と子どもが一緒に「郵便屋さん」の歌を歌って，大縄を回したり，それを跳んだりしていることもポイントである。歌のリズムが共有されていることで，お互いの行動が同期してくるからである。この観点から，保育の場における歌の重要性を考えてみる必要もあるだろう。

そうしてみると，この大縄跳びが子どもたちに楽しい遊びとしていま経験されている背景には，保育者が跳ぼうとする子どもの気持ちに自分を重ねながら縄を回し，その場をリードしていることがあるといわねばなりません。ここにも，「ただ遊ばせておくだけ」ではない，保育者がリードし，うまく遊びを支えてこそ遊びが成り立つという面があります。

❸ 子どもたちの遊びを仲介する役割

子どもたちがそれぞれに思う存分自己発揮して遊べば，対立や衝突は避けられません。5歳児にもなれば，お互いの思いを言葉で伝えて，ある程度のところで譲り合うこともできるようになりますが，特に自分の思いがはっきりしてきているのに，それをまだ言葉で十分に相手に伝えられない2歳児や3歳児は，衝突や対立は避けられません。

そのようなときに，対立や衝突をいけないこととして抑え込むのではなく，保育者が仲介してお互いの思いを相手に伝え，また相手の考えを受け止めるというようにもっていくことは，子どもたちの遊びのなかで保育者が果たすべき大きな役割です。2，3歳児は，そのようなとき，必死で保育者に自分の思いを伝えようとします。その一人ひとりの思いをゆっくり聞き，「○○ちゃんはこうしたかったんだね」とその子の気持ちを受け止め，それを相手の子どもに「○○ちゃんはこうしたかったんだって」と仲介することで，子どもたちは次第にお互いを受け止めていけるようになるのです。

ただし，それがうまくいくのは，普段，保育者が子どもの気持ちを丁寧に受け止めていて，そこに信頼関係が成り立っているときです。

⚫ 物の取り合いのエピソード

ある保育園での3歳児の遊びのシーンで，二人が一つのオモチャをめぐって，大声を上げながら激しい取り合いをはじめました。どうやら，片付けになって，二人とも片付けようと思っているのに，相手の子がオモチャで遊ぼうとしていると誤解しあって，取り合いになった模様です。自分は当然よいことをしているという思いがあるからでしょうか，どちらも引き下がりません。そこに，まだ保育の場になじまない新人の担任が入って，何とか二人のあいだに割って入ろうとしますが，二人は担任の先生の介入を意に介さず，激しく取り合い続けます。それを見かねて，ベテランのフリーの保育者が「どうしたの」とそばに来ると，二人は口々に，自分の思いをその保育者に伝えました。それを聞いた保育者が，お互いの気持ちを相手に仲介してやると，二人は納得したかのように，二人で一緒にそのオモチャを片付けに行きました。

こうした場面を見ていると，信頼関係の重要性がよく分かります。それを背景にしたときに，保育者の仲介が意味を成してくるのです。

▶ 4 このエピソードで，新任保育者は何とか衝突を止めようと，二人のあいだに割って入ろうとしている。それは物の取り合いがとても激しいものだったということもあった。ところが，ベテランの保育者は割って入ろうとするまえに，まず二人それぞれの言い分を聞こうとしている。そこが大きく違うように思う。そのような対応をすると子どもたちは，まだ3歳でたどたどしいとはいえ，自分の思いを何とかその保育者に伝えようとする。それを保育者が仲介して，それぞれの思いを相手に伝えてやると，それで子どもたちは納得するのである。言葉の出始めの2歳，まだたどたどしい3歳では，お互いの思いのずれからくる対立や衝突がしばしば見られるが，保育者はそれをまず止めるのだという前に，お互いの思いを聞き，それを受け止めるというところがポイントになる。

II　保育の内容

⑨ 信頼関係

　保育の場で信頼関係が大切だということは言い旧されてきたことですが，では，いざどういう意味で大切なのかと問うと，ベテランの保育者でもなかなか適切に答えられないという場面にしばしば遭遇します。ここでは信頼関係の意味をいくつかの角度から取り上げてみます。

１　保育の場になぜ信頼関係が必要なのか

●子どもが安心して自己発揮できるために

　保育の場で乳幼児が安定した生活を営むためには，その場にいる保育者とのあいだに信頼関係があることが必要不可欠です。家族との安定した人間関係のなかで生きてきた乳幼児は（最近ではこれが崩れつつありますが），その人たちとの関係に自分自身の存在が大きく依存していることをよく知っています。乳幼児が保育の場という新しい生活環境で自分らしさを発揮できるためには，乳幼児はそこにいる大人（保育者）が家庭にいる大人（保護者）と同じように信頼でき，依存できる人であると確信できるようになることが是非とも必要です。

　そのために保育者は，乳幼児の存在に関心をもち，彼らを認めていることを乳幼児に分かるように伝えていかねばなりません。そして乳幼児は，保育者の様子から自分の存在が認められていると感じることができれば，その安心感を梃に，自分は自分であっていいのだというように自分自身を認め，自分らしくそこに存在し，周囲の事物に関心をもち，それに自分らしく取り組み，また周囲の人とかかわっていくこと，つまり，自己発揮し，自分を表現していけるのです。

●子どもが二面性をもった一個の主体として育っていくために

　しかしながら，信頼関係は単に子どもが自分らしさを発揮するためにだけ必要なのではありません。乳幼児期は個としての能力を獲得し自分を表現できるようになるだけでなく，一人の人間として生きていく上での基本姿勢，つまり周囲の人の思いを受け止め，周囲の人と共に生きる社会的存在としての基本姿勢を身につけていく時期でもあります。保育の場では，保育者との信頼関係の中で，自分が保育者に認められ，一人の主体として受け止められることを通して，子どもは自分が主体として存在することを確かめながら，次第に相手（保育者や他の子どもたち）も主体であると受け止めることができるようになっていきます。このとき，保育者は子どもを主体として受け止める人であると同時

に，子どもの前に主体として存在するのでなければなりません。つまり，単に受け入れるだけではなく，それと同時に大人としての自分の思いを子どもに伝えていくことが大切になります。そのように相互に主体として生きることができるようになるためにも，その背景に信頼関係が必要なのです。

信頼できる大人の思いを子どもが受け止めていくことができるようになるのは，まず子どもがその大人にしっかり自分の思いを受け止めてもらっているということが前提になっています。このことが忘れられ，子どもにとってよかれと思う大人の思いで子どもを動かし，その結果，子どもが自分を表現できなくなったり，自己発揮できなくなったりして，一個の主体としての育ちが危うくなっていることがあります。ですから，子どもの主体としての第1の面の芽を摘み取ってしまわないように（つまり，子どもの自分がつぶれてしまわないように），第2の面を育てるのでなければなりません。子どものためによかれと思う大人の思いは，ときに信頼関係の過剰利用につながり，それはかえって大人への過剰依存を招いて，健康な心の育ちに悪影響を及ぼしかねません。

● 保育者に同一化を向けることができるために

子どもが信頼を寄せる保育者は自分にとって親密な近しい人です。常々，その保育者の振る舞いや言動は，自分の振る舞いや言動の参照点となり，またその保育者のありようを取り込むことがしばしばです。これが乳幼児期の子どもの「学び＝真似び」のかたちであり，周りの人と共に生きる基本姿勢もその取り込みの中から築かれるものです。

取り込まれるのは，単に言葉遣いや生活習慣や人への接し方などの目に見えるものばかりではありません。物事や人の受け止めるその仕方や感じ方など，目に見えないものまで取り込まれ，受け継がれていくことがしばしばです。

こうしたことは，子どもが保育者に同一化する結果だと考えることもできますが，この同一化を可能にする条件が信頼関係なのです。

2 子どもと大人の信頼関係は，大人同士のそれとは異なる

大人であれ子どもであれ，人はみな対人関係の中で生きています。その際，その対人関係のありようを左右するのはそこでの信頼関係であることはいうまでもありません。

大人の場合であれば，生活の面でも仕事の面でも，常に相手が自分にとって信頼できるかどうかがその相手との関係のありようの鍵を握っています。物の売買契約でさえ，相手が信頼できる人でなければ契約は成り立ちません。個人的な付き合いの場合も，相手が信頼に足る人かどうかで，その人との関係のもち方は違ってくるでしょう。そこでも安定した信頼関係が築かれていれば，その人間関係はより深いものになっていくでしょうし，信頼関係が損なわれれば，その関係は長続きせず，関係が破綻してしまうでしょう。

▷1 これは発達心理学の分野で母親参照（maternal referencing）と呼ばれる現象に対応する。母親参照とは，たとえば向こうから大きな犬が近づいてくるときに，興味があるから近づきたいけれども，恐怖感もあるという両価的な場面で，乳幼児は母親の顔を見て，その顔の表情が「大丈夫」といっていれば接近し，「怖いね」といっていれば回避するというように，母親の顔の表情をみて自分の行為を決めることをいう。ここではこの母親参照を少し広く取って，親密な人の言動を参照して，自分もする，自分もしないというように，その人の言動を取り込む様相が念頭にある。

▷2 同一化は文字通り相手と自分を同じだとみなす働きをいうもので，相手の振る舞いを取り込む場合を「取り入れ同一化」，また自分のやりたいことを相手がやってくれているので，その相手は自分そのものだと思うような場合を「投射による同一化」と区別して呼ぶこともある。ライブ・コンサートで，ステージ上のパフォーマーに熱狂するときは，この両方の同一化が働いているといえるだろう。幼児の場合も，取り入れの働きばかりでなく，投射による同一化も働いている。

要するに大人の場合，信頼関係は相互に対等な立場で成り立っていて，信頼できないとなれば，その人との人間関係を断ち切ることも可能です。つまり，その関係を維持するか終焉させるかは，各自の責任においてお互いが決める問題です。

しかし，一個の人格としていまだ未熟な幼児と大人の関係はそういうわけにはいきません。幼児は大人の思惑や期待にそわないことをしばしばします。そのようなときに，力のある側の大人が子どもとの関係を一方的に断ち切ったり，その関係から逃げ出したり，あるいは関係を継続することと引き換えに子どもに過重な圧力を加えて，大人の思惑や期待にそわせるように仕向けることがもしあったならば，それはもはや養育や保育と呼べるものではなくなり，そこに信頼関係が築かれないことは明らかです。

幼児にとって，周囲の大人（養育者や保育者）との関係は，関わってくれる大人を自らが能動的に選び，自らの力でその関係を築き上げ，場合によってはその関係を自分で断ち切ることができるようなものではありません。むしろその関係は最初から与えられたもの，その関係を受動的に生きるしかないものです。ですからその関係は大人同士のような対等な関係ではありません。

要するに，養育の場や保育の場の信頼関係は，大人の期待に子どもが沿うから大人が子どもを信頼する（大事に思う）というのではなく，未熟で大人の期待通りに動いてくれない子どもであっても，まずは大人が子どもを大事に思い，子どもを抱えるということが先にあって，そのように自分を大事にしてくれ，抱えてくれる大人に対して，子どもが全幅の信頼を寄せるというかたちで成り立つものだということです。

言い換えれば，子どもの養育者や保育者に対する信頼とは，自分がどのような状態であれ，その養育者や保育者に受け止められていると感じることを出発点にしているということです。そのように養育者や保育者を信頼できるということは，自分が養育者や保育者に大事に思われていることの裏返しなのですから，それはまた子ども自身，自分が大事にされる価値があると思うこと，つまり子どもが自分でいられると感じること，自分自身を肯定する感覚をもつことでもあります。

こうして，養育者や保育者を信頼できる子どもは，同時に自分を信頼し，自分に自信をもち，いろいろなことに自己発揮していけるようになるのです。保育の基本が信頼関係にあるというのはその意味です。

③ 保育の場で信頼関係を如何に築くか

子どもが保育の場で自分らしさを発揮し，周囲の人とかかわりながら生活し，遊び，活動できるようになるために，保育者は子どもとのあいだでどのように信頼関係を築いていけばよいのでしょうか。一般的にいえば，子ども自身が保

▷3 「抱える」というのは，大人と子どもの非対等的な関係を象徴する言葉だといってもよいだろう。ところが「大人が子どもを主体として受け止める」ということが大人と子どもの対等な関係を意味すると捉え，それによって非対等性が見失われて，大人が他の大人に接するときと同じように子どもに接してしまうということが，保育の場にはしばしば見られる。もちろん，非対等的な関係にあることを認めることは，子どもの主体性の否定を意味するものではない。

育者に受け入れられ，認められていると感じられるように，まずは保育者が一人ひとりの子どもの存在を受け止め，一人ひとりの子どもの言動に関心を示し，一人ひとりの子どもと共にいることを楽しみ，喜んでいることを子どもにていねいに伝えていくことです。

　しかし，保育者がクラスの子ども一人ひとりに同じような気持ちで接していると思っていても，子ども一人ひとりの受け止め方はそれぞれの個性に応じて異なっているのが常です。保育者がある子どもを受け止めていると思っても，その子からは十分な信頼感をもたれていない場合がしばしばあります。そのような場合，保育者はその子どもの思いに合わせて，自分の気持ちを子どもに分かるように伝えていく工夫が求められます。

　保育現場では，転んだり，嫌なことがあったりしたとき，子どもはよく保育者を頼っていって慰めてもらおうとします。信頼関係は，このように負の状態に陥ったときに助けを求め，それが得られるときに強められます。しかしまた，子どもがさまざまな自分の経験や，感動，発見，喜びを共有して欲しいとやってくるときに，保育者がそれをていねいに受け止め，共感し，共有し，それを子どもに伝えていくことでも，信頼関係は深まります。このように，保育者が一人ひとりの子どもと信頼関係を深める工夫をすることによって，子もが主体として育つばかりでなく，ひいては保育の展開によい影響を及ぼしていくのです。

　また信頼関係の築き方は，子どもの年齢によっても違います。4，5歳にもなれば，登園時に笑顔で迎え，子どもが自分の思いを伝えに来たときにそれに耳を傾けて聞いたり，一緒に楽しく遊んだり，子どものやっていることに関心を向けたりすることで，保育の場に必要な信頼関係は大体において築かれるといってよいでしょう。

　しかし乳児ではそうはいきません。子どものそのつど，そのつどの要求に応じ，身体的なケアだけでなく，子どもと楽しい時間を過ごしたり，子どもが負の状態にあるときには子どもの気持ちが落ち着くまで抱いたりスキンシップを与えたりして，子どもの存在を保育者がしっかり受け止めているということを，保育者の体や声や表情などを総動員して，全身で子どもに伝えていく必要があります。

　また，昨今，家庭での虐待やそれに近いような扱い方をされ，自分の存在を否定されるような対応を受けてきた子どもたちは，保育の場に適応できないことが多く，周囲の子どもたちに乱暴したり，あるいは自分からかかわりをもとうとしなかったりします。このような場合，その子が自分の存在を肯定し直せるように，保育者が濃密に関わっていくことが求められるでしょう。これは障碍のある子どもの場合にもいえることです。

II 保育の内容

10 子どもを一個の主体として受け止める
子どもは保育者に主体として受け止められることによって主体として育っていく

1 主体として受け止めるとは

　どんな幼い赤ちゃんであれ，その赤ちゃんもまた自分固有の思いをもった存在であると大人（保育者）が受け止めることが，子どもを主体として受け止めるということの出発点です。客観的に見れば，生まれて間もない赤ちゃんや幼児に，大人と同じような好き嫌いの感情や，人への腹立ちや妬みの感情があるとは考えにくいかもしれません。しかし，実際に乳幼児にかかわっている大人はたいてい，赤ちゃんや幼児の顔の表情や声の表情や身体の動きから，そこに人間に特有の感情や気持ちの動きを感じ取り，読み取って，「赤ちゃんは○○と言っている」とか「○○と思っている」「○○と訴えている」というように受け止め，それに基づいた対応をしていくのが普通です。それが乳幼児を一個の主体として受け止めるということの第一歩です。

　○乳幼児は自分の思いや気持ちをもって生きている

　赤ちゃんや幼児は未熟で何も分からないのだとみなすのでもなく，また赤ちゃんや幼児を外部から観察するように見るのでもなく，彼らを大人と同じような一人前の人間存在として，つまり，自分の考えや意図や興味をもつ存在として受け止めるというのが，大人の子どもに対する基本的な接し方です。ここでは，子どもを対象（object）としてみる態度，つまり，何ができて何ができないか，泣きの強さはどの程度かといった，客観的な冷たい目（クールな目）で子どもを見る態度とは対極にある態度が求められます。その態度は，子どもに自分の気持ちを寄せ，重ね合わせ，それによって子どもの気持ち（力動感）を感じ取り，それを受け止めたり，共感したりして，子どもにていねいに応じていく態度です（「子どもの目」）。

　たとえば，赤ちゃんが泣いているとき，養育者や保育者は，そのときの状況や前後の文脈やその泣き声の表情から，お腹がすいている，オシッコが出た，眠い，抱っこして欲しい，などと受け止め，抱き上げたり，「はいはい」と応答したりしながら対応します。そうするうちに，赤ちゃんはそれぞれの状況で泣き声を使い分けるようになっていきます。そして，その泣き声に養育者や保育者が応じてくれるかどうかによって，赤ちゃんはちょっと泣き止んで様子を窺ったり，養育者や保育者がそばに来ただけで泣き止んだり，逆に来てくれないと大声で泣き喚き，腹を立てたり怒った表情になったりするようになります。

▶1　24頁を参照のこと。

▶2　22頁を参照のこと。

[II-10] 子どもを一個の主体として受け止める

○ 子どもの思いを受け止めながら，大人の思いを伝えていく

　2歳を過ぎるころから，子どもは自分の思いをとにかく通したい気持ちが強まります。これがこの時期の子どもの主体としての表れなのですが，それに対して養育者や保育者は，何を言っても聞かない，聞き分けのない子だと子どもを否定してかかるのではなく，子どもの思いを受け止めながらも，大人の思いを子どもに伝えていくという両面の態度が必要になります。そういう対応を繰り返していく中で，自分の思いを養育者や保育者は受け止めてくれるのだ（たとえ全部は受け入れられないにしても）ということが子どもに分かるようになってきます。そうなれば，3歳を過ぎるころから，今度は子どもが大人の思いを受け止められるようになっていきます。

　それゆえに大切なことは，大人に主体として受け止めてもらうことで，子どもは主体としての輪郭を際立たせ，さらには周囲の大人を受け止めるようになるという構造を，保育者が十分にわきまえることです。子どもを単に人格的に未熟な存在とみなして，一方的に大人の思いや考えを押し付けていくと，子どもは表面的にはとても従順になり，聞き分けの良い子どもに育ちます。しかしそれを「素直でいい子」とみるのは全くの誤解で，それは強圧的な大人の面前で服従しているように見せかけているに過ぎません。そのような強圧的な対応に慣らされた子どもの心には，本当の意味で他者を尊重し，他者の思いを受け止める気持ちは残念ながら育っていません。表面的な社会性や心の育ちとみえるものが，実は見せかけにすぎないのです。

▷3　ここには，つぎのような流れがある。自分の思い→受け止めてもらう→自分が際立つ→大人への信頼→その大人の思いを受け止める。要するに，子どもの思いが周りの大人に受け止められることが，この図式が流れていく端緒となっているということである。

2　主体としての両面性：子どもの主体としての発達

　これまで「子どもは主体として受け止められて主体として育つ」と述べてきましたが，そこには大きく二つの側面があります。

○ 受け止められ，認められて，意欲的になる

　その一つの面は，自分自身が主体として存在することを周囲の人に認められることによって，自分の思いを表現し，自分で自分の思いを肯定し，そういうかたちで自分を認め，自分に自信をもち，周囲の「ひと・もの・こと」に関心を向け，それに積極的にかかわり，それらを取り込み，自分の世界を広げていくという面です。

　子どもは，意欲的になれと外側から号令をかけられても，意欲的になれません。意欲は自分のものなのに，その出所は周りの受け止め，認める働きなのです。

○ 周囲と交わることを通して，共に生きる姿勢を身に着ける

　もう一つの面は，そのように自分が旺盛に世界に進み出ていくと，必ず周囲の他者にぶつかったり，自分の思い通りにことが運ばなかったりという事態になり，そこに葛藤が生まれてしまいますが，それを潜り抜けることによって，

周りの人と共に生きる姿勢が身についていくという面です。

　そのようなとき，子どもはあくまでも自分の思いを通そうと自己主張しながらも，次第に周囲の他者の気持ちに気づいたり，自分の思い通りにならないことがあるのだということを身をもって感じ取ったりしながら，周囲他者の思いを少しずつ受け止めるようになり，思い通りにならない事態も，やり過ごしたり，またやってみようと先延ばししたりできるようになっていくのです。

　これが2歳半ばから3歳にかけてのいわゆる自己主張期，反抗期といわれる子どもの特徴ですが，この時期を通過することで，子どもたちは幼いなりに，自分の思いを他者の思いや周囲の状況などと折り合いをつけられるようになっていきます。しかし，そこでもまだまだ大人の支えが必要であることはいうまでもありません。

③　子どもの主体性の発達

　ここで大まかにこの主体性の発達の二つの面を振り返って見ておきましょう。

◯乳児期

　乳児期は，(1)でも見たように，赤ちゃんの未熟な自己表出を周囲の大人がその表情，声や泣き声などの力動感を通して，赤ちゃんが「喜んでいる」「嬉しいらしい」「好きらしい」「嫌いらしい」「気持ち悪いといっている」「お腹が減ったといっている」等々，と受け止めて関わっていくことによって，赤ちゃんは自分の要求や欲求などさまざまな思いを養育者や保育者に伝えるようになってきます。

　3カ月頃になると，お腹が減ったときや，オシッコが出たとき，眠たいとき，抱っこして欲しいときなど，それぞれに泣き方が違ってきて，時には甘えるような泣き声を出して抱っこを求めたり，そばに養育者や保育者が来るとぴったり泣き止んで大人が手を差し出すのを待ったりするようになります。赤ちゃんから見れば，周囲にいる大人は大体において自分をいい状態にしてくれる人と受け止めるわけでしょう。赤ちゃんはそのようなかたちで周囲の大人を信頼し，その信頼を背景に，周囲の大人が普段使っているものを自分も触ってみたい，使ってみたいというふうにして，自分の世界を大きく広げていきます。それがうまくいかないと，信頼している大人に何とかうまくいくようにしてほしいと泣いて訴えたり，自分の方から求めてきたりします。

　要するに乳児期は，大人の受け止める対応を通して，大体自分の思い通りにいくのだという信念が形作られる時期だといっていいでしょう。

◯2歳前後から3歳

　しかしながら，乳児期を脱する2歳前ごろから，子どもの世界が広がるのに比例するように，子どもの思いが次第に周囲の人とぶつかったり，思い通りにいかなかったりすることが増えてくるようになります。それはまた，ことばが

少しずつ分かるようになって，自分の思いを意識し始めるとともに，大人の思いや大人のすることが大体分かるようになる時期と重なり，さらには食事のしつけ，トイレットトレーニング，生活習慣の自律などが始まり，少しずつ大人の文化に近づいていく準備が始まる頃とも重なっています。

　そしてそこで子どもは自分の思いを前面に出すことにより，周囲の他者の思いとぶつかり，それによって自分と他者を切り分け，自分を他者とは違う存在としてより強く感じとり，自分の存在を際立たせ，自分を意識するようになっていきます（固有性としての主体性）。これはこれからの人格の成長になくてはならないものです。そしてこれ以降ずっと，この自分と周囲他者とのあいだでぶつかり合いや葛藤を経験していくことになるのです。

　とはいえ，幼児期は，大人同士のように周囲の大人と対等にぶつかって思いをぶつけあうのではありません。まずは大人の方が子どもの思いを受け止めながら，しかし思い通りにはいかないこともあるのだということを伝えていく姿勢が先に来なければなりません。ときには子どもから強い反撥や大泣きなど，強く駄々をこねられ，収拾がつかなくなる場合が生じることがあります。大人から見れば，わがままが出た，ごねている，駄々っ子だということになりがちですが，大人にとって気持ちのよいものではないからといって，これを封じ込めてしまうと，子どもは面白くなく，気持ちを吐き出せないまま，表面だけのいい子をするようになってしまいます。

　ですからこの時期の大人は子どもの気持ちの表出を許しながら，子どもの気持ちが治まるように何とかなだめる工夫をして，その子どもの気持ちが立ち直っていくのに付き合っていかねばなりません。こうして子どもは時々自分の思い通りにならない事態があることが分かり，他者の思いを少しずつ受け止めることができるようになっていくのです。3歳を過ぎて，ことばで相手の言い分や相手の気持ちが分かるようになってくると，急速にこのやんちゃや駄々っ子ぶりは影を潜めるようになってきます。

◯ 3歳以降

　これ以降，幼児は自分の思いをはっきりもち，それを周囲の他者に表現していくことのできる主体としての一方の面と，他者の思いを自分と同じ主体の思いとして受け止めていくもう一方の面との両面を徐々に調整しながら，次第に大人へと成長していきます。言い換えれば，幼児期はこの主体としての二面性を子どもが生き始めたばかりの時期といえるでしょう。大人でもこの二面性はうまく調整できない場合が多く，必ず葛藤が起こるものです。まして幼児はやっと自分というものを築き始めたばかりのところです。少し分別がつきかけてきたとはいえ，子どもの思いをしっかり受け止め支えようと大人がしないと，たちまち子どもの主体としての育ちはつまづいてしまうことになります。この点を保育者は特に肝に銘じておかなければなりません。

II 保育の内容

11 認めること

　保育者が実際に日々の保育を行っているとき，子どもが危険なことをしているのを止めたり，注意したり，いけないことをしているのを叱ったり，生活習慣行動を促したり，あるいは遊びを提案したりなど，子どもへのさまざまな働きかけが見られます。そのようななかで，子ども一人ひとりの存在をしっかり受け止めて認めるということは，往々にして背景に退いてしまいがちです。

　しかし，子どもにとって，自分の存在が保育者によって受け止められ認められていると実感することは，子どもが自分らしくそこに存在し，行動し，さまざまなことに取り組んでいく上で，また自分に自信を育んでいく上で，とても重要なことです。日々の保育は，一人ひとりの子どもが自分の存在を保育者に認められていると感じることの上に成り立っていることを，保育者はしっかり心に止めておかねばなりません。

1 存在を認める

　通常，子どもを認めるというと，子どもの行為や言動を容認するという意味に受け取られることが多いようです。保育の場でも，「子どもを認めて」というときには，その意味で受け取られていることが多いと思いますが，ここでは単に行為や言動などの個々の行動を容認する，許容するという意味はなくて，むしろその子の存在を認めるという意味で「認める」を考えたいと思います。それは，たとえばA君をA君として，つまり他の子どもではない，A君ならではの思いや考えをもった，A君ならではのものの感じ方や人との付き合い方をする，○○組の△歳時のそういうA君として，その存在を認めるということです。それをあえて保育者の言葉にしていえば，「あなたは私のクラスの子，あなたはとても個性的だし，これだと思ったらどうしてもそれをしようとするはっきりした子だし，嫌だとなったら頑として私の言うことを聞いてくれない子だけど……でも，そういうあなたを保育するのは先生にはしんどいけれども，あなたがいることは嬉しいよ，責任を感じていますよ」ということにでもなるでしょうか。

　○条件づきの認めるではなく，無条件にその存在を認めること

　保育は，まずもって保育者が担当することになった子どもたち一人ひとりを上記のような思いで受け止め，その存在を認めることが出発点です。自分の言うことを聞くから認める，望ましいことをするから認める，能力的に高いから

認めるというような条件付の「認める」ではなく，一人の子どもがこの世界に現にこうして生きているということ，存在しているということを無条件に肯定してかかること，これが「認める」であり，これが保育の出発点です。子どもは保育者を選ぶことができません。子どもはその存在を保育者に委ねるしか，保育の場で生きていけないのです。

　その点から考えれば，ここでの「存在を認める」の反対語は，個々の行為を「叱る」であるよりも，「存在を無視する」や「存在を否定する」になります。

❷ 存在を認められることによって，子どもは自分に自信をもち，自分を肯定でき，生きる勇気が湧き，翻って，保育者に信頼を寄せることができる

　保育者のこの認める姿勢が子どもに伝わってはじめて，子どもは自分がここにこうして存在していることに自信をもち，たとえ幼くても，自分が自分なりの考えや心をもった一個の存在であることを自分自身で認めることができるようになります。その自己肯定感が「元気の素」になり，またそのように認めてくれる保育者を好きになり，信頼を寄せていけるようになるのです。

　日々の保育で子どもたちがなかなかついてきてくれない，クラスがまとまらない，子どもたちを掌握しきれないなど，よく保育者は嘆き，それは自分の力量不足のせいだなどといいます。しかし，それはたいてい，保育技術の上手下手ではなくて，子どもたちとのあいだで信頼関係がうまく築かれていない場合がほとんどです。そして，信頼関係がなぜ築かれていないかといえば，一人ひとりの子どもを上記のような意味合いで認めることができていないからです。

　そのような場合，たいていの保育者はそれに気づかずに，保育者として子どもたちにもっと何かをしてやらねばと考えるようです。ところが，もっと面白い保育を展開しなければ，もっと子どもたちに役に立つことを教えなければ，という焦った思いが先行することによって，かえって子どもの存在をしっかり認めることできなかったり，そのことに気づかなかったりしてしまうのです。

　そういう保育者はまた，子どもを認めるとは，子どもが保育者の目から見て感心なことをしたときや，周囲の子どもより優れたことをしたときにほめることだと誤解していることがしばしばあります。それは「認める」ということを具体的に何かをすることだと考えるからでしょう。保育者が子どもと目を合わせてうなずいたとか，微笑んだなどの行動は確かに認めることですが，大事なことは保育者の心の中です。心の中で子どもの存在を肯定しているかどうかが，「認める」ことの中核なのです。たとえ叱ったり，不満を口にしたりしなくとも，無視やネグレクトはまさに存在を認めていないこと，つまり心の中でその存在を肯定していないことを意味します。

　ともあれ，子ども一人ひとりの存在を認めることが，保育の出発点です。

II　保育の内容

12 ほめること

① 存在を認めていることを伝えるための「ほめる」

　人は何かをしてほめられると得意になり，誇らしい気持ちになり，自尊心が満たされ，自信が湧き，意欲が増してきます。その意味で，確かにある行為をほめることはその行為を認めることであると同時に，その行為をしている人の存在を認めることでもあるでしょう。「ほめる」が「認める」と合い通じているのは確かです。

　よく「子どもはほめて育てよ」と言われますが，それは大人にとって，子どもたちが大人の思い通りには動いてくれず，気がついたら叱ってばかりいたということの裏返しの表現なのではないでしょうか。そういう叱ってばかりの日常の中でも，本当は子どもの存在を否定しているわけではなく，その存在はしっかり認めているのだ，そのことを何とか子どもに伝えたいし，伝えていく必要もある……そういう思いが，その言葉の裏にあるように思われます。

　実際，保育者としてはその子の存在を認めているつもりでも，目まぐるしい保育の流れの中ではついつい小言をいったり，制止する言葉を発したりして，認めていることが子どもに伝わらないことがよくあります。もちろん，ちらりと目があっただけでも，こちらがその存在を認めていることが子どもに伝わり，子どももそれで認めてもらっていることが分かるなら，それで十分でしょう。それが信頼関係でもあるというのが〈信頼関係〉の節の議論でした。そのような状況下にあるときに，認めていることを分かりやすく伝えるかたちが「ほめる」である場合がしばしばあります。

　たとえば，「うあー，○○ちゃん，すごいねえ，いいのができたねえ」と保育者が一人の子どもをほめるとき，普段はなかなかその子を認めていることをその子に伝える機会がないなかで，その子の肯定的な行為を足場に，その行為を認めることによってその子の存在を認めるというのが，保育者の「ほめる」の意味なのです。

　そして多くの場合，ほめられた子どもはその行為をほめられたと受け取るよりは，自分の存在が認められたと受け止め，だから誇らしいし，嬉しいのです。

② 大人の思いに引っ張るための「ほめる」

　ところが，大人の「ほめる」は，子どもに自分の存在が認められたと受け止

められることを逆手にとって，大人の思い通りに子どもを動かす手立てとしてもよく使われます。「○○ちゃん，すごいねえ，よくやったねえ」とほめるのは，前項でみたように，その子の存在を認めようとしてほめたという場合もしばしばありますが，それはまたその行為が保育者の願いに合致しているからでもあります。ほめられた子どもは，誇らしさや嬉しさが一種の報酬となって，そのほめられた行為をふたたびする確率が高くなります。そのことは保育者の望むところです。こうして，「ほめる」は次第に，保育者の望んだ行為を子どもたちにさせるための手段に転化していくことになります。

そして，そのように一人の子どもを持ち上げてほめれば，他の子どもたちもそれを真似たり，さらにそれとは別のことで保育者にほめられようとします。これも，ある面では保育者の望んだことかもしれません。こうして「ほめる」はますます大人の思いに引っ張る手段になっていくのです。しかし，これは保育者の望んだことであったにもかかわらず，ある面では困ったことを導き出してしまいます。

❸ 「ほめる」ことの波紋

ほめられて嬉しかった子どもは，次もまた保育者からほめてもらおうとして，次第に保育者の願う行為をすることへと方向付けられていきます。その結果，本当は自分にやりたいことがあったのに，それを自己規制して保育者にほめられる行為をすることに向かったり，あるいは最初から賞賛される行動だけをするようになったりというように，絶えず大人の顔色を見て動くようになっていくことがしばしばあります。こうして，自分の本当の気持ちを素直に表現できなくなり，また自分の思いを前に出して自己発揮したりすることができにくくなってしまうのです。子どもが大人の面前で「いい子を決め込む」という現象は，こうした大人の「ほめる」対応に基づいています。しかし，こうなったのでは，ほめることがかえって子どもの主体としての生きるかたちや心の育ちを危ういものにしてしまいかねません。

しかも，集団の中で一人をほめるということは，その子を真似て自分もほめられようという動きを他の子どもたちに引き起こしますが，これも一見保育者の願いに合致するようでいて，子どもたちの中に必要以上の競争心を掻き立てたり，ねたみやそねみの元凶になり得るものです。

このように見てくれば，「ほめる」ことは，子どもに自信を与える有効でわかりやすい手立てであると同時に，使いようによっては，自分の望むところに向かって子どもたちを振り回す手段にもなり，その結果，子どもの主体性を危ういものにする両刃の剣であることがわかります。保育者はこのことをしっかり肝に銘じ，子どもたちを自分の思いに引っ張るためにこの「ほめる」を多用していないかどうか振り返って考えてみる必要があります。

II 保育の内容

13 叱ること

　日々の保育のなかでは，子どものすることをほめたり認めたりするばかりではいられません。友達同士のトラブルをはじめ，時には危険なこと，周囲の子どもに危害を与えてしまうようなこと，生活習慣上しなければならないことをしないこと，あるいは年長になれば日々の生活のなかですることになっている課題をしないことなど，実にさまざまな負の出来事が生じます。そのようなとき，保育者は制止したり，禁止したり，時には叱ったりしなければならないことが必ず出てきます。

1　保育者の思いを伝える

　子どもの否定的な言動を前にしたときに基本的に大事なことは，その子の負の行為を止めさせることに主眼を置くのではなく，保育者がそれをしてほしくないと思っているその気持ちを子どもに伝えることです。

　保育の場では子どもの負の行為に対して，「それをしてはいけません！」と強く制止する場面がしばしば見られますが，危険なときや緊急なときはともかく，そのような「規範を示す言辞」よりは，むしろ保育者である自分がそれをして欲しくないと思っているということを子どもに伝えることに主眼を置いた「先生，それやめて欲しいなあ」「先生は，そういうこと嫌だなあ」という対応が基本にこなければなりません。

　ここには，あくまでも信頼関係を基礎に保育は動いていくのだという考えがあります。そして，基本的にその子の存在を無条件に認めていくという保育者の構えがその背景にあります。そのようなとき，子どもの負の行動にどのように接するかは，一般に考えられている以上に難しいものです。よく世間では，「していいことと悪いことの分別をつけさせるためには，厳しく規範を示して」とか，「白黒をはっきりさせて」などと言われます。確かに，その行為だけを抑止するためであれば，ちょうど「ほめる」が望ましい行為をふたたびする確率を高めるように，「叱る」が望ましくない行為を減らすのに役立つという考え方も一理あるかもしれません。

　しかし子どもの存在を認め，その子との信頼関係を損なわないかたちで，その子の負の行動にどのように対処するかという観点を堅持するなら，そのような単純な議論はむしろ警戒しなければなりません。というのも，特に年齢が下がるほど，子どもは叱られたことがその行為を否定されたとはなかなか思えず，

▶1　これは従来，「受容」という言葉で表現されてきたことに一部重なる。しかし，「受容する」という表現は，子どものすることは何でも受け入れて叱ってはいけないのだという誤解を生んできたように思う。

むしろ自分の存在を否定されたものと受け取ることが多いからです。

❷ 叱ることが存在を否定することに繋がる危険

　叱られるとき，大半の子どもは，自分の振る舞いがいけなかったと思うよりも，わざとしたのではないのにとか，相手が悪かったのになどといった自分の思いが保育者に受け止めてもらえなかった，そして自分の存在が否定されたと感じてしまいます。そして叱られることが度重なると，子どもは自分の存在そのものを保育者に否定されたと受け止め，その保育者に不信感を抱くだけでなく，自分でも自分の存在を肯定できなくなり，その鬱積した気持ちを周囲にぶつけてしまうことが多くなってきます。

　その結果，保育者に反撥したり，反抗したり，またその気持ちを周囲の子どもにぶつけて乱暴したり，意地悪をしたりすることが多くなります。そうなると保育者はまた，この子は素直に自分の非を認めようとしない，我の強い自分勝手な子どもだと，さらに強く叱ったり，乱暴に押さえつけようとしたりしてしまいがちになるというように，悪循環が生まれてしまいます。そして，反撥することも反抗することも許されないことがわかると，子どもは自分の気持ちを表現することを諦め，無表情や無感動になって，引きこもってしまうことさえあります。そのような悪循環に陥らないためにも，保育者は普段の保育の中で「叱る」ことに関して，よほど用心してかかる必要があります。

❸ 叱った後の関係修復の必要

　保育の場では，危険なときや緊急なときにとっさに「叱る」ことを余儀なくされることは多々あります。また，子どもの中には何でも自分の思い通りを通そうとして，周囲の子どもを力で抑えつけてしまう子もいます。そのような時にはしっかり叱るということも必要になってきます。

　叱れば，子どもは表情を暗くし小さくなります。叱った自分もいい気持ちではありません。そのとき，「あなたのしたことは，先生，いいことだとは思えない，だから叱ったけれど，本当はあなたのことを全部否定したのではないのよ」という思いが湧けば，子どもの気持ちが一段落した頃に，その思いをいろいろなかたちで表現し，それによって子どもとの関係を修復することができるでしょう。

　そのことが本当は大事なのですが，保育の場ではたくさんの子どもを相手にしていたり，生活の流れを追わなければならなかったりで，その関係修復の機会を得ることが難しいのも現実です。しかし，その忙しさを隠れ蓑に，関係修復をしなければという思いが薄らいで，叱りっぱなしのまま推移していくことは，やはり避けなければなりません。やはり「叱る」は常に「認める」ことや信頼関係と深く繋がっていることを常々意識していたいものです。

II 保育の内容

14 情動調律と情動制御

1 情動（気持ち）とその調整

　人はいつも常に何らかの思いや気持ちや気分をもって行動しています。楽しい，嬉しい，気持ちが弾む，喜ばしい，というときもあれば，苛々する，悲しい，辛い，緊張する，というときもあれば，時には腹立たしい気持ちになったり，怒りが爆発するときがあったり，打ちひしがれたり，無力感に襲われて気が滅入ったりしてしまうこともあります。

　乳幼児も同じで，保育者は日々の保育のなかで必ず子どものこうした気持ち（情動）と付き合っていかねばなりません。大人なら，たとえ負の情動が生じても，自分でなんとか自分の気持ちを調節しコントロールして，人と付き合ったり日々の生活を営んだりしていきます。しかし，子どもの場合，年齢が幼ければ幼いほど，自分で自分の気持ちをコントロールするのは難しいものです。ですから保育者は子どもが自分の気持ちを調整しようとすることに力を貸していかねばなりません。

　そこには，子どもの状態をよりよくしたいという大人の願いや思いも働いています。しかしまたそこには，子どもの思いや子どもの存在を受け止める中でそう思う場合もあれば，子どもによかれと思う気持ちの裏に大人の都合や大人自身の願いが隠されている場合もあって，子どもを自分の思いに引っ張り込むために子どもの気持ちの調整に向かうということもしばしばあります。子どもの気持ちを調整するということには，このように常に諸刃の剣の危うさが伴っていることを保育者は自覚していなければなりません。

2 情動の浸透

　人の気持ちは，ただ外側から見て，あの人は喜んでいる，泣いている，怒っていると解釈するのではなく，その人の表情や声などからさまざまな力動感（vitality affect）が伝わってきて，それが嬉しい気持ちや悲しい気持ちとして感じ取られる部分が大きな比重を占めています。保育者が子どもと一緒に遊んで楽しいのも，子どもの「わくわくする」「どきどきする」「はらはらする」力動感が保育者に伝わってくるからです。そのように自分もその力動感を共有するとき，思わず共感の声が出たり，思わず体が動いたりしますが，それの力動感が子どもに浸透して，さらに楽しさが増幅され，もっと意欲的に遊ぶ力が湧

▷1　最近，大人が子どもの気持ちを動かして願わしい方向に調整しようという働きかけを「情動制御」というかなり機械的な概念を用いて扱おうとする動きが見受けられる。「制御する」という言い方は，大人の一方的な強い働きかけを容認することにつながりかねない。子どもの情動を調整しようと言う場合でも，泣いている子どもを「泣き止みなさい！」というかたちで「泣き止ませる」のではなく，泣いている子どもの気持ちを受け止めながら，その子が自分で泣き止んでいけるように，なだめたり，あやしたり，待ったりするというのが，「調整」の意味でなければならない。

▷2　II 46頁参照のこと。またその側注も参照のこと。

いてきます。一緒に遊んで楽しいとはそういうことであって，一人ひとりが別々にただ楽しい気分でいるというわけではないのです。

　同じように，身内に不幸があってとても悲しんでいる人がそばにいると，単にその人の立場を理解してあの人は悲しんでいると見るだけでなく，そばにいる人はその人の悲しい気持ちが伝わってきて，胸が塞がれたり，ときにはもらい泣きをしてしまったりします。そのもらい泣きが，悲しんでいる人の悲しみを倍加することもあるでしょう。

　子どもの場合も一緒です。楽しいときや嬉しいときなど，子どもが正の感情に浸されているときに，保育者が笑顔で「よかったね」と一緒に喜ぶと，子どもはその嬉しい気持ちがますます強まり，本当によかったと子ども自身，その正の感情を自分で確かなものにすることができます。また思い通りに行かないときの子どもの腹立たしい気持ちや面白くない気持ちが伝わってくるので，保育者は「悔しいねえ」「残念だったねえ」と一緒になって思い通りにいかない気持ちに共感することができます。あるいは転んだときの子どもの痛さを保育者が感じ取るからこそ，「痛かったね」「だいじょうぶだよ」となだめてやることができます。

　このように，子どもと大人の対人関係は，お互いの情動（力動感）が相互に浸透するということを梃に動いていきます。

❸ 情動調律

　①で見たように，大人は子どもの情動を調整しようという思いをしばしばもちます。たとえば，面白いと思って遊んでいる今の子どもの気持ちをもっと引き立てて，遊びをもっと面白くしたいとか，いまむずかっている気持ちを早く鎮めて落ち着かせたいといった思いです。

●正の情動調律

　たとえば，子どもが嬉しいときや楽しいとき，その情動が保育者に伝わって，保育者も一緒に笑顔で喜ぶことができます。そのとき，「うわー，面白かったね！」と，まさに子どもの気持ちが「面白い！」と動くその瞬間に，保育者の声がかかると，子どもはその声かけがなかったとき以上にその「面白い」という気持ちが強められ，その気持ちが心に染み込むでしょう。こうした声かけは，子どもの行為を認め，またその存在を認めるという〈認める〉の節で議論したことと重なりますが，それだけではなく，子どものいまの情動に反響して，さらにその情動を強めるように働きます。

　つまり，これを少し図式的に示せば，子どもの嬉しい気持ち→保育者に浸透→保育者の嬉しい気持ち→保育者の声かけ→子どもの情動に反響という循環がそこに巡っています。このように，保育者が子どもの情動の動きに共感して声をかけるということは，単に「認める」というだけでなく，子どものいまのあ

▷ 3　スターン・D (1985) は，『乳児の対人世界』という著書の中で，情動調律 (affect attunement) という概念を用いて，大人が子どもの気持ち（情動）をまさにチューニングしていく様子を描き出している。ここでのチューニング，つまり調律とは，大人が自分の情動を動かすことによって，子どもの情動を盛り上げたり鎮めたりするかたちで調整してしようとすることをいう。つまり，情動が動くときの力動感 (vitality affect) が大人から子どもへと比較的容易に浸透していく事実に基づいて，たいていの場合，意識することなく，まずは大人の側が自らの情動を高揚させたり鎮めたりというように動かし，それによって子どもの情動を大人の願う方向に調整しようとすることをいう。

りようをよりよい方向に動かすという意味をもちます。

○ 負の情動調律

その反対に，子どもが負の感情や負の力動感（いやだ，面白くない，腹立たしい，悲しい，苛々する，等々）に捉えられているとき，周りにいる大人がそれを感じ取り，受け止めながらも，大人の方が「だいじょうぶ」とゆったりした力動感を伴ってなだめてやると，それによって子どもの気持ちが次第に落ち着いてきます。それは子どもを強引に泣き止ませたり，面白くない気持ちを抑えさせたりすることとは違います。子どもが負の気持ちを十分に吐き出すのを受け止めるのと同時に，大人の落ち着いた「だいじょうぶだよ」という気持ちが子どもに伝わって，その結果，子どもの気持ちが落ちついていくのです。ここでは，子どもの負の情動や負の力動感とは逆の力動感を大人が醸し出し，それに子どもを浸し，負の情動が徐々に鎮静化していくのを待つ対応があります。

例えば，眠くなってむずかり泣きをしている子どもの泣き声は，確かに誰が聞いても負の情動のトーンを帯びています。子どもに泣き止んで欲しい大人にとって，その負の情動のトーンは子どもから大人に浸透してきますが，それに浸透されることなく，大人が逆にゆったり構え，落ち着いた穏やかな声で「よしよし」とあやし，ゆったりパッティングして，その関わり方全体が「穏やかなトーン」をもつ中に子どもが浸されていくと，子どものむずかり泣きが次第に沈静化していくのです。これは「泣き止みなさい！」と子どもを抑え込む働きかけとは対極にある働きかけです。

このように大人が自分の情動を動かしながら子どもの正負の感情（情動）を調律して，望ましい情動を増幅し，望ましくない情動が減衰するように働きかけることを，情動調律と呼びます。つまり，無理やり子どもに自分の気持ちを制御させるのではなく，大人の働きかけがもつ情動の動き（力動感）によって，子どもの気持ちがよりよい状態になるように調律するという意味です。ここでは子どもの負の情動を受けとめても動じない大人の心の大きさが求められます。

④ 情動制御ではなく情動調律が重要

大人の場合であれば，自分がいま怒りの気持ちに捉えられ，負の感情を抱いていても，いまはこうだから仕方がないと自分で自分の気持ちをコントロールしていくことがたいていはできます。けれども子どもは，乳児期から自分の気持ちの表出を周囲の大人に受け止めてもらうことを通じて，2，3歳頃からようやく自分の気持ちを表現することがわかりかけ，自分というものが意識されはじめ，自我が芽生え始めたばかりです。大人が子どもの負の感情を強く制止するように働きかけ，子どもの感情を押し込めてしまうと，子どもは負の感情をどこにも吐き出せない状態になり，溜まった負の感情をどこかで爆発させたり，弱いところに向かって吐き出したりします。これでは本当の意味で自分の

気持ちを自分で調整できるようになったとはいえません。

この時期に自分の気持ちを抑え込むことを大人に強く要求されると、子どもは自分を表現することをやめ、ただ周囲に合わせてしまうことが先立ってしまいます。一見何の問題もなく、トラブルも起こさず、集団にうまく適応しているように見える子どもの中には、周りの目を気にする余り、自分の気持ちを素直に表現するこができず、そのために本当の意味で周りの人の思いを受け止めるようには自我が育っていない子どもがよくいます。

これを裏返せば、しっかりした自我が育つためには、子どもがしっかりと自分の気持ちを表出したり表現したりしながら、その思いを大人に調律してもらうことが必要だということになります。そしてその調律を子どもの側が取り込んで自分で自分の気持ちを調整していけるようになり、その結果、今度は逆に子どもの側が周囲の思いを受け止め、また思い通りに行かない事態を子ども自身で受け止めることができるようになっていくのです。

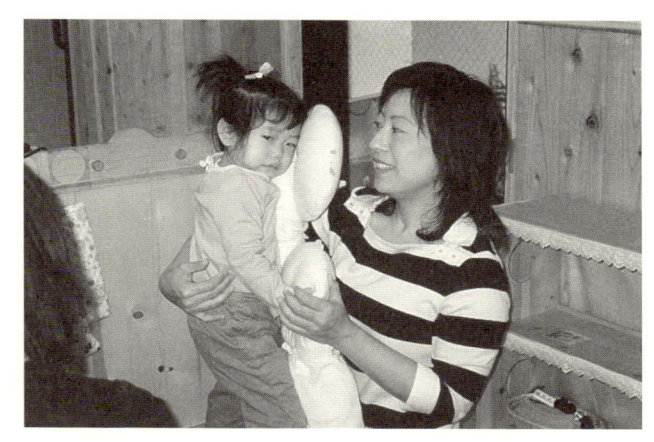

負の情動を情動調律するには、一対一の関わりの中で子どもの気持ちを受け止めることが不可欠である。保育の場ではそれがなかなか難しく、ややもすれば負の状態を早く収めようと抑える対応になりやすい。保育の場で写真のような場面に出会えると、ほっとした気持ちになる。

5 情動調律ができるためには

子どもが笑顔を見せるとき、周囲の大人がその気持ちに共感して一緒にそれを喜ぶということは（つまり正の情動調律をするということは）、保育や養育の経験がない人でもたいていはできるものです。

ところが、子どもが泣くなどの負の情動を表すとき、周囲の大人もついその負の情動に揺さぶられ、つい苛々して、何とか早く負の情動を抑えたり、それを正の情動に切り替えさせようとしたりして、焦ってしまいがちです。確かに、そういう負の情動が表出されるとき、それを「おう、よしよし」「だいじょうぶだよ」とゆったり構えて情動調律するのは、結構難しいものです。ここに、育児経験や保育経験がものをいってきます。子どもの負の状態にも「だいじょうぶだよ」と言える懐の深さが必要なわけです。そして負の感情を抱えることができるというところに、子どもと大人との非対等性が露になっています。若い養育者や保育者に負の情動が抱えられなかったり受け止められなかったりするのは、この懐深く対応することが難しいからです。

II 保育の内容

15 依存と自立

1 原初の自立の様相は依存と絡み合っている

乳児は這ったり歩行が可能になって自分で動けるようになると，自らの興味や関心，欲望に基づいて動き，自らの世界を広げていこうとします。

しかし，自分でいろいろなことにかかわろうとすると，そこには新しい世界が開けてそれを喜ぶ反面，そこで「もの」や「こと」が必ずしも自分の手に入るものではないこと，つまり，転んだり，物にぶつかったり，不快なことがいろいろあることを身をもって経験します。そういう場合，乳児は信頼を寄せている大人に自分の意図を支えてもらい，大人に手伝ってもらって自分の気持ちを立て直していきます。

このように，子どもは自らの力を信じて自立する方向に向かっていくのですが，同時に，自分が信頼を寄せている人に依存していることを意識し始めます。実際，この頃から，意欲的に世界を探索するようになる一方で，何か思い通りにいかなかったり，大儀になったりすると，自分から抱っこを求めたり，膝の上に座りに来たりと，大人に甘えに来ることがよくあります。いざとなれば甘えられるから，そこで意欲的に外に向かうことができるともいえるでしょう。要するに，自立の始まりは依存と深く繋がっているのが分かります。

2 甘えは自立を阻むのか？

幼児は自分の思い通りにならないことはもちろん，もう自分でできるようになっていることでも，大人にしてもらおうと甘え，大人に依存しようとすることがあります。これは自分の力で「ひと・もの・こと」に関わる自立の様相と逆行するかのように見え，自立する心の成長を阻むものとみなされることがよくあります。依存が減った分だけ自立するという考えが背景にあるからでしょう。確かに，子どもの甘える場面だけを見れば，自分でできることでも大人にしてもらおうとする悪しき依存の面が前面に出ているようにも見えます。

しかし，幼児の場合，自分で何でもしようとする場合もあれば，甘えてくるときもあり，両方の様相が同居しています。甘えの強い子どもが自分でやろうとする意欲を見せないわけではありません。いや，むしろ自分で周囲の世界にしっかり関わっていこうとする姿勢を見せる子どもほど，やりたいのにできない，したくないけどしなければ困ったことになるといったときに，自分から大

▷1 幼児の依存は大人が思うほどに「悪しき依存」は多くはない。たいていの場合，それは表面的にそう見えるというに過ぎず，本当に悪しき依存である場合は，むしろ次頁の側注に見るように，むしろ主体としての育ちに問題があるような，対人関係病理が孕まれている場合である。依存をもっぱら悪しきものと見るのではなく，人が安心して前向きに生きていくのに必要な「健康な依存」もあることを指摘し，これが壊れるときに対人関係病理が生まれることを主張したのはコフート・Hである。そして本文でも見るように，依存を脱却して自立するという図式ではなく，むしろ依存の土台の上に自立があるのだという主張も，このコフートの理論に拠っている。

人に甘えて，助けてもらおうとしたり，代わりにやってもらおうとしたりするのです。よく考えれば，そのような甘えや依存の様相には，人の助けを借りて困難な状況を乗り越えようという前向きの面もあり，さらに，自分自身が信頼できる大人に支えられていることを確かめている面もあることが分かります。

③ 保育の場では過剰な依存を心配する必要はそれほどない

　もちろん，甘えれば何でもしてもらえるということを覚えれば，自分でできることでも大人にしてもらおう，ちょっとしたことでも大人にしてもらおうとし，大人から離れられず，自分で「ひと・もの・こと」に働きかけようとしなくなり，大人の庇護の下から出ようとしない過剰な依存の事態も起こりえます。

　しかし，このような過剰な依存の事態に陥ることは保育の場では滅多にありません。たいていの場合，子どもの甘えに保育者の側が完璧に応じることなどできるわけがありませんし，また子どもの側も，一個の主体としての芽が育っていれば，保育者に甘えに行く以上に魅力的な世界が周りにいっぱい広がっているからです（それゆえ，子どもの甘えに対する保育者の対応は，たいていの場合，「ほどよさ」の範囲に収まっていきます）。

④ 信頼関係の確認としての依存

　自分の力で物事に取り組む喜びを知った子どもは，ある程度甘えるとそれで満足して，自ら自分の遊びの世界に戻っていくのが普通です。乳児期はともかく，3歳以降の甘えは，自分が信頼を寄せる大人（養育者や保育者）に受け止めてほしい，何かのときに依存できることを確認したい，という子どもの思いから生まれています。叱られたとき，いけなかったという思いがある中で，それでも自分の思いが通じなかった思いが強いとき，子どもはやんちゃをいったり，ふくれたり，すねたりといった振る舞いに出ますが，これなども，自分を周りの大人に受け止めて欲しい気持ちの屈折した表現であり，甘えの一つです。つまり，この時期の甘えや依存は，相手との信頼関係を確かめる意味があります。逆に信頼関係が怪しくなると，子どもの甘えや依存が強まり，信頼関係が壊れれば，むしろ甘えや依存は見られなくなります。その状態が自立の状態でないことは明らかでしょう。

⑤ 依存できることを背景に自立の様相が際立つ

　昨今は自立がよいことで依存はいけないことであるかのような議論が横行していますが，しっかりした信頼関係の成り立ちは健康な依存と切り離せませんし，幼児期の自立は信頼関係を離れては考えられません。いつでも依存できるということを背景に，幼児は自立の様相を際立たせていくのです。

▷2　保育の場では，多数の子どもの存在によって，保育者が一人の子どもの依存を過剰に受けることなど事実上不可能だからこのように言えるが，特に核家族の家庭で，日中，子どもと親が一対一で過ごす機会が多い場合に，このような過剰な依存を許容するという事態も生まれ得る。この場合，願わしくない子どもの振る舞いに対しても，禁止や制止を課すことができず，ほとんど子どもの奴隷のようにすべてを受け入れるというような対応になる。これがわがまま放題につながることは言うまでもないが，この場合，叱りたいのに叱れない養育者の態度も合わせて取り込まれているので，一見わがまま放題で自分の思いを強く押し出すようでいて，ちょっと強い相手にでくわすと，自分の思いを前に出せないという弱さが同居することが多い。

▷3　依存は，その対象が変化することはあっても，生涯にわたって必要なものである。このことを踏まえ，安易に「依存から自立へ」という図式にとらわれないことが肝要である。

II　保育の内容

16　過干渉と放任

1　過干渉と放任の振り子現象

　養育であれ，保育であれ，教育であれ，大人が子どもに関わるときに，この過干渉と放任の問題は常に付きまといます。子どもに無関心，あるいは「親は無くとも子は育つ」式の考えから子どもを放擲することは論外ですが，子どもに大人の思いを伝えようとしたり，教えようとしたりすると過干渉に傾きやすく，それを反省して過干渉を回避しようとすると，今度は放任の方に傾き，また放任はよくないからと子どもに関わると，過干渉へ傾くという具合に，この両者は子育てや保育の中で振り子のような往還する様相を見せます。その中庸をいく「ほどよい」関わりはことのほか難しいものです。

2　大人は未熟な子どもに働きかけていかざるを得ない

　家庭でも保育の場でもそうですが，大人がまだ未熟な子どもに関わるときには，常に子どもに働きかけて大人の思いを伝えていかねばなりません。「ご飯をたべようね」「残さずに何でも食べようね」という具合です。このとき，子どもの気持ちの向かう方向が大人の思いとぴったり合えば問題はないのですが，必ずしもそうなりません。そうならない場合は，大人が望ましいと思う方向に子どもの気持ちを向かわせようと働きかけざるを得なくなります。
　そのようなとき，子どもの気持ちを尊重すれば，子どもの気持ちが大人の望んだ方向に向かわないことを容認したり，子どもの気持ちが向かうまで待ったりすることがなければなりません。先ほどの食事の例で言えば，「まだ残っているけど，もういらない？　もうちょっと食べる？」とか「今日はこれでおわりにしようか」というように，少し待ったり，残さず食べさせたい大人の思いを引っ込めたりという対応が求められます。つまり，「食べたくないのなら食べなくてもいい」という突き放した関わりでもなければ，「絶対残さず食べなければだめ」という強いかかわりでもなく，食べて欲しいという大人の思いと，もう食べたくないという子どもの思いの双方がある程度満たされるような，いわゆる「ほどよい」関わりが求められます。

3　過干渉の出所：大人の「させたい」気持ちが強いとき

　大人が子どもに関わるとき，大人のこうして欲しいという思いが強いと，子

どもの思いをなかなか尊重できません。そして，子どもの気持ちが大人の望む方向に向かうように丁寧に大人の思いを伝えることもしないまま，大人の思いに子どもが添うことを強く求めてしまいます。そうなると，圧倒的に力のある大人の前では，子どもは気が進まないまま，いやいやながらに大人の思いに従わせられることになります。そうなると大人の思いは叶いますが，子どもは自分の思いを押し込められてしまいます。これが度重なると，子どもは主体的に生きる姿勢を失ってしまいます。これが過干渉といわれる事態です。つまり，大人の教育的な志向が強ければ強いほど，過干渉になりやすいということになります。

❹ 保育の場での放任の出所：過干渉への心理的ブレーキが働くとき

　子どもの主体性を尊重するという方向を打ち出しているにもかかわらず，その主旨が保育者に十分理解されてない園では，しばしば保育者が子どもに関わることに躊躇する場面が見られます。つまり，大人が子どものしていることに首を突っ込むことは，子どもの主体的な活動に干渉することになるのではないか，子どもたちで十分にやれているところに大人が出て行くと，子どもたちが自分で解決したり発展させたりする力を削いだり阻んだりすることになるのではないか，といった思いが保育者をよぎるのです。

　こういう迷いや躊躇が度重なるうちに，保育者はできるだけ関わらない方がよいということになり，結果的に「子どもたちにまかせる」だけの放任に陥って，子どもたちが危険なほどの衝突をしても「子どもたちで解決するから」と見逃してしまうことになるのです。

　保育の場における放任は，もちろん，手が回らないために，関わりたくても関われずに「ほったらかし」になっているという面がないわけではありません。それは経営上の問題ですが，そうではなくて，関わることに心理的なブレーキがかかることによって「見逃す」「見過ごす」というかたちが生まれているのが保育の場の放任の問題です。そして，そういう放任が日常的になると，保育者と子どものあいだに距離が生まれ，信頼関係が希薄になることは避けられません。こうして生まれた放任が再び逆方向へと揺れ戻すと，今度はまた過干渉がより強いかたちで起こってきやすいようです。

❺ 過干渉にも放任にも陥らないために：第3の目を磨く

　保育者は子どもに関わらざるを得ない存在です。過干渉と放任はそのなかでしばしば起こる振り子現象ですが，それに陥らないためには，関わりがどちらの側にも傾き過ぎない「ほどよさ」の範囲に収まっていなければなりません。その鍵を握るのが保育者の「第3の目」です。この「第3の目」を磨くことがそのような陥穽に陥らないための保育者の専門性として重要になってきます。

II　保育の内容

17　コミュニケーション・言葉・イメージ

　乳幼児期は，言葉が登場する以前に，まず保護者や保育者とのあいだで原初的なコミュニケーションが交わされるようになり，誕生を過ぎる頃から言葉が次第に現れ，それ以降，急速に言葉の世界，イメージの世界が豊かになっていく時期です。

1　原初的コミュニケーション▶1

　まず，コミュニケーションは，言葉が現れる以前に，身近な二人のあいだで気持ちと気持ちが触れ合ったり，重なったりするかたちで始まることを確認しておきましょう。その背景には，「身体と運動」の節で述べたように，力動感が身体と身体のあいだで相互に感受される事実，つまり力動感が通じ合う事実があります。この言葉以前のコミュニケーションを，後の言葉によるコミュニケーションの原型という意味で，また発達の初期に現れるという意味で，原初的コミュニケーションと呼びます。この原初的コミュニケーションの発達を時間を追ってスケッチすると，次のようになります。

●原初的コミュニケーションの成り立ち

①2，3カ月の頃の赤ちゃんと目が合うと，関わり手はそれだけで何かが通じた気分になれる。また赤ちゃんが気持ちよさそうにしているときに話しかけると，赤ちゃんは口をあけて「アッ，アッ」とあたかも応答しているかのような声を出し，それを関わり手は「赤ちゃんとお話しができた」と受け止める。また3カ月以降，笑いかけると，赤ちゃんは満面の笑顔になり，関わり手も思わず嬉しい気持ちになって，「気持ちが繋がれた」気分になる。さらに関わり手は，赤ちゃんの泣きが「お腹が減ったと訴えている」「抱っこしてといっている」というように，自分に向けてのコミュニケーションだと受け止められるようになる（受け手効果）。

②7，8カ月頃から，赤ちゃんは「いや」と言う気持ちを，首を振ったり「ンー」という声で表現したり，「ンーンー」と関わり手を呼んだりするようになるので，関わり手は赤ちゃんの気持ちを摑みやすくなる。

③10カ月以降，関わり手が指差して「ほら，スズメさんね」などと言いながら枝に止まったスズメを指差すと，そちらの方を見るようになり（共同注意▶2），そのうちに，次第に子どもの側から「あれみて」とか「これの名前をいって」という意味で指差しができるようになって，関わり手はそれに応じることによ

▶1　詳しくは，鯨岡峻著『原初的コミュニケーションの諸相』1997年ミネルヴァ書房を参照されたい。

▶2　共同注意（joint attention）は，二者関係やコミュニケーション関係の発達を考える上で最近重要視されているが，指差しの対象を見るかどうかの行動事実よりも，対象を子どもと共有したという感じを関わり手がもてるかどうかがポイントである。

って，コミュニケーションが深まったと感じられるようになる。
④1歳前後から「ちょうだい」「はい，あげましょう」といった関わり手の働きかけに応じて物のやりとりができるようになり，しかも，もらった，あげた，というところで関わり手と目を合わせ，やりとりができたという以上に，気持ちが繋がったという感じが強くなってくる。

　要するに，言葉が現れるまでのところで，身近な関わり手とのあいだでは，情動の共有をベースにした原初的コミュニケーション（気持ちの通じ合い）がかなり深まり，その基盤の上に言葉が登場してくるということです。そして，この情動の共有や力動感の共有をベースにしたコミュニケーションは，言葉が現れてきた後も，人と人のあいだ，気持ちと気持ちのあいだを繋ぐ重要なコミュニケーションのかたちとして存続するものだということも，指摘しておく必要があります。保育の場面で子どもと保育者の交わすコミュニケーションは，たとえ言葉によって意味をやりとりするようになっても，常にこの原初的コミュニケーションがその土台になっているということを忘れてはなりません。

　よく，言葉が遅いと心配したり，いつ言葉が出たかを問題にしたりしますが，重要なのはこの原初的コミュニケーションがどの程度深まっているかなのです。①目が合い，②指差しが分かり，③「ンーンー」というような人を呼ぶ声を出し，④自分の思いと「違う」という意味の「ンー」という声を発することができ，⑤大人の言語的働きかけにほぼ応じる行動（「お父さんのところに新聞をハイしてちょうだい」）が取れるようになっていれば，言葉はもうじき現れてくると考えることができます。

② 言葉の登場と言葉の世界の広がり

◯言葉の登場とその発達の経緯

　1歳前後に言葉らしい分節された声（いわゆる初語）が出始め，一歳半以降，急速に語彙が増え，2歳の誕生前後には「パパ，かいしゃ」といったいわゆる二語文が現れるようになり，3歳前後では大人の言語表現を十分に意味が分からないままに取り込んで，ともかく使ってみるということが目立ってきます。そして4歳ごろには，ほとんど大人顔負けの流暢な言葉を話すようになってきます。ただし，上に述べたことは大まかな目安で，そこには相当大きな個人差があることを踏まえておかねばなりません。

　それにしても，言葉が現れてわずか3年でこのように流暢に母語を話せるようになるというのは，外国語の習得が困難を極めることを考えれば，本当に不思議ですが，先にも指摘したように，その背後には原初的コミュニケーションが働いていること，そして子どもは大人のすることや言うことをどんどん取り込んで自分のものにしていくということを忘れてはなりません。言語発達は，周囲の大人が教えて身につけさせるものではなく，あくまでも子どもが大人の

言語表現や周囲の子どもの言語表現を取り込むかたちで成り立っていくものなのです。

◯言葉の世界

言葉の成り立ちの経緯は上に述べたとおりですが，言葉は「目の前に無いものを目の前に思い浮かべることを可能にする」という重要な働きをもっています。これは従来，言葉のシンボル機能とか表象機能などと呼ばれてきたものです。「イヌ」という言葉は，目の前に実物の犬がいなくても，何らかの犬をイメージ（表象）として喚起することができます。しかも，それは個々具体の犬を越えて，「犬一般」を喚起する力があります。つまり言葉のシンボル機能とは，一つの言葉（イヌ）がある意味（犬一般）を担い，その一つの意味は無数の事物（無数の種類の犬）を表すことができるということです。言葉のこのシンボル機能こそ，人間の文化をかたちづくってきたものであり，言葉はその意味では人間の文化の強力な原動力だといっても過言ではありません。よく，言葉の獲得の遅い子どもに対して，言葉と事物を一対一に対応させることを学習させれば言葉の習得になると考える人がいますが，それは言葉のこのシンボル機能を十分に理解したものだとはいえません。そのような場合，一対一の対応付けができても，そこから広がっていかないことが多いのです。

通常，言葉は原初的コミュニケーションの延長線上で現れてきますが，大多数の子どもは，周囲から取り込んだ言葉をまずは使ってみるなかで，すぐさまこの言葉のシンボル機能に目覚め，意味の世界，表象やイメージの世界に入っていくようになります。考えて見ればこれは大変不思議なことです。

◯自分の思いを言葉にすることは難しい

子どもは急速に言葉の世界に入ってきて，大人の言語的な働きかけをかなりよく理解してそれに応じることができるようになりますが，自分の思いをうまく相手に伝えるとなると，そう簡単ではありません。そのことが言葉の出始めの2歳から3歳にかけて，友達同士のあいだで対立や衝突が生まれ，嚙み付きが起きる理由です。つまり，自分の中にぼんやりした思いはあるのに，それをうまく相手に言葉で表現できないので，つい手が出たり，思い通りにならない腹立ちを嚙み付きで表現したりするのです。2歳代の嚙み付きの大半はそのためですから，言葉で自分の思いを表現できるようになる3歳半ば以降，園での嚙み付きは激減します。

▷3　103頁の側注を参照のこと。

言語発達というと，すぐに語彙数や文法的に正しい表現などに目が向かい，また話しの流暢さに目を奪われやすいために，周囲の大人は早く言葉で言わせようと働きかけを強めますが，自分の思いが自然に言葉になるまでにはある程度の熟成期間が必要だということもわきまえておく必要があります。

◯汚い言葉や嘘の表れ

言葉が子どもの世界に入ってくることを大人は喜びます。言葉が人間の証で

もあることを考えればそれは当然のことですが、子どもが言葉を話すようになると、必ず大人が悩むのが汚い言葉や嘘です。

汚い言葉については、それを口にしたときの大人の反応が子どもには面白く、それでわざと言ってみるということが多いので、禁止や制止をするよりも、「先生はそういう言い方は嫌いよ」というような対応で十分でしょう。また幼児期の嘘は、子どものイメージが膨らみ、それに引きずられて生まれる嘘と、大人の評価の前でついてしまう嘘を区別し、前者については子どものイメージの世界の問題と受け止め、後者の場合は子どもの嘘の裏側の思いを受け止めるような対応が必要でしょう。

③ イメージの世界

言葉の意味はある表象を喚起します。逆に、ある体験は言葉によって枠づけられ、記憶に定着するという面があります。こうして、言葉の世界が開けてくると、同時にイメージの世界、表象の世界が開けてきます。そこに、あるがままの現実に縛られていた状態を抜け出して、自由な表象の世界に飛翔する可能性が生まれる一方で、その表象世界が膨らみすぎて現実がおろそかになり、また生き生きした体験が言葉の意味にまとめられて生気を失うという負の一面も生まれます。

◯絵本読みを通して得られるイメージの世界

保育の一斉場面では保育者が子どもたちを前に絵本を読み聞かせる場面がしばしば見られます。これは絵が喚起するイメージと言葉が喚起するイメージが重なりながら、子どもに豊かな物語の世界やイメージの世界を広がっていくことに基づいたものでしょう。実際、子どもたちの中には、保育者の読む声の力動感に誘われて、絵本の世界に引き込まれイメージの世界をひろげていく子どもたちがいます。そして、そのイメージが元になって、後のごっこ遊びに発展していく場合もしばしばあります。しかも、その絵本の読みが広げるイメージの世界は、自分の表象世界であると同時に、他の子どもたちと共有することのできる世界でもあります。ここに絵本読みの独特の意義があるように思います。

◯ごっこ遊びとイメージの世界

子どもの遊びの中でもごっこ遊びはかなりのウエイトをもっています。木の葉がお皿、木の実がご飯というような見立てに始まり、自分がお母さんになった姿をイメージしたお母さんごっこ、あるいはアニメのキャラクターになったつもりでの戦いごっこなど、実に多様なごっこ遊びが見られます。これらの遊びの背景にあるのは、子どもの豊かなイメージの世界です。

保育者も時には子どものそのイメージを共有し、その世界を一緒に楽しむところがあってもよいのではないでしょうか。

▷4 保育者が絵本をどのように読むか、その声の力動感と子どもの興味のもち方とのあいだには強い繋がりがある。平板に読めば当然面白さがにじみ出てこない。読み手は子どもの気持ちの入り込み具合を見極めながら、声を自在に操って力動感をうまく動かし、子どもの興味を引き付けることができなければならない。

III　保育の実際

　この III では，保育が実際にどのように展開されるのか，時間軸に沿いながら，保育のかたちを中心に議論し，併せて保育場面を写真で紹介して行きたいと思います。

1．乳児期前期の保育
2．乳児期後期の保育
3．1歳半から3歳未満児の保育
4．3歳児の保育
5．4，5歳児の保育
6．保育の形態（1）：自由保育　自由遊び
7．保育の形態（2）：設定保育
8．保育の形態（3）：クラス構成
9．保育の5領域
10．建物の構造や空間的配置などの保育環境の問題
11．保育の場での生活とその配慮点
12．運動会，発表会，諸行事

保育者の風景

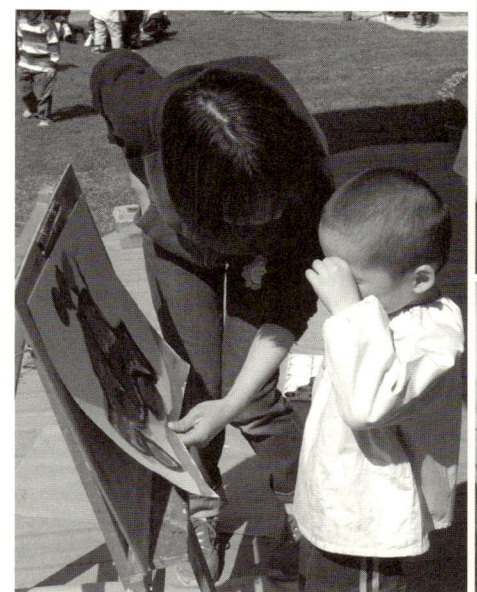

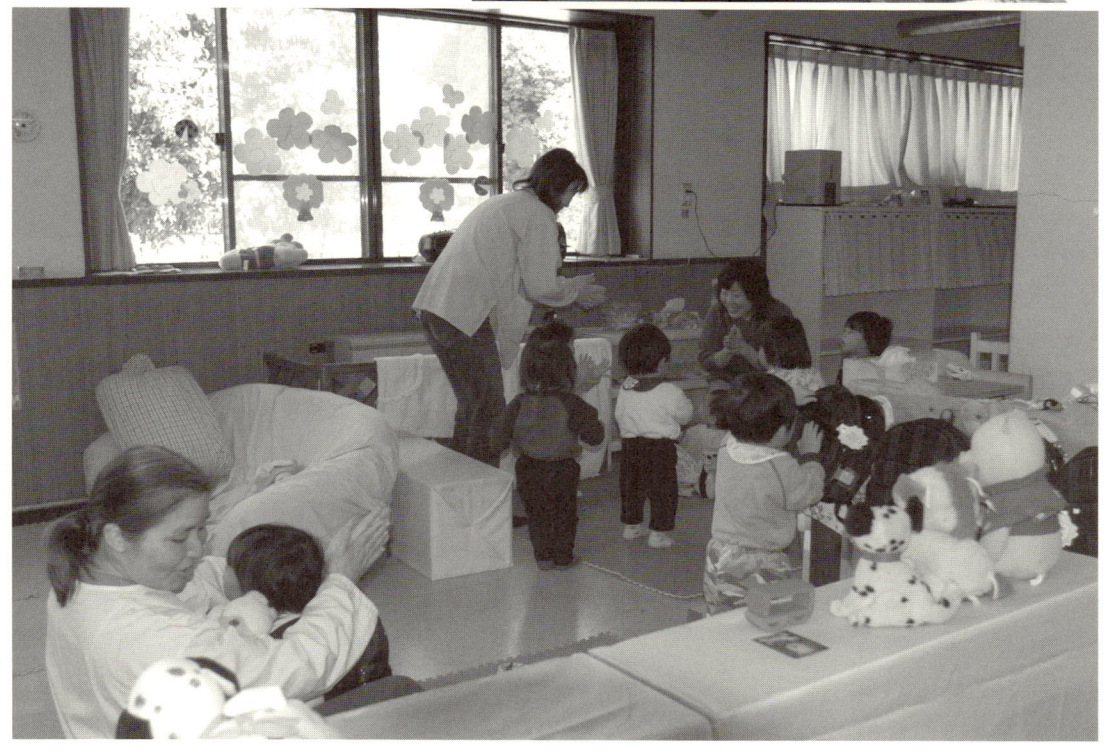

III 保育の実際

1 乳児期前期の保育
新生児期から7カ月

　最近は育児休業法が少しずつ浸透し，核家族で共働きの生活であっても，最初の1年間は家庭で養育するケースが増えてきました。次世代育成支援の政策においても，男女が共に育児休業を取りやすくする施策を考え，最初の1年間は家庭でという方向を打ち出す構えにあります。しかし，実際に乳児保育の場を覗いてみると，6カ月未満の乳児も保育の場にやってきています。仕事の都合や家庭の事情では，生まれて間もない乳児の保育が必要になる場合も実際にはあるということです。そのような現実の要請に応えるためにも，乳児期前期からの保育をしっかり考えていく必要があります。

1 この時期の特徴

　乳児期前期といっても，誕生後1カ月の新生児期の乳児と6，7カ月の乳児とでは，睡眠時間，運動，精神発達など，随分違っています。この時期の成長は目覚しく，しっかりと欲求を訴えるようになり，それに対応しているうちに，次第に関わる人とのあいだにつながりが生まれ，担当保育者に愛着を示すようになってきます。

○新生児期
生体リズムに従って睡眠時間や空腹欲求が規則的になっているので，それに合わせて，授乳，オムツ替え，沐浴などを行います。眠ることが主になっています。

○2，3カ月
　少しずつ目覚めている時間が増えてきます。ガラガラやメリーの動きを喜び，授乳後，満足そうにクークー，オックン，オックンと声を出します。そして目があって，人の顔をじっと見るようになります。そういうときに名前を呼んで微笑みかけると，たいてい「オー」と声を出して笑顔になります。また，だんだん泣き声に表情がついてきて，よく聞いていると，空腹時には訴えるような声，眠いとき，抱いて欲しいときは甘えるような声になってきます。体を揺らしてやるとたいてい喜びます。

○4，5カ月
　首が据わってきます。物を握らせるとしばらくのあいだもっていることができるようになります。自分の手を握って顔の前にもってくることがあります。養育者や保育者がそばにくるとそれまで泣いていたのに泣き止んだり，自分の

方から保育者に「オッオッ」と呼びかけるような声を出し，それに応じると喜んだりするようになります。また目の前でオモチャを動かすと，じっと見てそちらのほうに体を乗り出すようになり，また手をオモチャの方に伸ばすようになります。

◯ 6，7カ月の特徴

寝返りをしたり，自分で手足を盛んに動かそうとしたり，ガラガラをもって振ったり，音の出るオモチャの方に手を伸ばして摑もうとしたり，摑んだものを口にもっていったりと，運動面の発達が顕著です。お座りができかけますが，まだ不安定なことが多く，お座りの状態では周りが目を離せなくなります。また呼びかけたり話しかけたりすると，しっかり相手の方を見るようになります。食べたい，飲みたい，眠い，嫌だといった意思表示がしっかりしてくるようになります。何かあると大人を呼ぶような声を出し，腹ばいで移動したり，ゴロンゴロン転がって場所を変えたりします。そして人見知りが始まることもあります。

❷ この時期の保育

子どもが身体的，精神的に快適な生活が送れるように，保育者は一人ひとりの赤ちゃんの衛生面，健康面に留意しながら，生体リズム，生活サイクルに合わせていくことが求められます。そこには，授乳，離乳食，オムツ替え，沐浴，着替え，睡眠，日光浴，散歩，遊びなどが含まれてきますが，月齢や一人ひとりの特徴，さらに季節などによって，少しずつ違ってきます。

◯ 赤ちゃんの気持ちや表出を受け止める

赤ちゃんがぐずったりすると，大人は当然それに応じて対応しようとしますが，その際，泣けばすぐに泣き止ませようとしたり，また直ちに最良の状態にしてやらねばと固く考えたりせずに，ほぼ良い状態にもっていけばいいというふうに，おおらかに考えて接することが大切です。赤ちゃんが泣いているときに「ちょっとまっててね」「いまいきますからね」と声をかけながら，それまで赤ちゃんをしっかり泣かせることも大切です。泣くことは，赤ちゃんにとっては自分のこうしてほしいという思いを表出することでもあるからです。それはまた，赤ちゃんに世話をしてくれる人の存在に気づかせ，その人に自分の思いをしっかり伝えてくるようになって，次第に関係が深まる上にも必要なことです。その際，「お腹がへったね」「オムツを替えようね」と赤ちゃんのして欲しいことを言葉に出して返していくことも大切です。

◯ 赤ちゃんとコミュニケーションすることや一緒にいることを楽しむ

赤ちゃんで言葉がしゃべれないからコミュニケーションができないと考えずに，赤ちゃんもいろいろな気持ちをもつ一人の人間であると考え，働きかける際に「抱っこするよ」「おはよー」「おっぱいよ」と顔を覗き込んで声をかける

ことが大事です。確かに言葉によるコミュニケーションはできませんが、そのときの表情や声、体の動かし方、皮膚感覚などから赤ちゃんの気持ちが分かり、それを受け止めていくと、こちらの気持ちも赤ちゃんに伝わっていくのです。

○泣き止ませるのではない

赤ちゃんが泣いているときにはできるだけ応じていきますが、授乳し、オムツ替えをしても泣き止まないときもあります。そのようなとき、早く泣き止まそうと焦ったかかわりをするのは禁物です。そのようなときには、「おお、よしよし」とあやしたり、抱っこしてなだめたりすることになりますが、それは子どもの負の状態を周囲の大人が抱えてやることを意味します。それは赤ちゃんがいい状態になってほしいという大人の優しい思いから生まれる自然な行為です。この負を抱える対応によって、赤ちゃんは平静を取り戻し、安心することができるのです。ですからかかわる大人は赤ちゃんが機嫌を直すまでなだめながら抱え、機嫌の悪さに付き合い、赤ちゃんが自分から泣きやんでくれるのを待つのが基本で、決して泣き止ませるのではありません。ただし、赤ちゃんの泣き声は負のトーンを帯びていますから、保育者が何かで落ち着かない気分でいるときには、それが浸透してきて苛々してしまいがちなのも事実です。赤ちゃんの泣き声の負のトーンに浸透されないためには、保育者が落ちついて、ゆったりした気分でいることが必要になります。

○新生児、2、3カ月児では

生活リズムを大切にすることがまず大切です。授乳やオムツ替えなど身体的なケアのときも必ず顔を覗き込んで、声をかけてください（声をかけるということは、赤ちゃんを一個の主体として受け止めていることの表れです）。赤ちゃんがそれに少しでも応じてくれたときは、それがコミュニケーションなのだと受け止めて、それを楽しみましょう。3カ月頃に、名前を呼ぶと満面の笑顔が出てきます。目があって、気持ちのつながりが実感できるようになります。

○4、5カ月児では

赤ちゃんが目覚めていて一人で機嫌よくしているときでも、その時間はできるだけ抱っこしたり、ガラガラで遊んだり、喜びそうなオモチャで手を伸ばしてくるのを誘ってみたり、一緒に遊びましょう。そのようにして働きかけると、たいてい赤ちゃんも、「オー、オー」と快のトーンをもった声を出してきますから、それに「お話し上手ね」などと応じることによって、次第にコミュニケーションらしい関係がとれるようになってきます。

○6、7カ月児では

赤ちゃんの意思表示を表す身振りや声に応じて一緒に遊びましょう。手に触れたものや掴んだものは、叩く、振る、口にもっていくなど、事物を自分で操作するようになり、それで音が出たりすると喜びますから、それを誘うような働きかけをするのもよいでしょう。

3 保護者とのかかわり

○園での様子を丁寧に伝える

この時期，初めて養育者になったばかりの保護者は，子育てに不安を抱えていることがしばしばです。

その不安を鎮めるためにも，保育の場で赤ちゃんがどんな様子だったのかを，お迎えの際にていねいに伝えることが大切になってきます。日一日と変化が目立ちますから，「今日は○○でしたよ」「今日，はじめてこんなことをしましたよ」と今日の様子や気づいたことを伝えるだけで，保護者は安心し，子どもをそのような目で見ることに自然に向かうようになります。

仕事で忙しい毎日だけれども，保育の場にすべてお任せにするのではなく，自分も頑張って子どもを可愛がっていこうという気持ちに保護者がなれるように，まずは保育の場で可愛がられて保育されていることが確かめられるように，園での様子を伝えていく必要があります。

○保護者の大変な様子を受け止める

特に初めて赤ちゃんがやってきた保護者は，子育ての初めての経験に戸惑いながら，同時に仕事の忙しさにも振り回されているのが現実です。その大変さのなかで，「親なら当然こうすべき」というような態度をとられると，頭では分かっていても素直に受け入れられない気分に陥ることもあるでしょう。

そうならないためには，保育者の側がまず保護者のいまの生活の大変さを受け止め，理解することがなければなりません。

そして，自分の生活の大変さが分かってもらえれば，保護者は自分のいまのありようが肯定された気分になり，保育者への信頼が生まれ，また子育てに向かう元気が湧いてきます。そういう良い循環が巡るように，送迎の場面などの機会を捉えて，保護者とのコミュニケーションを密にすることを心がける必要があります。

4 落ち着いた環境の整備

乳児期前期の赤ちゃんにとって，集団で保育される必要が赤ちゃんの側にあるわけではありません。この時期の赤ちゃんを集団で扱わざるを得ないのは大人の側の必要からです。

ですから，保育の場は，この時期はできるだけ家庭環境に近いかたちの環境を整え，落ち着いた穏やかな雰囲気になるように配慮する必要があります。大きな乳児室で多数の赤ちゃんを多数の保育者で見るという体制だと，どうしても赤ちゃんにとっては刺激が強くなりすぎます。間仕切りをするなどの工夫をして，落ち着いた環境でのびのび過ごせることが安心感や安定感の育ちにつながります。

III 保育の実際

2 乳児期後期の保育
8カ月から1歳半

　この時期は、核家族で共働きをしていて祖父母の支援を得られない家庭の保護者にとっては、育児休業を取り終えて職場復帰するために、どうしても保育の場を必要とする時期に当たります。子どもに目を向けても、保育者との気持ちのつながりが深まり、言葉が出始めたり、歩き始めたりと、目に見える変化が起こってくる時期でもあります。そのような子どもの成長変化に合わせて、保育者も対応していくことが求められます。

1 この時期の特徴

　乳児期前期では移動や生活面でのケアのすべてを大人に依存していましたが、乳児期後期になると運動機能が向上し、はいはい、伝い歩き、歩行など、赤ちゃんは自分の力で自分の意図する方向に移動することができるようになります。

　また認知機能も向上し、手指の運動機能の向上と相まって、興味の引かれた事物を自らの手で操作しようとし、さまざまに事物に働きかけるようになります。それに加えて、いつも自分の世話をしてくれる保育者とそうでない保育者を見分け、世話をしてくれる保育者がいないと気持ちが落ち着かなくなったりします。また周囲の大人や子どものすることをじっと見ていて、自分でもそれをしようとするようになります。要するに、一個の主体としての意欲や意図が表に出てきて、自発的な活動の幅が大きく広がる一方、対人関係も広がりを見せるようになる時期だといえます。

　しかし、まだどういうことが危険なことであるかが分からないので、安全面への配慮は欠かせません。この時期は赤ちゃんとのあいだに信頼関係をしっかり築き、心の安定を図ることが最重要課題になります。

○ 8カ月から11カ月の特徴

　嬉しいときの笑顔、「いや」の表現、自分の要求など、自分の意思表示をかなりはっきりするようになります。取りたいものがあるのに取れないときなど、その方に身を乗り出して手を伸ばしながら「ンー」と声を出して保育者の方を見るなど、明らかに保育者に自分の気持ちを伝えようとするようになってきます。保育者側から見ても、そのような子どもの表現から、子どもの気持ちや思いが摑みやすくなったという感じが生まれてきます。

　そして、自分が不安になったりとまどったりしたときには、ちらっと保育者の方を見るなどして、大人の気持ちを確かめる動きをみせたり（母親参照）、

▶1　69頁の側注を参照のこと。

「これみて」「こんなことおもしろいよ」という自分の気持ちを，指差しや「アー」という音声で大人に伝えようとしたりするようになります。それに保育者が応じると，とても喜ぶようになります。こうした動きは，言葉の発達の前段階としてとても重要な意味をもっています。

また周囲の人のすることをじっと見ていて，自分なりにやってみようとすることが増えてきます。大人からの話しかけや働きかけの意味がかなり分かってきて，「だっこしよう」「オムツ替えよう」「こっちにいらっしゃい」などの保育者の声かけに応じた動きが少しずつ出てくるようになります。

離乳食もかなり進み，自分で手づかみで食べたり，スプーンを使おうとしてうまくいかず，スプーンを手に持ったまま，もう一方の手で食べようとしたりするようになります。

◯ 1歳から1歳半の特徴

ますます主体的，自発的な活動が活発になり，大人が日常している行為を同じようにしてみようとするようになります。手の届く引き出しや戸を開けて中のものを出したり，大人の鞄の中のお財布を出して中のお金を出してしまったりと，一見，大人から見て困った行動も現れてきますが，それは普段，自分にとって大事な大人のすることに興味が向かい，それをいつのまにか取り込んで，同じことをしてみようという気持ちが起こってくるからです。

また洗面所の水道の蛇口を開いたり閉じたりを繰り返したり，トイレット・ペーパーを引き出したり，大人の生活の中にある「もの・こと」にどんどん興味が広がり，それを自分でもやってみようとするようになります。

またこの時期は，大人の日常使う言葉がかなり分かり始め，それに応じた行動ができるようになってきます。「お外にいこうね」というと，玄関で靴を履こうとする，「これお母さんにハイして」というと，物をもって母親のところに行こうとする，「お座りしてたべようね」というと，テーブルにつくなど，かなり言語的な働きかけに応じることができ，言葉の水準でのコミュニケーションに近づいてきます。そして，子ども自身，大人が聞いてそれと分かる分節された声（マンマ，ブーブー，等々）を出すようになり，保護者も「言葉を話すようになった」とその変化を喜ぶようになってきます。

❷ この時期の保育

◯ 信頼関係と子どもの自発性

この時期の乳幼児は「この世界は私にとってとても面白いところだ，自分はいろいろやってみたいし，やれる」という万能感ともいえるほどの自己肯定感や自信を抱き，それがこの時期の乳幼児の自発性に富んだ活動を支えています。しかし，そのような自己肯定感や自信は，周囲の大人たち（保育者や保護者）と共に生きる生活世界への信頼が背景にあるからこそ生まれるものです。その

▷2　この頃に，養育者の使う櫛，口紅などに興味が湧き，それを使おうとすることがしばしばある。子どもの興味や関心は，その事物の持っている属性そのものが興味深いということよりも，むしろ，自分にとって大事な人が使っているということにその起源がありそうである。

▷3　従来これは「非言語的コミュニケーション」や「前言語的コミュニケーション」と呼ばれてきた。要するに，言葉が出始める前に，すでに身近な二者間ではコミュニケーションが相当に進んでいるということである。よく「言葉がいつ出たか」が話題にされるが，いわゆる初語の出現時期よりも，こうした非言語的な水準で気持ちのやりとりや通じ合いという意味でのコミュニケーションがどの程度深まっているかが，その後の言語発達を占う有効な手がかりとなる。なお，本文90頁から91頁のコミュニケーションの節を参照のこと。

証拠に，そのような信頼が何かのきっかけで揺らぐと，たちまち乳幼児は不安になります。しかし，何かのきっかけで一時的に不安になっても，そばに信頼を寄せることのできる保育者がいて，その保育者になだめてもらったり，自分の気持ちを受け止めてもらったりすると，子どもはふたたび安心し，また自発的に活動を始めることができます。この時期もやはり保育者との信頼関係が大事にされなければなりません。

○子どもの思いや自発的な活動を尊重する

この時期になると，大人の言うことがかなり分かってそれに応じられるようになってきます。大人も子どももそれが嬉しく，そのやりとりを楽しむことが増えてきます。しかしその反面，特に保育所・保育園では大人の思う方向へと働きかけることが多くなり，子どもに応じさせようとし過ぎることもしばしば見られるようになります。この時期は，子どもに応答させることより，むしろ子どもの「自分でしてみよう」という自発性を尊重することが重要な時期です。

子どもが自分の思いを周囲の人に伝えようとしていること（指差しや身振り，あるいはまだ言葉にならない音声など）を尊重し，それに耳を傾け，大人の方がそれに応じるという面が大切なのです。つまりこの時期は，子どもが自分に自信をもって自発的に世界を広げていく，その主体としての基本的な面をしっかりと根付かせる時期だといえます。危険なことなども多く，禁止や制止をしなければならないときもありますが，子どもの興味のある方に気持ちを振り向けるようにすると，うまく気持ちを転換できる時期でもあります。

○子どもの安定する空間の確保

保育の場でこの時期の子どもたちが集団生活をしていると，一人の子どもの落ち着かない気持ちが他の子どもに伝染してしまうことがよくあります。特に空間の広さに比して子どもの数が多いときにその傾向は強いようで，そのような場合，集団のサイズを考えたり，子どもが安心していられる空間を工夫したりするなど，環境を考える必要があります。また，保育者が他の子どもにかかわっていて，自分が相手をしてもらえないときや，何か落ち着かないことがあるときなど，子どもはヌイグルミを抱いてじっとしていたり，お気に入りの毛布にしがみついて，一人で安定しようとしていたりすることがあります。保育者が安全基地として十分に機能していないということになりますが，それを補うものとして，子どもが不安定になったとき，特定の場所を確保しておいてやるとそこに行って安定し，しばらくするとそこから出てまた遊ぶ，という姿がみられます。これなども環境の工夫の一端でしょう。

○保育者と一緒に遊ぶことが大切

この時期の子どもは生活の中で信頼する人のすることを取り込んで世界を広げていきます。ところが保育所・保育園は子どもの生活の要素はあるものの，保育者の普段の生活がそこにあるわけでは必ずしもありません。保育者の仕

▷4 従来，子どもと養育者や子どもと保育者のような二者関係は，ボウルビィ・Jの「愛着」という概念を使って，子どもが身近な大人にどういう愛着パターンを示すかというかたちで議論されてきた。「愛着＝attachment」というボウルビィの概念は，その英語が示唆するように，子どもが養育者に文字通り「くっつく」という行動上の概念である。本書では子どもと養育者や保育者の二者関係を，むしろ心と心の関係として考えたいので，愛着という概念は用いずに，信頼関係という表現で通している。

▷5 「安全基地」という概念は，ボウルビィの愛着理論の立場では，大人が子どもの愛着対象になっていることを意味する。ここでは「くっつく場所」という意味よりもむしろ養育者や保育者に安心感や安全感を抱くことというように，行動としてよりも気持ちの問題として捉えている。

事の場ではあっても，生活の場ではないのです。そのことが，保育の場が子どもから見て興味の引かれる魅力ある空間にならない理由です。空間の中にあるオモチャがどれほどカラフルで動きが面白くても，この時期の子どもはそれが魅力で遊ぶというより，保育者や養育者が普段使うもの，つまり保育者や養育者の相貌がいわば染み込んだ事物が興味を引き付けるのです。

そこで保育園では，この時期の子どもたちにとって何とか魅力ある環境作りをしようとして，オモチャ・コーナーや，ままごとコーナーなど，低年齢児用のコーナーを工夫している園もありますが，しかしそのようなコーナーを置くだけでは十分でありません。やはり保育者が一緒に遊んでやり，保育者がそこにあるいろいろな道具やオモチャを使って見せることによって，そのオモチャや道具が子どもの興味を引き付け，やってみようという気持ちを引き出していくのです。その意味では，やはりこの時期は保育者が子どもと一緒に事物を使って遊ぶことが大切です。

◯友達関係の芽生えとトラブルの発生

この時期は保育者に対してだけでなく，周囲の子どもたちにも興味をもち，一緒にいることを喜ぶようになります。けれども，保育者には自分の気持ちを伝えようとし，また大体伝わることを知っていますが，子ども同士ではそれがうまくできません。周囲の子どものしていることに興味をもち，それを自分もしようとして，相手の思惑など関係なく，相手の持っているものに手が伸びて取ってしまうということがしばしば起こります。取られた方の子どもも，自分の持っていたものが急にもぎ取られて，びっくりして泣くなど，物の取り合いのトラブルは絶えません。保育者はそれぞれの子どもの思いを受け止めて，取り合いのときに誰がよい誰がわるいといった対応をしないことが肝要です。また，保育者を独占しようとして，やきもちを焼くこともほとんど日常的にあります。そのようなとき，子どものその気持ちを受け止めながら，興味ある遊びに誘って気持ちの切り替えを促すような対応が，この時期にはまだ大切です。

◯情動調律

この時期は，安定した生活の中で主体的に活動する時間が増え，よく遊ぶようになっていきますが，友達とトラブルになったり，自分の思い通りに事が運ばなかったり，びっくりしたり，変わったことがあって不安になったり，あるいはくたびれて大儀になったりしたときなど，ぐずったり，泣いたりというように負の状態に陥ることがしょっちゅうあります。このときも，ほおっておけば自分で泣き止む，自分で自分の情動をコントロールさせるのだと，子どもの主体性に任せたり，ほおっておくのではなく，やはり保育者がその負の気持ちを受け止め，優しくなだめたり，安心するように抱っこしたりして，子どもが気持ちを立て直すように待つという保育者の対応，つまり子どもの負の情動を大人が調律する対応が大切です。

▷6 この時期に，一過性であることが多いとはいえ，保育者を悩ませる子どもの行動に「かみつき」がある。時期的には，この1歳半から2歳代に多く現れるが，これは自分の中にこうしたいという思いがはっきりしてきたのに，これを相手にうまく伝えられないというところから出てくる行動である。それゆえ，保育者や養育者はその見かけの行動を咎める前に，その子の思いを受け止めて相手に仲介する対応が求められる。実際，3歳を過ぎて，言葉である程度自分の思いを相手に伝えることができるようになると，かみつきの大半は鎮静化し，消滅する。ただし，家庭で乱暴な扱いを受けている子どもの場合のかみつきは，言葉の壁を越えても鎮まらないこともある。この場合には，やはり保育者との信頼関係をつくるなど，その子の落ち着かない気分や不安な気分を受け止めていくことが先決で，その行動を抑えることにだけ向かうことは禁物である。

乳幼児（0歳から1歳半）の保育風景

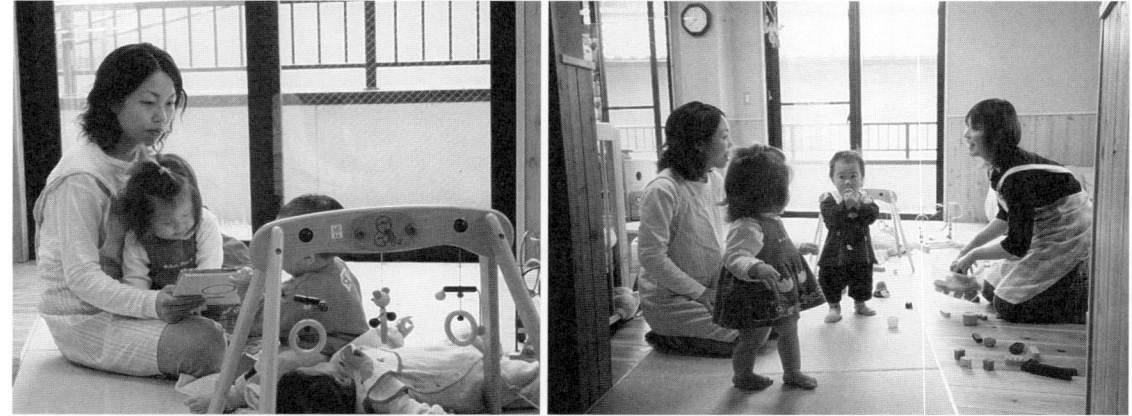

ゆったりした乳児保育室では，ゆっくり時間が流れる雰囲気である。時に乳幼児の泣き声もきこえるが，保育者が相手をするなかで，目だった衝突もなく，それぞれ，思い思いの動きをしている。

保育者との関わりが中心だが，他児の扱われ方に目が向くようになっていく。

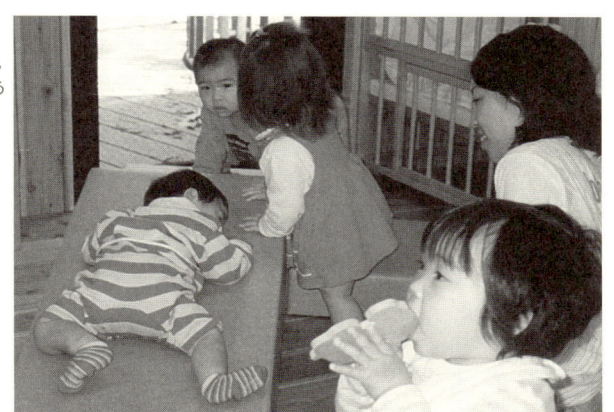

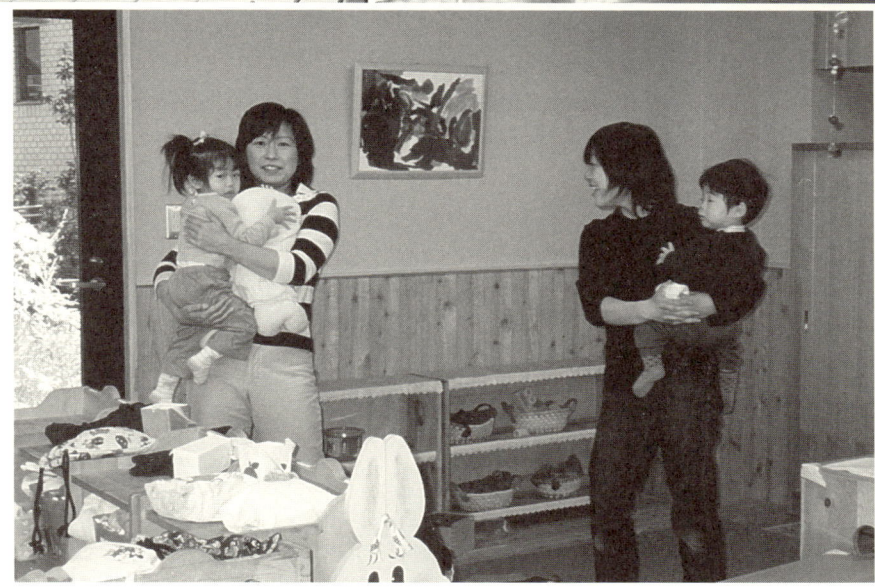

Ⅲ 保育の実際

3 1歳半から3歳未満児の保育

　現在，この時期の幼児全体のおよそ2割が保育の場で保育を受けるようになっています。北欧圏ではこの時期に5割以上になっています。少子化によって家庭周辺に一緒に遊べる子どもが少なくなったわが国でも，早晩，この時期の保育率は高くなるに違いありません。それだけに，単に「預かる」ということを越えた保育の質の高さが求められるようになるでしょう。

　またしつけの始まるこの時期は，家庭での養育において，育児ノイローゼに陥る頻度が最も高くなる次期でもあります。子どもの旺盛な自己主張が保護者にはやんちゃが過ぎると見え，甘くすれば膨らみ，厳しくすればしぼんでしまう子どもの姿に，保護者はどうしても悩んでしまうのです。

　おりしも，次世代育成支援が謳われ，家庭で養育を受けている未就園の子どもが，一時保育や園庭開放などで保育の場を訪れることも増えてきました。保育の場は，就園した子どもの保育ばかりでなく，外部から訪れる子どもをも視野に入れ，保護者への子育て支援をも視野に入れた対応が求められる時代に入りつつあるのです。

1 この時期の特徴

　定着し始めた言葉が急速に増えはじめ，話し振りがどんどん流暢になっていくと共に，記憶力が増して大人の日常的な働きかけや言うことがかなり理解できるようになり，日常の生活の流れもかなり分かってきます。「小さいけれども一人前」という表現がぴったりの振る舞いも目に付くようになります。

　そのような心身の成長を背景に，この時期には排泄のしつけや手洗い，歯磨き，うがい，食事，衣服の着脱など，いわゆる基本的生活習慣といわれているものの自律がめざされるようになり，2歳半ば頃からかなり身についてくるようになります。

　そのような言語面，行動面での成長と平行して，子ども自身の思いがはっきりしてきます。「こうしたい」「これはいやだ」といった自分の思いが前面に出て，そのために周囲の子どもとぶつかることも増えてきます。また自分の思いを際だたせて自分の思い通りにすることにこだわるために，保育者から見てやんちゃやわがままに見える振る舞いが増えてきますから，その成長を喜びながらも，保育者や保護者の中には「扱いにくくなった」という思いも生まれてきます。

この時期の子どもの自己主張は，これまでのようにほぼ全面的に認めるというわけにはいきませんが，子どもの思いをわがままと決め付けたり，抑さえつけたりしてしまうと，これ以後自分の思いを表現してこなくなる恐れがあります。子どもの自己主張はこの時期に当然のものと考え，子どものそのときの思いに耳を貸し，「そうだね，そうしたいね」と子どもの思いを受け止めながらも，「それは困る」「それは先生はいやだ」と大人の思いをしっかり伝えていくということも大切で，つまり，この時期は両面作戦が必ず必要になります。

●1歳半から2歳の特徴

　自分の意図や意思がはっきりしてきて，周囲にその思いを表現しその思いに従って行動するようになります。また保育者の思いがかなりはっきり分かるようになり，周囲の子どもたちの気持ちもある程度分かるようになってきます。かかわる方も，それまでのような保護や世話の対象というより，一人の主体として半ば対等な存在だという印象が強くなってきます。また子ども自身，周囲の人と対等に接しようとし，周囲の大人の思いとわざとずらした応答をし，相手の反応を喜ぶというようなことも次第に増えてきます。それが昂じて，わざと人のものを取ってふざけることもあります。そしていったん言い出したら少々のことでは周りの言うことを聞き入れないという，いわゆる「わがまま」や「やんちゃ」が少しずつ増えてきます。しかしまた，自分の思い通りに行かないときなど，自分の方から保育者に甘えることで，保育者から変わりなく受け止めてもらえることを自ら確かめようともします。

●2歳から3歳前の特徴

　大人の言うことをしっかり受け止めて応じることがあったり，周囲の子どもと一緒に遊ぶのを楽しんだりする面も出てきますが，一変して，自分の思いをどうしても通そうとして，それが通らないと，手のつけられないほどに抵抗するということもあります。子どもによってその現れ方はさまざまですが，大人にいつも認められていたい，周囲の子どもと遊びたいという思いと，自分のこうしたいという思いが子どものなかで同居し，ときにそれが「あちら立てればこちら立たず」になって，子ども自身，どうしていいか分かりかねているといった様子がよく分かります。反抗期といわれる所以ですが，この時期は，やはり自分の思いが基本的には周囲に受け止められるという経験が重要で，それが自立に向けた子どもの前向きな生き方を生み出していくのです。

❷　この時期の保育

●生　活　面

　少しずつ自分でやろうという気持ちが育ち，食事，排泄，衣服の着脱などの基本的生活習慣の自律に向けた動きが見られ，次第に定着し始めます。そのため周囲の大人はそれを助長しようと働きかけますが，この時期はどれだけでき

るようになったかの結果よりも、むしろ子どもの「やってみよう」「やりたい」という気持ちを尊重することが大切です。生活習慣やしつけは大人の側の一方的な働きかけや押し付けではなく、子どもの気持ちがその方に向いているかどうかが、大きな鍵を握っています。

うまくいかないとき、子どもがやろうとしないときは、大人がいったん大人の思いを引っ込めて、また別のときに始めてみたり、子どもの気持ちがその方向に向かうまで待ったりする必要があります。そして何より、子どもと生活を共にしているという姿勢で、「大人はこうしているよ」というかたちで大人の生活ぶりを見せるとともに、生活のいろいろなことを子どもと一緒にする工夫が大切です。

◯ 遊びの面

周囲の大人や他の子どものやることに興味・関心をもち、自分もやってみたい、やりたいという気持ちが強く出てきて、年齢の少し大きい子どもたちと一緒に遊びたがり、遊んでもらうと喜ぶようになります。また自分の興味のある遊びを見つけたり、「これごちそう」などと日常的な場面をイメージした見立て遊びをしたりするようになります。しかし、まだまだすぐに別の遊びへと移っていくことが多いようです。

友達と一緒にいて遊ぶことを喜ぶようになりますが、一緒に仲良くイメージを共有して遊ぶことはまだ難しく、お互いのイメージがずれたまま、それぞれのイメージに従って遊ぼうとするので、すぐに人のものに手を出すことになるなど、いざこざがしょっちゅう起こります。言葉が定着してきたとはいっても、まだそれを使いこなして、自分の思いやイメージを相手の子どもに伝えるところまではいっていないからです。

◯ 対人関係の面

動きが活発になり、自発的に行動し、人がやっていること、遊んでいるものなどの興味のあることを自分でやろうとします。つまり、「こうしよう」「こうしたい」と自分の気持ちを前に出して遊ぶようになるので、周りの子どもと衝突したり、あるいは大人の思いと正面からぶつかることもあります。保育者は子どもの思いを受け止めながら、聞き入れられることは聞き入れ、叶えられそうにないことは、そうできないと子どもにはっきり伝えていかなければなりません。時には保育者に聞き入れられずに、大泣きになったり、すねたり、ふくれたりすることになるので、保育者には手に負えないわがままややんちゃと見えますが、このようにわがままややんちゃを言えることは、この時期の子どもに一番大切な、自分をしっかり表現していることなのです。

ここのところを十分に潜り抜けられないと、その後の自我の発達や社会性の発達は不十分なものになってしまいます。逆説的ですが、この時期に聞き分けがよすぎるということは、決して好ましい発達の姿ではないのです。

またこの時期には，自分が依存できると思う保育者には何かと甘えにきて，自分がしっかり受け止められていること，自分の存在が認められていることを確認しようとします。そして，その保育者から全面的に受け入れられたいと思い，その保育者を独占したい気持ちが強く，周囲の子どもにやきもちをやいて，叩いたりするということもよく起こってきます。

保育者は，その子の認めて欲しい，甘えたいという気持ちを十分に満たしてやりながらも，他の子どもも同じような思いを持っていることにその子が気づいていくような働きかけをしたり，そういう気づきが育ってくるのを待ったりする必要があります。しかしこうした甘えたい気持ちも，自分の気持ちを受け止めてくれる保育者がいるからこそであって，信頼できる保育者がいないときは，なかなかそのようなかたちでは甘えたい自分を発揮することができません。甘えはいけないとみるのではなく，十分に甘えることができれば，子どもはそこから自分で抜け出していくと考える必要があります。

▷1　86頁の側注を参照のこと

▷2　86頁から89頁を参照のこと

○ 情動調律の面

この時期の子どもは，一度気持ちが崩れると自分ではなかなか立て直すことができません。まだまだ保育者がその崩れた気持ちに付き合って，その子が気持ちを立て直すのに付き合ったり，ちょっと待ってから気持ちを立て直せるような働きかけをしたりというように，柔軟な働きかけの工夫が必要です。これは子どもの情動を調律することに他なりません。つまり，自分で気持ちを立て直しなさいという対応ではなく，子どもの負の情動を受け止めながら，対応する保育者がゆったり「だいじょうぶ，だいじょうぶ」と応じる中で，子どもの情動が自然に鎮まっていくのです。このような対応をしていると，子どもは，「やんちゃを言ういけない自分でも，先生はちゃんと受け止めてくれる」という思いになることができます。そうして次第にやんちゃが治まってきます。これが柔軟な自我の芽生えにつながり，後の社会性の育ちに結びつくのです。

▷3　特に3歳未満の子どもにおいては，そのような負の状態の時には抱っこや膝の上に座らせるなど，スキンシップを重視した対応が必要である。近年の保育の場では，乳児期を過ぎると，スキンシップは甘やかしになるからと，それを避ける傾向が目につくが，子どもの情動調律という観点からしても，この時期はまだまだスキンシップは重要な意味をもっている。

○ 言葉の面

言葉を少しずつ話せるようになり，折々には大人がどきっとするようなませた言語表現も現れてきますが，その大半は大人の言語表現を取り込んだばかりのもので，言葉の意味を十分に分かって言っているのではありません。ですから，言語表現がかなり入ってきたとはいえ，まだまだ自分の気持ちを言葉で表現するところまではいっていませんし，周りの言葉の理解も，見掛けほど進んでいるわけではありません。ですから，保育者が子どもに働きかける場合でも，子どもの思いを言葉で聞き出すのではなく，また言葉で言わせようとするのでもなく，子どものちょっとした言葉の裏側の気持ちを感じ取って，その思いを受け止めていくことが保育者の側には求められます。そして保育者は子どもの思いを代弁したりして子どもの思いを引き出しながら，子どもと会話することを楽しむことが大切です。

幼児期前期（1歳半から3歳まで）の保育風景

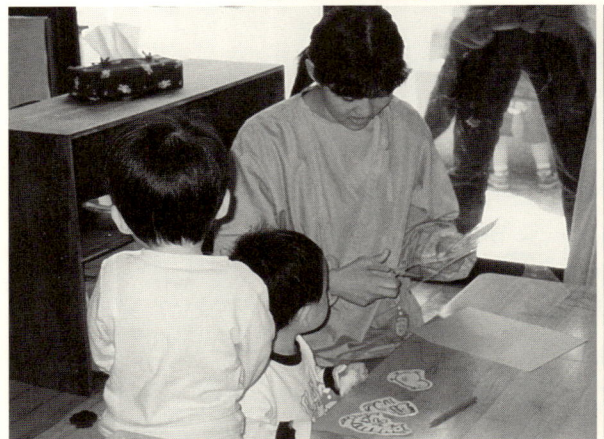

55頁でも触れたように,写真右上の2歳児は年長の子どもの遊びを取り込んで,自分も地面を滑って遊び始めた。

自分で動けるようになって,いろいろな活動を楽しめるようになってくる。ひとり遊びが中心だが,友達の存在が目に入るようになり,皆と一緒にいてそこで何かをするという遊びのかたちも増えてくる。

Ⅲ 保育の実際

❹ 3歳児の保育

　3歳児のクラスは，幼稚園であれ，保育園であれ，園を訪問したときに，一番大きな喧騒がきこえてくるクラスです。それだけ高まってきた自分の思いを周囲にぶつけることが増えてきたということでしょう。そして，保育を経験した人は，「3歳児保育が一番しんどいけれども一番楽しい」と口を揃えていうほど，3歳児は幼児の天真爛漫さを随所にみせてくれます。

　現在，わが国では満3歳の子どもの半数以上が保育園や幼稚園などの集団保育に通っています。地域に子どもの数が減った現在では，満3歳になった子どもは集団の場に出かけないと，その成長に必要な友達と遊ぶ経験が得られないという事情もあるようです。

　また，未満児から保育を受けている人は別として，特に幼稚園に通う子どもの場合，この3歳から初めて集団保育を経験するという子どもや保護者も多いでしょう。そのことを反映して，保育の場にもいろいろな問題が押し寄せてきます。

① この時期の特徴

　手や足の運動機能が向上して，かけっこができたり，高いところに登ったり，遊具や体を使った遊びを楽しめるようになってきます。あるいは，イメージが膨らむなかで，手先を器用に使えるようになることと相まって，さまざまな制作活動や，絵を描くなどの表現活動にも興味が広がるようになってきます。

　もちろん，まだまだ自分を強く主張するところも残っていますが，周囲の子どもたちと一緒に遊ぶことを喜び，自分も負けずに頑張ろうという気を起こすようになってきます。また一日の保育の流れや生活の運びも分かってくるなど，周囲の状況がかなりしっかり分かってきますから，慣れてくれば集団生活の流れに乗れるようにもなってきます。そして，順番や交代などの約束事も少しずつ分かってきて，自分の思いをもちながら，思い通りに行かないときも，気持ちの切り替えが少しずつできるようになってきます。

② この時期の保育

○はじめての集団生活の場合

　この時期に初めて集団生活に入ってくる子どもの中には，核家族で上にきょうだいがいなかったり，同年齢の子どもと遊んだ経験がなかったり，家族から

離れた経験がなかったりした子どもたちが数多くいます。その場合，集団生活に慣れるまでにさまざまなことが起こります。この時期は，まずは保育者との信頼関係をつくりながら，子どもが安心して居ることのできる場所を自分で見つけ（居場所），気の合った友達を見つけることができるまで，保育者はじっくり待つことを基本にします。保育者は集団に慣れない子どもの不安な気持ちをしっかり受け止め，ときどき横に寄り添ってみたり，時にはその子と一緒に手をつないで行動したりしてみるとよいでしょう。そうすると，その子にとって園が少しずつ自分の生活や遊びの場になっていきます。

◯ 遊びと生活，友達関係の面

自分の体を使って遊ぶことの喜びを体で実感し，ますます遊ぶことが楽しめるようになってきます。第2部でも触れたように，力動感の溢れる活動を通して，子どもは友達関係の輪を広げていきます。また認知面の成長を背景に，遊びの中で自分なりの発見や，なぜ？　どうして？　という疑問が生まれ，ここはこうしてみようなどといった工夫をしながら遊ぶようになります。またイメージが膨らむようになったことを背景に，お母さんごっこのように，自分の経験からイメージを膨らませ，自分のやりたい役をイメージし，その役になって遊べるようにもなってきます。

しかし，大人にそのイメージを共有してもらって遊びを続けることはできますが，まだ3歳の子ども同士では互いのイメージを共有し合えるところまではいかないようです。それでも，それぞれのイメージが違ったままごっこ遊びをするので，自分の思いを主張し合うために遊びがうまくいかなくなって，喧嘩になってしまう場合もままあります。これは幼稚園の場合によくみられます。保育園では，集団生活を経験してきている子どもが混じるせいか，3歳になると，かなりお互いに調整しあえるようになってきます。

この時期，周囲の人の思いには気づいているのですが，それを受け止めて応じることは，まだまだできないことが多いようです。そのようなとき，保育者が中に入って一緒に遊ぶことによって，少しずつ友達と遊ぶときの関係のもち方や，交代や順番のルールなどが分かるようになり，次第に集団活動になじめるようになってきます。

◯ 言葉，表現の面

自分の思いを言葉で表現できるときもありますが，不安だったり，思い通りにいかなくて気持ちが崩れてしまったりしたときには，まだ保育者や周りの子どもにうまく自分の気持ちを伝えられないことがよくあります。保育者は子どもの言葉に頼って子どもをわかろうとするのではなく，子どもの気持ちを子どもの表情や様子からしっかり受け止めていくことが大切です。

一方，音楽に合わせて大きな声を出して歌い，リズムに合わせて体を動かしたり，自分が感じたもの，聞いた話からイメージを湧かせて絵を描いたり，

遊びとしてのいろいろな表現力が少しずつ芽生えてきます。またダンボールを切ったり，ガムテープでつないだりといった，簡単な制作活動にも興味が広がり，「これ飛行機だよ」などと，自分のイメージに沿った活動が目立ってきます。

◯ 信頼関係の面

保育者はただ，子どものすることを認める人ではなく，まだこの時期は一緒に遊んだり一緒に活動したりすることで，信頼関係を築き，その関係を深めていく部分が大きいことを忘れてはなりません。そしてそれが友達との関係のもち方や遊びや表現活動の深まりにつながっていくのです。保育者は，この時期の子どもにとって，保育の場で共に生きる人，場を共有する人なのです。それを忘れて，指導的に振る舞いすぎることは禁物です。

③ 3歳児の活動とその意義

自由遊びの時間に園庭や室内で3歳児たちを見てみると，実に多様な遊びをしていることがわかります。

◯ 園庭での遊び

園庭では，砂場でのままごと，スコップでの穴掘り，山作り，泥んこ遊び，水遊び，などをしている子ども，あるいは滑り台，ブランコ，三輪車のような遊具をつかった遊びをしている子どもなど，遊びの種類が実に多様です。そして，容器に水や砂を入れたり，別の容器に移し替えたりなど，一つのことをかなり長時間繰り返して遊んでいます。

3歳児はまだ周りの子どもとやりとりしながら遊ぶことはあまりありませんが，周りの子どものことはよく見ています。他の子どもが自分の使っている容器とは違った容器を使っていると，自分もその容器を使ってみたくなって，「かして」と相手の子どもにいいますが，相手はなかなか貸してくれません。そこでその容器の取り合いになって，喧嘩になったりします。そういうかかわり合いがいろいろな場所で繰り広げられています。

一つひとつをみれば何でもないありふれた遊びですが，3歳児たちは「ひと・もの・こと」にかかわって，実に生き生きと活動していて，また遊びの中に没頭しています。まさに力動感（vitality affect）の世界に生きているといえます。こうした遊びには，身体を動かして運動する，手先を器用に動かす，いろいろな発見をする，人と交わる，言葉で自分の思いを伝える，イメージを膨らませる等々，まさに保育の5領域が染み渡っていることが分かります。

◯ 室内での遊び

同じことは室内遊びにもいえます。室内では，ブロック，積み木，ままごと，人形，車，絵本，はさみ，クレヨン，粘土などが用意されていて，子どもたちは思い思いに自分の使いたいものを使って遊んでいます。一人で遊んでいる子

どももいますが、たいていは何人かのグループがいくつもできています。そこでも、やっている子に触発されてやってみたくなり、やり始めると自分なりに工夫したり、他の子のしていることを自分なりに真似ようとしたりして遊んでいます。そしてブロックをくっつけてある形ができると、「飛行機できた」「これホットケーキ」と保育者や周りの子どもに見せて得意そうですが、最初から飛行機を作ろうとして作ったようには見えません。そこが3歳児の遊びの面白さでもあり、特徴なのでしょう。

◯皆でする活動

　皆で近くの公園や川まで歩いて散歩にいくという3歳児の全体活動の中でのことです。子どもたちはかなりの距離を自分の足で歩きながら、道中の草花に足を止めて見入ったり、それを摘んだり、あるいはお店を覗いたり、犬に出会ったり、すれ違った人に声をかけられて挨拶をしたり、実にいろいろな経験をしていました。「前きた時はなかったよ、どうして今日はあるの？」「あの人だれ？　何している人？」など、いろいろなことが疑問になるたびに、それを言葉にして保育者に尋ねていました。それを聞いていると、3歳児がいろいろなことやちょっとした発見に興味や疑問をもつ様子がよくわかります。そして皆で「おててつないで」を歌いながら、帰路につきました。

　3歳児はまだ皆と協力し合えるというところまではいきませんが、好きな歌を皆で一緒に歌ったり、一緒に体を動かしたりすることをとても喜びます。そしてこの皆と一緒にする活動の経験が、その後、お互いに自分のイメージを出し合って遊んだり、ルールを共有して遊んだりすることができるようになるきっかけになっています。つまりそれは、子どもたちの次の活動につなぐもの、「私」と「私たち」の両方を育てていく温床なのです。

　ただし、注意しなければならないのは、だからみんなで一斉に歌を歌うように仕向けなければならない、お話を一緒に聞くようにさせなければならない、みんなで一斉に同じような絵を描かなければならない、と考えてはならないことです。むしろここで大事なのは、一斉に揃うということではなく、みんなとすることが子どもにとって喜びになると同時に、そこでそれぞれが相手のしていることに触発されて別のことを考えたり、そこで競争がうまれたり、というように、それぞれがそれぞれでありながら（私は私）、それでいて、みんなと一緒が喜びになる（私はみんなの中の私）ということです。その両面が、みんなと一緒の活動の中で育っていくところが重要な点です。

　もちろん、そのような場合でも、みんなと一緒にやっていけない子どももいます。3歳児は個人差がもっとも目立つ時期でもあります。そのようなとき、保育者は平均的なところに合わせようと働きかけるのではなく、その子のいまの思いを受け止め、その子のやってみようと思う気持ちが芽生えてくるまで待つだけの心の大きさが必要です。

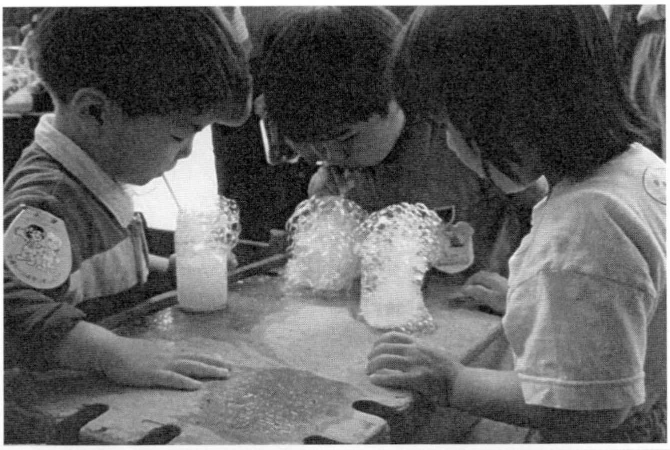

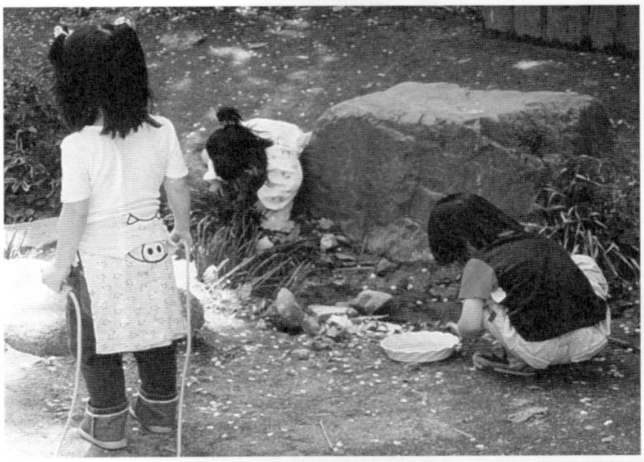

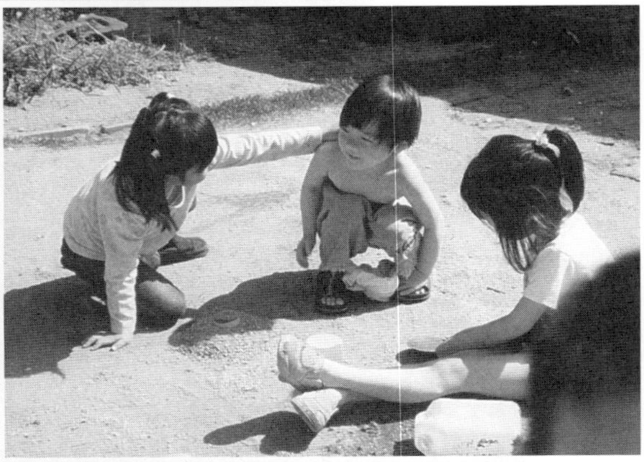

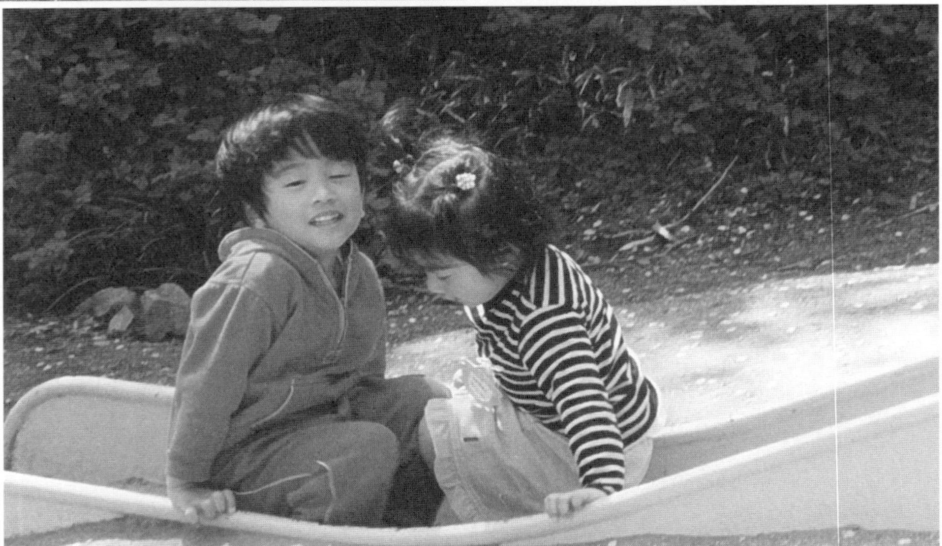

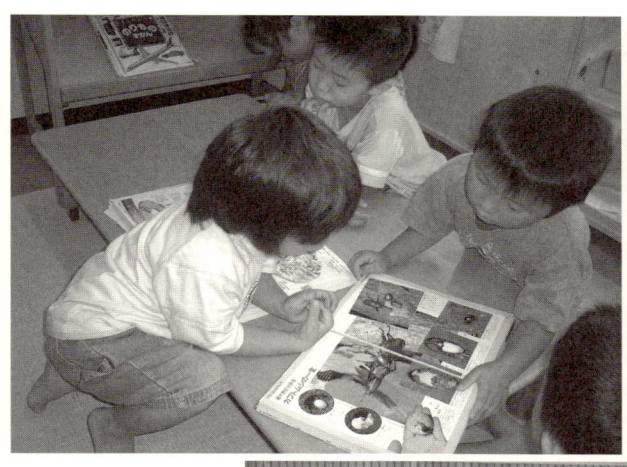

「ひと・もの・こと」に興味が広がり，集団生活にも少し慣れて，友達との遊びも楽しめるようになってくる。自分のこうしようという「つもり」もかなりはっきりしてくる。友達といっしょにいること，いっしょにすることが楽しくなってくる。

3歳児の保育風景

III 保育の実際

5 4，5歳児の保育

1 この時期の特徴

◯生活面

　一日の生活をはっきり自覚し，保育者のお手伝いをしたり，小さい子どもの世話をしたりして，周囲の人と協力して生活を営むことを楽しめるようになってきます。また明日や近い未来のことを考えに入れて今を過ごせるようになってきます。「明日，遠足だから早く寝ようね」とか，「このあと皆で◯◯するから，これは終わりにしよう」などと，自分で納得して気持ちを切り替えることができるようになってきます。

◯遊びの面

　友達との遊びが増え，友だち同士で場面設定を相談して決めてから，お互いに考えを出し合って自分たちで遊んだり，ルールのある遊びやゲームを楽しむと同時に，自分たちで簡単なルールを作るなどして，遊びを展開していくことができるようになります。

◯対人関係の面

　周囲の子どもたちと自分の運動能力，腕力，喧嘩の強さなどの違いが分かってきて，力関係を考慮して友達関係を調整できるようになってきます。気の合う友達同士では，互いに思いを受け止め合い，イメージを共有し合うことができます。つまり，互いに相手を対等な人間として認めて，自分の気持ちを相手に伝えたり，相手の気持ちを受け止めたり，共感したりすることができるようになります。

　また保育者から自分の存在が認められていると感じると，その保育者を信頼し，その保育者からの働きかけをしっかり受け止めて，保育者側からのさまざまな活動の提案なども受け止め，その活動を自分なりに取り組むことができるようになります。

◯言葉や表現の面

　保育者と子どものあいだで言葉のやり取りが増えてきますが，子どもの置かれている全体の状況や背景が保育者に分かっていないと，言葉からだけでは子どもの本当の気持ちが保育者に伝わらないことがよくあります。読み聞かせに興味をもつようになり，またイメージを発展させたごっこ遊びを実体験風に展開したりして，イメージの世界（言葉の世界）がさらに広がっていきます。

❷ この時期の保育

◯ 4歳児から集団生活を始める子どもへの配慮

4歳で家庭から集団保育の場に出てきた子どもたちの中には、すぐに集団になじめず、なかなか皆と遊んだり活動したりできない場合がよくあります。この場合、保育者はその子の落ち着かない不安な気持ちをしっかり受け止めて、できるだけその気持ちに寄り添いながら、その子とのあいだに信頼関係を築くことが最初の目標になります。先生との信頼関係ができて不安な気持ちが鎮まり、園での自分の居場所が見つかると、少しずつ自分の遊びができてきます。そして一緒に遊べる友達が一人でもできると、次第にみんなと一緒に活動できるようになってきます。そうなるまで、保育者は子どもの存在を認めていることをいろいろなかたちで伝えながら、見守っていく必要があります。

◯ 保育者との信頼関係の大切さ

この時期は、一人での遊びはもちろんですが、友達と一緒の遊びをとても楽しめるようになります。しかし、子どもが本当に保育の場で自信をもって元気に自己発揮しながら遊ぶことができ、また周りの保育者や子どもの思いを受け止めて遊ぶことができるようになるには、保育者によって自分の存在が認められていると感じ、保育者に信頼を寄せられるようになることがその背景にあります。つまり、その信頼関係を背景に、子どもたちは「私は私」を発揮しながら、「私はみんなの中の私＝私たちの一人」として振る舞い、クラスの友達と認め合って一緒に活動していくことができるようになるのです。そして、そのようにしてクラスの一人ひとりに相手を尊重する心が育つと、保育者から見ればクラスの運営がやりやすくなったと感じられてきます。

この時期の信頼関係は、保育者が朝に笑顔で子どもの登園を迎えたり、一人ひとりの子どものしていることを認めていること、関心をもっていることをさりげなく伝えたり、子どもからの働きかけにていねいに応じたりすることによって、おおよそは築かれていくと考えることができます。

◯ 主体的な活動としての遊び

設定保育にせよ自由保育にせよ、この時期の子どもたちの活動や遊びは、子どもたちが自らの力で主体的に展開していくものが増えてきます。そうした主体的な遊びを尊重しながらも、保育者はしっかりその活動を見守り、その活動がさらに発展するように支える工夫をすることも必要です。時にはその活動の中に保育者も入って一緒に遊び、楽しんでみることもいいでしょう。その際、大人の思いでその遊びをリードするのではなく、また大人の思う遊びの方向に子どもを引っ張るのでもなく、さらには子どもの活動を外から見ているだけでもなく、むしろその活動の中で子どもの思いを共有することが大切です。そのとき、子どもたちの遊びはより活性化されるに違いありません。

▷1 入園当初の落ち着かない気分に捉えられているときに、子どもは自分の気持ちが安定する場所を求め、大人の目の届かないところを好んでそこを自分の居場所にする。それはピアノの陰であったり、物入れや押入れの中であったり、あるいは大きなダンボールの箱の中であったりする。それゆえ、子どもが隠れることのできる場所やじっとしておれる場所が、みんなの活動する場所から少し離れたところに確保されていれば、少し気持ちの不安定になった子どもはそこに出かけていきやすくなる。保育の場の空間的な構造にそのような配慮があれば越したことはない。

◯就学に向けて

　自分の思いを表現できると同時に，人の思いを受け止められる，人の話を聞くことができるという，主体としての両面性が育ってきていれば，就学の準備はもうできていると考えても十分です。

❸　4，5歳児の活動のその意義

◯運動・体育遊び

　この時期は，かけっこや鬼ごっこなどはもちろん，遊具や体育具を用いてさまざまに体を使う運動・体育遊びを好んでするようになります。実際，自分の体を動かして遊ぶことが楽しめるようになると，見違えるほど遊びの意欲が増してきて，自信をもって物事に取り組めるようになるなど，何事にも積極的な姿勢をみせ始めます。そういう意味でも，運動・体育遊びは，単に運動能力の向上のためでなく，またうまくやったかどうかではなく，子ども自らが体を動かす喜びを実感できるように，保育者は子ども一人ひとりをその遊びの中で支えていかなければなりません。どういう活動が体を動かす喜びを子どもにもたらすかは，子ども一人ひとりで違います。それを見極めながら，子ども一人ひとりがいろいろな活動に挑戦しようとする気持ちを認めて支えることが大事です。

◯ルールのある遊び

　椅子取りゲーム，ドッジボールなど，簡単なルールのある遊びは，ルールを守るなかで互いに競い合いながら楽しむ遊びです。その競い合いが普段の力関係そのままになってしまうと，ゲーム自体が楽しいものでなくなってしまいます。そのことをお互いに経験することを通して，力の弱いものも強いものと一緒に楽しめるように，自分たちでうまく遊べるような工夫を自分たちで考えようとする姿も見られるようになってきます。そこには，力の強弱や上手下手で相手を測るのではなく，お互いの存在を認め合う姿勢が芽生えているといえます。しかし，そういう心が育つのは，子どもたち同士のかかわり合いだけによっているのではなく，普段，子どもたち一人ひとりが保育者に大切にされ，認められているという実感をもち，その保育者を信頼していて，そういう保育者の姿勢が子ども一人ひとりに取り込まれているからこそです。

◯イメージの世界の広がり

　この時期は，いろいろなことを手がかりにイメージを広げ，イメージの世界を手中にする時期でもあります。またそれは生まれたイメージを基に予期や期待が生まれ，遊びや生活の中に時間が入ってくることでもあるでしょう。たとえば，絵本の読み聞かせのなかで興味をもったことから，イメージを発展させ，新しいごっこ遊びが生まれ，それが他の子どもたちに広がり，さらにそこから新しいイメージがどんどん増殖していきます。

「明日はこれをする」というような子どもの表現は，いま頭の中に浮かんだイメージを明日まで取っておいて，明日またそれに挑戦しようというように，期待や予期がしっかりしてきたことを表しています。

しかし，言葉に触発されたイメージの世界を本当に広げていくためには，子どもの心に豊かな実体験の世界が蓄積され，根付いていなければなりません。子どもが「ひと・もの・こと」に関わる遊びを繰り返すのは，その五感を通して得るさまざまな感情や生き生きとした力動感が実体験として子どもの心に根付くからです。その意味では，絵本や映像からはいるイメージだけでなく，実体験を潜り抜けることを通して触発されるイメージをもっと重要視する必要があります。

ここでも，子どものイメージが膨らむ背景に，さらにもう一つ，保育者が子どもの内的世界のイメージに共感し，それを認め，それを子どもに映し返す必要があることはいうまでもありません。

◯皆でする活動

4，5歳になると，皆でする活動も，ただ一緒に歌を歌ったり，読み聞かせを聞いたり，ゲームをしたりするだけでなく，一つのことを皆で協力して作り上げるような活動が増え，またそれを楽しめるようになってきます。その中で，自分が何かの役割を担ったときの責任感や，それをやり遂げたときの満足感や誇らしい気持ちなども子どもに生まれてきます。そしてそのような経験を通して，周りの子どもたちと共に生きる自分自身を肯定し，認め，周りの子どもたちをはじめ，いろいろな人たちと共に生きる自信が芽生えます。

ただ，まだ幼児のこの時期は，周りの子どもたちと協力するといっても，自分の思いと周りの思いが噛み合わないことが多く，またその調整がうまくいかないことが多いのも事実です。周囲に合わせ過ぎると自己発揮できず，自己発揮しようとすると周囲とぶつかるという具合です。ですから，この時期は子どもたちだけでうまくやっていけることは滅多にありません。子ども自身がその調整のためにいろいろ苦労する経験が，これからの人生にとって大切ですが，そのためには，やはり保育者は子どもの主体性を損なわないように，大人の思う方向に強く引っ張るのではなく，ほとんどの子どもが興味をもちそうな，また皆で作っていけるような課題を周到に準備して，子どもたちに提案してみることも必要でしょう。

保育者は遊びがそれぞれによって主体的に取り組まれているかどうか，そこでそれぞれが生き生きとした実体験を得ているかどうか，さらにそこにそれぞれの心の育ちを保育者が実感できるかどうかを，見届けていく必要があります。そしてそのために，保育者は子どもたちが遊べる環境を用意したり，子どもたちが主体的に取り組める課題を提案したりするのです。

４，５歳児の保育風景

　遊びが活発になり，事物への興味も深まって，自分で工夫しながらいろいろなことに取り組むようになってくる。集団生活も板についてきて，設定型の保育にもなじめるようになってくる。友達とかかわり合う遊びが中心になってきて，大好きな友達ができてくる。

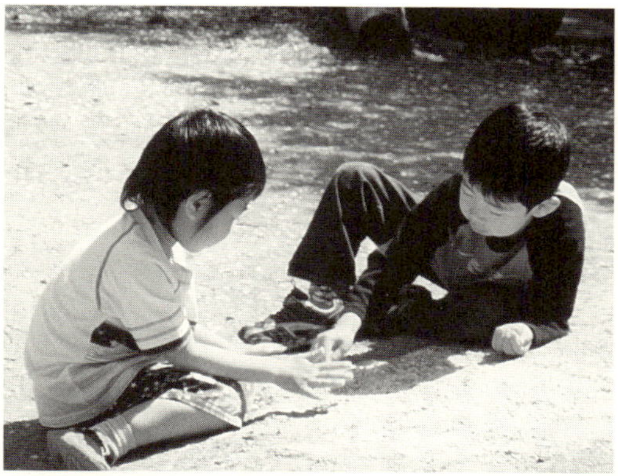
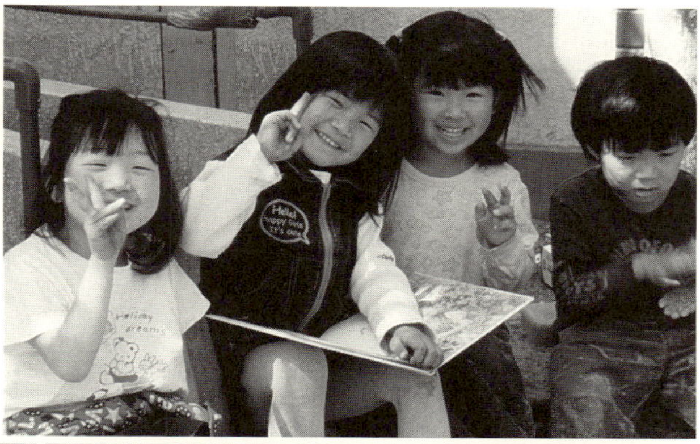
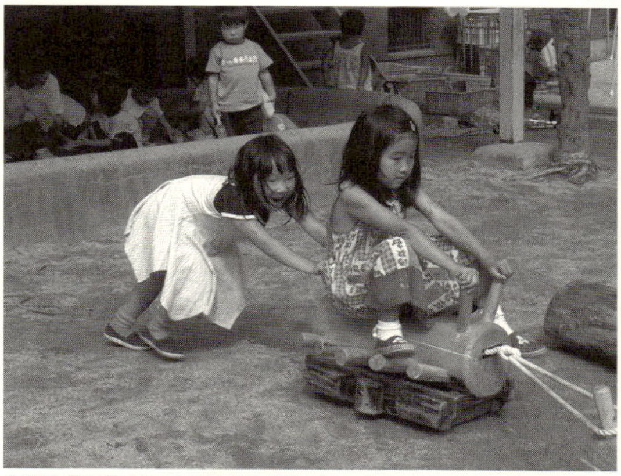
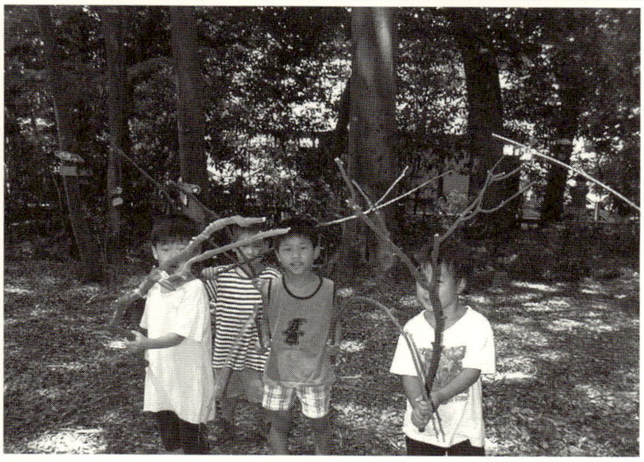
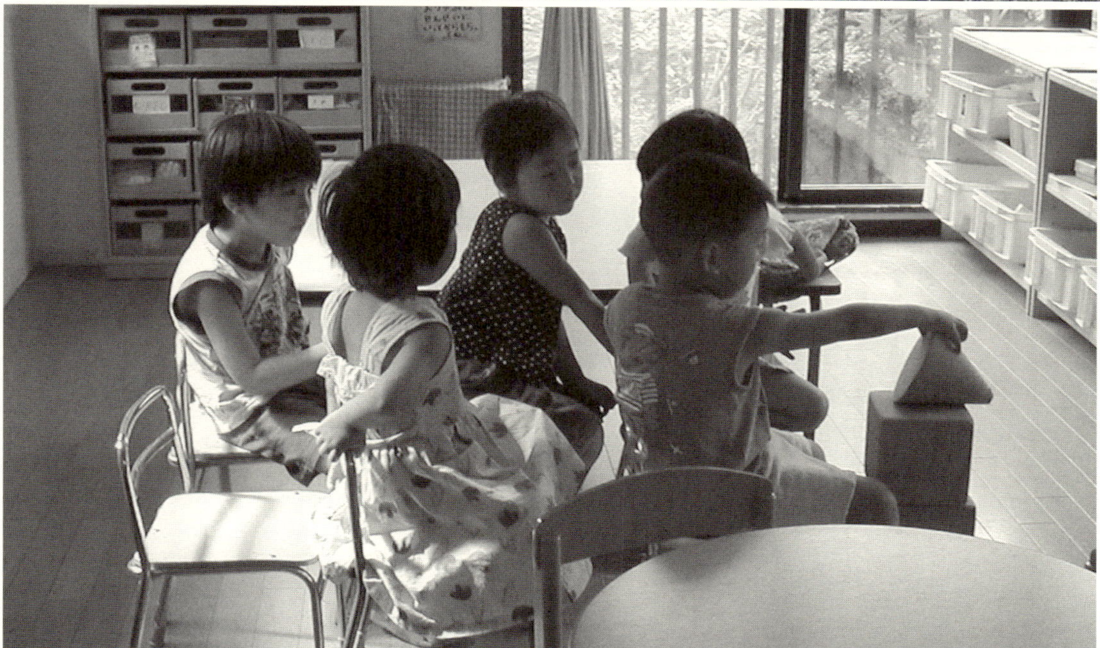

III 保育の実際

6 保育の形態（1）
自由保育　自由遊び

　保育現場に広く認知されている保育の形態のひとつとして「自由遊び」あるいは「自由保育」があります。「遊びの本質」の項でも取り上げたように，幼児期の遊びは子どもの主体的な活動です。そこには自らが選びとり，自らそれを楽しみ，それを通して自らさまざまなものを学び取るという子どもの主体性の発露があります。保育者の保育計画の中で，こうした子どもの主体的な遊びを保障する保育の形態やその時間帯は，「自由遊び」や「自分で見つけた遊び」と称されてきました。

1 自然発生する自由な遊び

　多くの園では子どもたちが三々五々登園してくるので，保育者にとって朝一番の時間帯は一人ひとりの子どもと（子どもの年齢によっては保護者とも）その日の出会いを大切にする時間帯になります。軽くことばを交わしながら出席シールを貼るなどして一人ひとりに対応しているあいだ，それを終えた子どもは，日によって当番活動をする場合もありますが，それ以外の子どもはめいめい自分のしたい遊びを見つけて自由に遊ぶのが普通です。

　すぐに園庭に出て砂場に入る子ども，ままごとの準備にかかる子ども，三輪車や自転車に乗って園庭を走り回る子ども，ブランコやシーソーに乗りに行く子ども，また遊戯室で友達とサッカーをしたり，じゃんけん鬼をしたりする子ども，あるいは室内でレゴブロックを使って何かを作り始めたり，紙に何かを描き始めたり……朝の時間帯をていねいに見ていると，実にさまざまな活動を子ども自身が選んで遊んでいます。そこに「幼稚園教育要領解説」の遊びの項に述べられている幼児の遊びの本質を見て取ることができます。

　保育者の意図や計画が関与しない，子どもに自然発生する遊びは，多くの園ではクラスの子どもがほとんど集まった午前中のある時点で一区切りとなり，それまでの遊びで使っていたものを一旦片付けて集合し（日によっては片付けることなく，そのまま集合する場合もある），みんなで朝の挨拶をするという流れになるのが通常です。これまでの時間帯は「朝の自由遊び」の時間帯と呼ぶことができます。そして多くの場合，その挨拶の後から昼食までの時間帯は，保育者が意図して（計画して）保育の流れをリードする時間帯になり，そこでいわゆる「自由遊び」の流れになるか「設定保育」の流れになるかが分岐します。

▶1　50頁参照

Ⅲ-6 保育の形態（1）

「自由遊び」の様子

❷ 計画された自由遊び：ただ遊ばせておくだけではない

　朝，一区切りついた後の「自由遊び」は，保育者が意図して（計画して）「今日はみんな自分のしたい遊びをしよう」と提案し，そこから子どもたちがめいめいに自分の遊びを選んでいくというところに特徴があります。子どもの側から見れば「朝の自由遊び」と違わないように見えますが，保育者の側からみれば，保育者が意図しないで自然発生した朝の自由な遊びとは対照的に，この時間帯の「自由遊び」は保育者が意図した（計画した）ものだという点に大きな違いがあります。

　そして，ここからが重要なのですが，この時間帯の「自由遊び」は保育者が計画した子どもの活動なのですから，「ただ子どもを遊ばせておくだけ」の保育形態なのではないということです。確かに「朝の自由遊び」の時間帯は，保育者がやってくる一人ひとりの子どもとの出会いにかかわっているので，すでにシールを貼り終えた子どもたちにとっては，「ただ遊ばせておくだけ」の状態になっていることは否めません。大喧嘩になったり，怪我をしたりといった場合以外は，たいてい保育者は室内にいて，やってくる子どもに相対することになるからです。

　しかし，挨拶後の「自由遊び」の時間帯はそれとは全く違った様相を呈しています。つまり保育者は，子どもが自分で見つけた遊びを自由に遊び込んでいるところに自由に出かけ，その遊びにまず関心を示し，次にはその遊びのなかに保育者も首を突っ込んで，子どもがその遊びを通して感じている力動感を保育者も感じ取ろうと思えばそうすることができます。そして，子どもの遊びを認め，支え，子どもの楽しみや発見の喜びを保育者も共有し，それを子どもに伝え，それによって子ども自身がさらに意欲的に遊ぶのを支えるという，保育で最も重要なことをそこで実現することも可能です。

　しかも，その遊びがどういう展開になるかのイニシアチブは子どもが握って

いて，子どもが求めたときに手伝うことはあっても，危険なことがない限り，たいてい保育者はそれに従うだけです。ですから，この「自由遊び」の時間帯は，「ただ子どもを遊ばせているだけ」とはむしろ対極にある，おそらく保育者がもっとも自分の精神エネルギーを投入しなければならない，保育者にとっては「楽しいけれどもしんどい」時間帯のはずなのです。

　なぜそれが「ただ遊ばせておくだけ」と誤解されるようになったのでしょうか。あるいは，なぜ「ただ遊ばせておくだけ」という非難が当てはまるような残念な保育実態が現にあるのでしょうか。それは上段の議論に示されているような保育者の対応が十分になされない場合があるからに違いありません。つまり，もしも保育者が子ども一人ひとりの遊びに関心を示すことなく，それゆえ，子どもの感じている力動感を感じ取ることも，子どもの喜びや楽しみに共感することもできないままに，ただ外側からその遊びを傍観するだけであるなら，それは文字通り「ただ遊ばせておくだけ」の保育以外の何ものでもありません。

❸　自由遊び：一対一の関係が作りやすい時間帯

　さて，先にも少し触れたように，この「自由遊び」の時間帯は，保育者が子ども一人ひとりのところに出かけるチャンスが与えられる時間帯です。しかしながら，一日の限られたこの時間帯に，すべての子どもと一対一の関係を取り結べるはずはありません。ていねいに対応すれば，せいぜい数名の子どもとしか付き合えないでしょう。そこから，今日は誰の遊びと付き合うか，あらかじめ計画し，1週単位か1ヵ月単位かで，満遍なくどの子どもとも一対一の関係を少しでもつくることが配慮されなければなりません。もっとも，それの心積もりをしていても，「先生，きて」とか「先生，見て」と強く保育者を求めてくる子どもがいます。そうすれば，どうしてもそれへの対応に追われて，当初の心積もりが実現されない場合もあるでしょう。そこはうまく切り抜けなければなりませんが，要求の強い子どもや気になる子どものような，特定の子どもだけの対応にならないようにする配慮が求められます。

❹　自由遊び：子どもの気持ちの動きを感じ，共感できる時間帯

　自由遊びのメリットは，何といっても，子どもが自分の自由な選択と自由な発想に基づいて，まさに主体的に遊ぶというところにあります。しかし，保育者の側からこの自由遊びのメリットを考えると，保育者が一対一の関係の中で，一人または複数の子どもたちの遊びの傍らやその中に入って，子どもの気持ちの動きを感じ取り，それに共感し，それを子どもに映し返す機会が得られるというところにあると考えて間違いありません。それはまた，これまでの各節の議論を踏まえれば，子どもの存在を認めていることを子どもに伝える機会であり，子どもが自分に自信や自己肯定感を抱く機会であり，ひいては子どもとの

あいだに信頼関係が築ける機会でもあります。そしてまた，そのように共感することは情動調律の意味もあるということになるでしょう。

そこに生まれる情動の共有や共感は，外部から眺めているだけはほとんど気づくことの難しい，まさに子どもと保育者との気持ちと気持ちのつながりの中に生まれてくる一瞬の出来事です。しかし，それが子どもにも保育者にも「肯定的なものの共有」と感じられ，親密な関係をそこに作り出すのです。

たとえば，掘りあがったトンネルの穴の脇に溝を彫り続けている一人の4歳児の傍らで，それを眺めていた保育者が，「そうか，このトンネルの穴に水を通すんだ，ふーん，新しいこと考えたんだね」と言葉をかけると，それまでも黙々と一人で砂場に溝を掘っていたその子が，急に生き生きして「そうだよ，バケツにね，水汲んできてね，それでね，ここに流すの」と一生懸命に自分の意図を保育者に説明しています。子どもは保育者の「ふーん」と感心した様子に自分がいま認められていると実感しているのでしょう。

ほんのいっときであれ，こういう一対一の濃密な関係が生まれ，そこで子どもが自分を確かめられることが，何と言っても自由遊びの時間帯の最大のメリットです。

❺ 自由遊びの時間帯に経験したものを記録に残す必要

今の例のように，この一対一のかかわりの中で，子どもが感じている力動感が保育者に浸透してきたり，それを通して子どもの喜びや満足に共感できたりという保育者の実感や手ごたえは，一人ひとりの子どもの心と保育者が付き合えた瞬間でもあります。それゆえ，そのようにして得られた実感や手ごたえを記録に残したり，それを保護者への連絡ノートに記したりすることができれば，一人ひとりの子ども理解が一段と深まり，保護者とのコミュニケーションがより深い次元でできるようになるでしょう。

その際，単に「〇〇さんは，今日，砂場でトンネル掘りをしました」というような客観的な行動事実を記録するだけでは，せっかく心と心の触れ合った瞬間の記録としては乏しすぎます。トンネルの穴に水を通すというその子のアイデアへの驚きや感心の気持ち，あるいは一生懸命説明してくれたことへの感動が少しでも盛り込まれれば，その子を理解していくうえでも，あるいは保育者である自分の対応をさらに磨いていくためにも，貴重な記録として残ります。そしてそれが家庭への連絡ノートに記されれば，保護者はその子が保育の場でどんな遊びをしていたかだけではなく，どんなふうに遊んでいたかがわかるでしょう。

逆に，自由遊びの時間帯は，そういう記録が一人ひとりについて得られやすい時間帯だということができます。

▷2 ただ遊んでいるだけと外側から眺めているだけでは，こうした驚きや感心や感動は生まれてこない。保育者の側にこうした思いが生まれるのは，もちろん子どものその活動そのものによっているが，しかしその背景には「もっとこの子のことを分かってあげたい」という暗黙の構えも働いているだろう。「どうすればそのように共感したり感動したりできるのですか」という問いが保育者から向けられることがしばしばあるが，これにはなかなか答えられない。マニュアルにしたがって共感したり感動したりするわけではないからである。それは自分が子どもに関わる中で自ら感じ取っていくしかないものである。これまで「気持ちを持ち出す」とか「成り込む」という表現を使って，その状態を記述しようとしてきたが，これも外部観察的な記述の仕方であって，当事者から見れば，いつのまにかそういう共感や感動に捉えられていたということ以上には言えないはずである。意識して成り込めば共感できるということではない。

Ⅲ 保育の実際

7 保育の形態（2）
設定保育

　朝のあいさつの後，保育者が「今日はこれをして遊ぼうか」と保育者が計画していた遊びを子どもに提案し，その計画にほぼ沿うかたちで保育が展開されるのが「設定保育」です。幼稚園であれ保育園であれ，たいていの保育の場ではそれまでの保育経験を基に，保育課程として年間カリキュラムが想定されている場合が多く，それぞれの週や月に何を子どもたちに提案するか，おおよその目安があるのが常です。いまはこいのぼりの季節だから，こいのぼりの制作活動をさせようとか，花火の季節だから花火大会の様子を表現させようとか，子どもたちの能力水準を考慮しながら，子どもたちが興味や関心をもちそうな活動内容を吟味し，それを決めます。その上で，その活動を支える素材を準備し，一人ひとりの子どもがその活動にどのように取り組むかをあらかじめ想定し，個人差を踏まえてどういう援助が必要かを考え，それを保育計画あるいは指導案として準備するというのが，設定保育の一般的なかたちだといえます。

1　年齢に応じた「拡散―集中」の度合い

　保育は「子どものあるがままを受け止め，それに応じる」という面と，保育者の側に「こんな経験をして欲しい」と願う面との，両面のバランスの上に組み立てられるものだといえます。「自由遊び」は前者，「設定保育」は後者と一般的には考えられますが，実際にはそれほど単純な二分法は成り立ちません。「設定保育」といっても，学校教育のカリキュラムのように，絶対にこれだけは教えなければというかたちで保育カリキュラムが構成されているわけではないからです。そして，「設定保育」といえども保育者の願いどおりに事を運ぶのがベストかと言えば決してそうではなく，むしろ子どもの出方次第でその後の展開を柔軟に変更していけるかどうかが，「設定保育」の良し悪しを評価する重要な岐路になります。

　とりわけ，幼児を対象とする保育は，子どもの年齢によっても，また個人差によっても，子どもが保育者の期待に沿えるか沿えないかが大きく違ってきますから，設定の展開はよほど柔軟でなければなりません。そこで，年齢に応じて，また子どもの個人差に対応して，設定された活動に子どもがどの程度集中してのれるかに関する「拡散―集中」の度合いを保育者側で斟酌する必要が生まれます。たとえば，設定の枠の中で「今日はこいのぼりをつくろう」と課題を提案する場合でも，3歳児クラスであれば，それに向かう子ども，それに向

かうよりも自分のやりたいことに向かう子どもと，その課題活動は拡散的になる可能性があり，それは年齢相応のこととして保育者が受け止めていくでしょう。しかし5歳も後半になれば，大多数の子どもがこいのぼりを作る制作活動に集中して取り組むようになり，その出来栄えを競い合う姿も認められるようになります。しかし，なかには制作活動はどうしても苦手で，自分はもっと体を動かして遊びたいので，こいのぼりの制作はそこそこに，できたこいのぼりを泳がせて遊ぶことに夢中になる子どももいるでしょう。

▷1 前掲の『両義性の発達心理学』の234頁から243頁にいくつかの事例が示されている。

保育者としてみんな同じように集中して取り組んで欲しいと願いながらも，そこにある大きな個人差や個性を受け止め，それを尊重して，自分の願いどおりに事を運ぶのが保育の主旨ではないという点を再度確認しておく必要があります。そのような配慮が十分なされれば，たとえ集中度の高い活動であっても，そこに子どもの個性や個人差が入り込み，子ども一人ひとりの活動の所産は違ったものになってきます。そのことが大事なことであって，みんなが同じ活動をするから同じ結果にならなければならないと考えるのは，少なくとも保育に関する限りいき過ぎだといわねばなりません。

2 設定保育のメリット

設定保育のメリットは，①保育者が計画してそれぞれの時期に子どもに必要な経験を与えることができるところ，②その活動の中で，同じ課題に取り組みながら，相手のアイデアを認めて取り入れたり，相手が自分のアイデアを認めて取り入れてくれたりといった相互的な関係を経験できるところ，③全体がまとまって一つの気持ちになることができるところ，など，いくつも考えることができます。そして，そこには④大人である保育者が必要な援助の手をのべて，子どもたちの活動がさらに盛り上がり，子どもの心に深く根付くことを可能にするという面もあるでしょう。

◯ある園のエピソードから

ある園の5歳児の設定保育では，節分の鬼を作ろうということになりました。新聞紙を小さく丸めたものを素材にして，それを糊やガムテープでくっつけながら，次第に自分たちがイメージしたかたちを作るという流れでした。さっそく取り組む子，みんながする後をついていこうとする子など，さまざまでしたが，5歳児にもなれば，リーダー格も現れて，自分のアイデアで全体を動かしていこうとし，ほとんどの子どもはそのリーダーシップを受け入れて，その動きに協力し，しばらくするうちに，だんだん鬼の体と頭ができてきました。そこまでくると，ほとんどの子どもに鬼のイメージが共有された様子で，いろいろな子どもが，「ここはこうする」とアイデアを出しています。「先生，○○がいる」と保育者に要求を出す子，「そこは，こうじゃない，こうする」と自分のアイデアを強く主張する子どもも出てきました。

こうして、お昼前には、大体のかたちが出来上がったのでした。その日の保育では、保育者はほとんど手助けをする人になりきっていて、場面の展開は子どもたちに委ねられていました。

❸ 設定保育の自由感

　課題の性質としての「拡散－集中」はあるとしても、子ども一人ひとりがそれにどのように取り組むかに関して、保育は大きな自由度が保証されているのでなければなりません。保育者が敷いたレールの上を子どもたちがまっしぐらに走るような保育、あるいは保育者の号令のもとで、子どもたちが一糸乱れぬかたちで動くような保育は、明らかに大人の願いが先行した保育者主導の保育であり、子ども主体の保育ではありません。しかし残念ながらこうした子どもの姿を保護者が「成長の証」として喜ぶという現実がありますから、それをいわば隠れ蓑に、保育者がその種の保育に傾斜していく可能性は十分にあります。けれどもそういう保育では、結局のところ「指示されて動く子ども」「させられるだけの子ども」がつくられていくだけのことでしょう。まとまっている、統制が取れていて気持ちがよいというのは外から全体を見る視点でしかなく、もしも個々の子どもが常にそういう状態を強いられているとすれば、それはもはや子どもが主体的に自己発揮するのを支える保育ではありません。

◯ある保育園のエピソードから

　ある保育園の4歳児の設定課題は、「花火大会の様子を絵にする」という課題でした。保育者は「こんな花火の絵を作ろう」と提案して、保育者が作った絵を子どもたちに見せました。黒い画用紙には、黄や赤や緑など七色のスチロールテープを糊で放射状に貼り付けたものが二つあって、それが花火のパッと開いた状態であることは子どもたちにもよく分かります。その下には、人の顔が多数色鉛筆で描かれていて、花火を見物している人たちであることが表現されています。保育者は「これは隅田川であった花火大会の様子です。花火大会を見に行った人は？　○○さんもいったの？　きれいだったでしょう」と子どもたちに花火のイメージを喚起します。それから保育者は子どもたち一人ひとりに黒の画用紙を渡し、七色のスチロールテープを切り分けたものも一人ひとりに渡して、「先生が作ったのと同じものを作ろう」と提案しました。

　その結果、お昼前にはほぼ全員の子どもが、保育者が作ったのとほとんど同じような「花火」のシーンの制作をやり終えました。そして保育者は「さあ、みんな花火の絵が上手にできましたね、では先生が名前を書いてあげますから、できたのを後ろの壁に貼りましょう」とまとめてその保育を終わりました。

　こうした設定保育はかなり昔にその保育者主導性が指摘され、子どもが活動や素材を自分で選ぶ余地を残さないのは、「子どもの主体的な活動としての遊び」の趣旨からして問題だと保育関係者のなかでは批判されてきた活動のパタ

「設定保育」の一コマ

ーンですが，残念ながら上記の保育はつい最近のもので，現在でもこの種の設定保育が横行しているのが実態のようです。

「花火の場面をイメージして，それを制作する」という課題は，まさに集中的な設定課題だといえます。それを提案したのは保育者であり，それは夏の風物詩である花火の経験を子どもに生き生きと喚起して，それを制作につなげたいという保育者の願いに発するものでした。そこまでは何ら問題はありません。しかし，その後の子どもたちの活動は，子ども一人ひとりの主体的な活動からは程遠く，保育者の手本を真似るだけの，保育者の敷いたレールをひたすら走るだけの活動でしかありません。

花火のシーンを制作すると提案されたときに，花火に対して抱くイメージもその制作に必要だと思う素材も一人ひとり違って当然です。それゆえ，もしもその違いが十分に尊重されていたら，出来上がったものも本来，みな個性的で違った内容になっていたのではないでしょうか。

確かに，子ども自身が素材を選び，花火のシーンを自分なりにイメージするということは，容易でない場合もあります。ある子どもはぱっとイメージが湧いて制作に取り組むけれども，ある子どもはなかなかイメージが湧かずにどうしたらいいのか思案して，結局はまわりの子どものすることを真似ようとする場合もあるかもしれません。自分で考えるということは，保育者の敷いたレールの上を走るのとは違って，迷ったり，戸惑ったり，どうしていいか分からなかったりすることを含むものだからです。その結果，子どもたちのすることがばらばらに見え，それを気にするところから，「同じものをつくらせる」ということになったのかもしれません。

ここに，同じ設定保育であっても，「一斉に揃うことを」目指すのか，それとも「一人ひとりの個性的な受け止め方を尊重すること」を目指すのか，大きな岐路があります。そしてそのいずれを取るかによって，保育の展開はまるで違ったものになります。両方の保育を見てみると，両者のあいだで「自由感」が違うという印象を強く受けるはずです。

▶2 「先生，ここはどうするの？」という子どもの質問に，「そこは自分で考えてごらん」と保育者が返すとき，子どもは一瞬とまどい，しばらく思案して，それから目当ての活動に入っていく。そこには子どもの思案する姿があり，活動に入るまでには時間がかかっている。ある保育者は「自分で考えてごらんと保育者がいうのは，要するに，子どもを迷わせることですよね」と言ったが，まさにその通りで，その迷いの中から自分なりのやりたいことが浮かんできて，それをするのが主体的な活動なのである。保育者が敷いたレールの上を一直線にはしるときには，何ら迷いは生じないが，同時に自分で考えるということもない。そうしてみると，遊びが主体的であるといえるためには，子ども自身が考え，迷うことが大切だということになる。

Ⅲ 保育の実際

8 保育の形態（3）
クラス構成

　保育の形態はクラス構成にも大きく左右されます。大半の園ではいわゆる未満児たちは別として，3歳以上では年齢を輪切りにした同年齢クラスを編成しているようですが，最近では異年齢クラスを積極的に編成する園も現れてきました。もちろん，地方などで幼児の数が少ない園や，低年齢の子どもの数が少ないところでは，当然ながら異年齢で一クラスを編成してきているでしょう。

1 同年齢クラスの長所と短所

　いうまでもなく，同年齢クラスには同年齢クラスのよさと制約があり，異年齢クラスには異年齢クラスのよさと制約がありますから，どちらがいいとは簡単にはいえません。同年齢クラスのよさは，力の程度がほぼ同じ子どもたちが，同じような水準のことをするので，お互いに競い合ったり，一斉に動きやすかったりするところにあります。就学も一緒というのは，保護者にしても安心感があるかもしれません。そして，一年ごとにクラスが動いていくところを基礎に，子どもたちが「○○組」としてまとまりやすいこともあるでしょう。

　さらに，保育者側からみても，子どもたちの行動レベルのばらつきがある範囲におさまっているという安心感，それぞれの時期に保育の課題がある範囲にしぼられてきて保育が組みやすいという安心感もあるでしょうし，保護者間の横の連携もとりやすいといったメリットがあります。

　制約としては，クラスの中，つまり同年齢集団に閉じる傾向があり，それゆえ力関係が固定しやすいことと，異年齢でのかかわりが乏しくなり，それによって活動の広がりがある範囲に収まってしまうということがあります。

2 異年齢クラスの長所と短所

　異年齢クラスのよさは，その裏返しで，年齢の異なる子どもたちが，一つのクラスとして常時動くことによって，年齢の下の子どもが上の子どもを見習ったり，上の子どもが下の子どもをかばったり，助けたりといった，子ども同士で育ち合っていく面が随所に生まれるところにあります。

　制約としては，年齢の上下がそのまま力関係になって，上の子どもが下の子どもを抑えてしまうとか，上の子どもが下の子どもの「お世話係」になってしまうところでしょう。異年齢の生活のなかで，上の子どもがときに下の子どもを助けることは，お互いの育ちを考える時に大事なことですが，上の子どもが

いつも「お世話係」をさせられて，自分のしたいことができない，また下の子どもも過剰に世話をされて主体的に動けないということでは困ります。また，異年齢クラスのなかでも，やはり同年齢の子どもたち同士で遊ぶ姿が多いということも，ある意味では当然のことかもしれません。

さらに保育者から見れば，同じ絵本の読み聞かせにしても，育ちの違いを考慮しなければならないとか，絵本への興味の持ち方が年齢によって異なるなど，年齢幅の違いが保育のやりにくさに繋がっている可能性があります。

いずれのクラス編成の場合も，それぞれの長所を生かし，制約の面をいかに緩和するかがポイントになります。

3 異年齢交流の必要性

一昔前のように，家庭周辺の地域に多数の幼児が存在し，空き地で子ども同士の多様な関わり合いがなされていた時代には，異年齢交流が自然に生まれ，その経験を通して，年齢が下の子どもは年齢が上の子どものすることを見よう見まねで取り込んだり，年齢が上の子どもは下の子どもの面倒を見たりと，それぞれが人と関わり合う上で大切なものをそこから学び取っていました。もちろん，年齢の上の子どもが下の子どもを振り回したり，下の子どもは命令されてばかりという否定的な力関係がそこに含まれていたことも見据えておかねばなりません。地域の子ども集団にもよい面と悪い面が共存していたのです。

しかし，少子化が進み，地域で子どもたちが群れて遊ぶ条件がなくなった状況下では，保育の場で異年齢の交流を意図してつくり出すことは確かに必要なことで，それが異年齢クラスを編成する理由になっているように見えます。

ただし，異年齢クラスを編成しないと異年齢交流が生まれないかと言えば，必ずしもそうではありません。自由遊びの時間帯や昼食時などに，保育者が少し工夫すれば異年齢交流は自然に，しかもかなり恒常的に生まれてきます。ある保育園では，昼食時に，広い遊戯室をランチ・ルームとして使い，そこで異年齢の子どもたちが交じり合って一緒に食事をしていました。その食事場面をみると，下の年齢の子どもたちには上の年齢の子どもたちの振る舞いが自然に目標になっていることがよく分かります。また上の年齢の子どもたちは，保育者に言われなくても，自然に下の子どもたちの面倒を見たり，手本を示したりしていて，「自分たちが上」のプライドと余裕が感じられます。

昼食時のこうした異年齢交流をみていると，もしも保育の場に規制や枠組みの固さがなく，クラス間の出入りや園長室その他への出入りがかなり自由で，また保育者に「何かをさせるという固い枠組み」がなくてその保育に「自由感」があれば，異年齢交流は自然に生まれるのだと思われてきます。そうしてみると，クラスを異年齢にする，しないが問題なのではなく，むしろ保育の場全体のもつ自由な雰囲気が大事だということではないでしょうか。

III 保育の実際

9 保育の5領域

　「健康」「人間関係」「環境」「言葉」「表現」の5つは保育を構成する5領域として，幼稚園教育要領でも保育所保育指針でも謳われています。ちなみに幼稚園教育要領を参照すると，この5領域は学校教育法78条が規定する幼稚園教育の目標に対応したものであることが分かります。

　つまり，①健康，安全で幸福な生活のための基本的な生活習慣・態度を育て，健全な心身の基礎を培うようにすること，②人への愛情や信頼感を育て，自立と協同の態度および道徳性の芽生えを培うようにすること，③自然などの身近な事象への興味や関心を育て，それらに対する豊かな心情や思考力の芽生えを培うようにすること，④日常生活のなかで言葉への興味や関心を育て，喜んで話したり，聞いたりする態度や，言葉に対する感覚を養うようにすること，⑤多様な体験を通じて豊かな感性を育て，創造性を豊かにするようにすること，という5つの目標です。

　そしてこの5つの目標それぞれに「領域」を定め，各領域にそれぞれ「ねらい」「内容」「内容の取り扱い」を示して，保育が実際にどのように取り組まれるべきかのアウトラインを示すかたちになっています。

1 領域「健康」

　ここでは「健康な心と体を育て，自ら健康で安全な生活をつくり出す力を養う」というふうに①の目標をなぞった後に，1）明るくのびのびと行動し，充実感を味わう，2）自分の体を十分に動かし，進んで運動しようとする，3）健康，安全な生活に必要な習慣や態度を身につける，という「ねらい」を付しています。そしてその具体的な内容として，1）先生や友達と触れ合い，安定感を持って行動する，2）いろいろな遊びのなかで十分に体を動かす，3）進んで戸外で遊ぶ，4）さまざまな活動に親しみ，楽しんで取り組む，5）健康な生活のリズムを身につける，6）身の回りを清潔にし，衣服の着脱，食事，排泄など生活に必要な活動を自分でする，7）幼稚園における生活の仕方を知り，自分たちで生活の場を整える，8）自分の健康に関心をもち，病気の予防などに必要な活動を進んで行う，9）危険な場所，危険な遊び方，災害時などの行動の仕方が分かり，安全に気をつけて行動する，の9つを掲げ，これらを解説するかたちで「内容の取り扱い」を示しています。

❷ 領域「人間関係」

　ここでは「他の人々と親しみ，支え合って生活するために，自立心を育て，人とかかわる力を育てる」というふうに目標の②をなぞったのちに，1) 幼稚園生活を楽しみ，自分の力で行動することの充実感を味わう，2) 進んで身近な人とかかわり，愛情や信頼感をもつ，3) 社会生活における望ましい習慣や態度を身につける，と「ねらい」を付しています。そしてその具体的な内容として，1) 先生や友達と共に過ごすことの喜びを味わう，2) 自分で考え，自分で行動する，3) 自分でできることは自分でする，4) 友達と積極的にかかわりながら喜びや楽しみを共感しあう，5) 自分の思ったことを相手に伝え，相手の思っていることに気づく，6) 友達のよさに気づき，一緒に活動する楽しさを味わう，7) 友達と一緒にやり遂げようとする気持ちをもつ，8) よいことや悪いことがあることに気づき，考えながら行動する，9) 友達とのかかわりを深め，思いやりをもつ，10) 友達と楽しく生活するなかで，決まりの大切さに気づき，守ろうとする，11) 協同の遊具や用具を大事にし，みんなで使う，12) 高齢者をはじめ地域の人々の生活に関係の深いいろいろな人に親しみをもつ，の12個を掲げ，これを解説するかたちで「内容の取り扱い」を付しています。

❸ 領域「環境」

　ここでは「周囲の様々な環境に好奇心や探究心をもってかかわり，それらを生活の中に取り入れていこうとする力を養う」と③の目標をなぞった後に，「ねらい」として1) 身近な環境に親しみ，自然と触れ合うなかでさまざまな事象に興味や関心をもつ，2) 身近な環境に自分からかかわり，発見を楽しんだり，考えたりし，それを生活に取り入れようとする，3) 身近な事象を見たり，考えたり，扱ったりする中で，物の性質や数量，文字などに対する感覚を豊かにする，の3つをあげています。そしてそれの具体的な内容として，1) 自然に触れて生活し，その大きさ，美しさ，不思議さなどに気づく，2) 生活のなかで，さまざまな物に触れ，その性質や仕組みに興味や関心をもつ，3) 季節により，自然や人間の生活に変化があることに気づく，4) 自然などの身近な事象に関心をもち，取り入れて遊ぶ，5) 身近な動植物に親しみをもって接し，生命の尊さに気づき，いたわったり，大切にしたりする，6) 身近な物を大切にする，7) 身近な物や遊具に興味をもってかかわり，考えたり，試したりして工夫して遊ぶ，8) 日常生活のなかで数量や図形などに関心をもつ，9) 日常生活のなかで簡単な標識や文字などに関心をもつ，10) 生活に関係の深い情報や施設などに興味や関心をもつ，11) 幼稚園内外の行事において国旗に親しむ，の11項目を掲げ，さらにそれを解説するかたちで「内容の取り扱

い」を付しています。

④ 領域「言葉」

　ここでは「経験したことや考えたことなどを自分なりの言葉で表現し，相手の話す言葉を聞こうとする意欲や態度を育て，言葉に対する感覚や言葉で表現する力を養う」と④の目標をなぞった上で，「ねらい」として１）自分の気持ちを言葉で表現する楽しさを味わう，２）人の言葉や話などをよく聞き，自分の経験したことや考えたことを話し，伝え合う喜びを味わう，３）日常生活に必要な言葉が分かるようになるとともに，絵本や物語などに親しみ，先生と友達と心を通わせる，の３項目を掲げています。そしてその具体的な内容として，１）先生や友達の言葉や話に興味や関心をもち，親しみをもって聞いたり，話したりする，２）したこと，見たこと，聞いたこと，感じたことなどを自分なりに言葉で表現する，３）したいこと，してほしいことを言葉で表現したり，分からないことを尋ねたりする，４）人の話を注意して聞き，相手にわかるように話す，５）生活のなかで必要な言葉がわかり，使う，６）親しみをもって日常のあいさつをする，７）生活のなかで言葉の楽しさや美しさに気づく，８）いろいろな体験を通してイメージや言葉を豊かにする，９）絵本や物語などに親しみ，興味をもって聞き，想像する楽しさを味わう，10）日常生活のなかで，文字などで伝える楽しさを味わう，の10項目を掲げ，さらにそれを解説するかたちで「内容の取り扱い」を付しています。

⑤ 領域「表現」

　ここでは「感じたことや考えたことを自分なりに表現することを通して，豊かな感性や表現する力を養い，創造性を豊かにする」と⑤の目標をなぞった上で，「ねらい」として１）いろいろなものの美しさなどに対する豊かな感性をもつ，２）感じたことや考えたことを自分なりに表現して楽しむ，３）生活のなかでイメージを豊かにし，さまざまな表現を楽しむ，の３項目を掲げています。そしてその具体的な内容として，１）生活のなかでさまざまな音，色，形，手触り，動きなどに気づいたり，楽しんだりする，２）生活のなかで美しいものや心を動かす出来事にふれ，イメージを豊かにする，３）さまざまな出来事の中で，感動したことを伝え合う楽しさを味わう，４）感じたこと，考えたことなどを音や動きなどで表現したり，自由にかいたり，つくったりする，５）いろいろな素材に親しみ，工夫して遊ぶ，６）音楽に親しみ，歌を歌ったり，簡単なリズム楽器を使ったりする楽しさを味わう，７）かいたり，つくったりすることを楽しみ，遊びに使ったり，飾ったりする，８）自分のイメージを動きや言葉などで表現したり，演じて遊んだりする楽しさを味わう，の８項目を掲げ，さらにそれを解説するかたちで「内容の取り扱い」を付しています。

6 5領域を考える視点

　ここに述べた5領域それぞれの目標，ねらい，内容を読めば，保育の場で子どもが見せるありとあらゆる姿（望ましい姿）が網羅されているのが分かります。保育者はそれらを念頭に置きながら，保育を計画し，子どもと付き合い，子どもの気持ちを受け止め，認め，支え，保育者の願いを提案し，願わしい姿を促し，時には禁止や制止を加え，また叱るというふうに，かかわっていくことになります。

　「要領」ではこの5領域がきれいに分かれるかのように提示されていますが，実際の保育では，この活動はこの領域に対応するというふうに，一つの活動と特定の領域を一対一で結び付け，他の領域から切り分けて考えることはできないことの方が多いと思います。というよりも，どんな保育の活動であれ，そこには5領域の複合した視点が必要だと言ったほうが正確でしょう。私たちの見方では，この5領域の扱いを考える際に，「子どもは自分の考えや感情をもった一個の主体として育っていく」という視点を常に堅持したいと考えます。そのような一個の主体としての育ちを支え，促す意味で，健康の面，人間関係の面，環境の面，言葉の面，表現の面への配慮が必要だということなのです。

　そして，それぞれの領域を意識して保育を組もうと考えれば考えるほど，子ども全体に「何をさせるか」という発想になりやすく，逆に，子ども一人ひとりの主体的な活動にこの5領域がどのように浸透しているかという視点に立ちにくくなるということも考慮する必要があるでしょう。

　たとえば，「表現」という領域の活動を考え，だからこの素材を準備して，子どもたちにこういう表現活動をさせて，という発想になりやすく，こうして「設定保育」の項で見たような，みんなに同じ表現をさせて，これが表現活動だとしてしまうようなことになりやすいのです。本当に表現活動が子どもの主体的な活動という趣旨に沿っているなら，そこにはもっと子どもの個性が現れるはずでしょうし，その結果，作品に違いが現れてくるはずでしょう。

　領域「言葉」に関しても同様です。「言葉」の領域の活動だから，文字に興味をもたせねばならないとか，もう5歳なのに流暢に言葉を話さない子だから気になるなど，常に平均的な発達の姿を想定して，そこに合致させる動きへと保育者が向かいがちですが，そのために，言葉はまさにいろいろな対人関係のなかで，その子の主体的な表現活動として生みだされるものだという視点が弱くなりがちです。言葉と人間関係と表現とは切り分けられないのです。

　いまは「表現」「言葉」の領域を例に取り上げましたが，環境や健康についても同じような議論ができるはずです。その意味で，5領域はやはり「一個の主体として育つ」という基本的視点に立ち返るなかで取り上げるのでなければならないでしょう。

Ⅲ　保育の実際

10 建物の構造や空間的配置などの保育環境の問題

　領域「環境」と重複する部分もありますが，保育の内容を考える時に，建物の構造や空間的配置などの保育環境がどのように整えられているかは，そこでの保育の実際の展開に大きな影響を与えます。ここでは，建物の構造やコーナーの設置やランチルームの設置というハード面に言及してみましょう。

1　建物の構造と空間的配置

　いろいろな園舎を見てみると，建築デザインとしては優れていても，子どもたちの保育にとって必ずしもよいとは言えない構造の建物があることに気づきます。そしてちょっとしたその構造の違いから，子どもたちの落ち着きや安定感が違うと実感される場合もしばしばあります。特に0歳から6歳までの子どもが通う保育所・保育園に，その影響が強く現れます。

◯乳児室，乳幼児室への配慮

　0歳児，1歳児保育が増えるなかで，既存の建物を増築して0歳，1歳児を後から受け入れるようになった保育園の中には，園舎の構造があらかじめ乳児や乳幼児向きに計画されていないために，年長の子どもたちの歓声や喧騒が直接向かう位置に乳児室が配置されていることがままあります。そのような場合，乳児たちが落ち着いて過ごせないことはいうまでもありません。別棟が理想ですが，そこまではしなくても，園舎の一番端にあって他の部屋と物置などで仕切られている等々の，騒音面の配慮がまず是非とも必要です。

　次に，0歳，1歳の部屋では，部分的にでも畳のコーナーがあれば，子どもがハイハイする場合でも，寝転ぶ場合でも都合がよく，また保育者もくつろいだ気分で子どもに接することができるなどのメリットがあります。カビなどの汚れや衛生面に配慮しながらも，是非ともこうしたコーナーが欲しいものです。

　また，乳児保育が急増する中で，3対1の保育者比率は守られていても，広い部屋にたくさんの乳児と複数の保育者が入る環境では，当然乳児たちの落ち着きがなくなり，保育しにくい状況になります。広い部屋を衝立で仕切るなどして，ある程度こじんまりした空間にすることが必要でしょう。

◯落ち着く場所の保証

　一昔前までの幼稚園や保育園の園舎は，小学校のようにまっすぐな一本の廊

III-10 建物の構造や空間的配置などの保育環境の問題

下の横に各クラスが一列に並んで配置されているといった構造がほとんどでした。そのようなハモニカ構造の各部屋は，子どもが大人の目から隠れたり，一人じっとして落ち着く場がほとんどなく，せいぜいピアノの陰や押入れの中が，子どもたちの好んで入りたがる場所でした。

そのような子どもの「居場所」の大切さが認識されるようになって，最近の園舎は，部屋に中二階を作るなど，いろいろに工夫を凝らした構造になってきました。ちょっと機嫌を損ねた時に，しばらくその居場所でじっとして，落ち着いてからまた元気に遊ぶ子どもたちを見ていると，改めて，そうした場所の保証が大事だということがわかります。もちろん，そうしたハモニカ構造の園舎であっても，後からちょっとした工夫でそうした居場所を作ることは可能ですから，すべてを建物の構造のせいにするにはおよびません。保育者がいろいろと知恵を絞ることも大切ではないでしょうか。

乳児保育室の様子

中二階は子どもたちのお気に入りの場所の一つで，この空間は保育士たちの要請で設計に取り入れられ，実現したものである。

❷ コーナーの設置について

園によっては，クラスの枠を超えたかたちで遊びのコーナーを設置し，そこで異年齢交流を実現しているところもあれば，クラスの中に遊びのコーナーを置いているところもあります。コーナーを置く趣旨は，登園してきた子どもが自分の目当ての遊びを選んでいく上で，たとえば4つの異なる遊びのコーナーがあらかじめ決まった場所に置かれていれば，選んでいきやすいというところにあります。「せんせい，折り紙する」「せんせい，クレヨン出して，お絵かきする」「せんせい，○○の本，どこ？」というように，子どもが保育者に自分のしたい遊びを告げ，先生にその遊びに必要なものを出してもらうというのは，子どもが主体的に遊んでいく上で，確かに非能率的です。もしも「制作のコーナー」「絵本コーナー」等があらかじめ決まっていれば，子どもは保育者を経由することなく，自分からそのコーナーに行って，自分で遊んでいけます。

こうしてある園では「ままごとコーナー」「制作コーナー」「絵本コーナー」「お絵かきコーナー」がクラスの中に置かれ，子どもたちは自分で活動の場を選んでそこに行き，自分から遊びを始めることができるのです。

こうしたコーナー保育は，子ども主体の活動を保証する保育環境の構成の仕方だという見方もできます。そして実際にそのように肯定的に機能していると

Ⅲ　保育の実際

絵本コーナーとままごとコーナー

ころが多いと思います。しかし，園全体のコーナーを設置するにせよ，各クラスの中にコーナーを置くにせよ，まずは園のなかにある程度の空間的な余裕がないとコーナーが置けないという問題があります。また，コーナーは子どもの自発性を促進するという趣旨であるわけですが，かえって遊びの場が「この遊びはここで」というかたちで限定され，たとえばいろいろな場を子どもが自由に選んでままごとをしたいのに，「ままごとはままごとコーナーで」というように，遊びの場を特定の場に限定されるという逆の「不自由さ」がみられる場合がないではありません。そのコーナーは「そこにいけばこれができる」というパターンを保証するものではありますが，「それはそのコーナー以外でもできる」という「自由度」を保証していないと逆の規制になりかねません。

　また，コーナーでは，子どもたちが自分で遊び，自分で道具を出せるという点では子どもが自立的になれますが，反面，保育者とのコミュニケーションが減り，保育者も子どもが各自で遊んでいるからそれでいいのだと思ってしまいがちです。そうなると，子どもの思いに自分が気づいていないことに気づかないということも起こってしまうことになります。このようにコーナー保育の功罪を意識できれば，「コーナー保育をしているからよいのだ」というような安易な考えに陥るのを免れることができるでしょう。

❸　ランチ・ルームの設置の是非

　同じように，子どもの自主的，自発的な遊びを保証する枠組みの中から，遊びの場と独立したランチ・ルームを各クラスに置くという大胆な発想も現れてきました。確かに，子どもたちの遊びは生活の流れによってしばしば中断されたり妨害されたりします。保育室は遊びの場であると同時に，昼食を取る場でもあるところが大半ですから，昼食時には「お片づけ」が必ず必要になり，それによって遊びが壊されたり，せっかく製作中のものが移動を余儀なくされたりといったことが生じます。「せんせい，このままにしておきたい」「せっかく

III-10 建物の構造や空間的配置などの保育環境の問題

つくったの，どこにもっていけばいいの？」といった子どもたちの声も聞かれます。こういう保育の現状にとって，ランチルームが別にあれば，子どもたちは遊びを途中までにおいておいて，昼食後にまた遊びに戻るということも可能でしょう。

そういう意味で，ランチルームの設置は経済面が許しさえすれば，保育者の長年の悩みを解決してくれるもっとも合理的かつ理想的な解決策だということになります。しかしながら，そこにも功罪を認めておく必要があります。

1・2歳児のランチルーム

スペースの狭さが諸悪の根源という点は確かにありますが，遊びと生活の複雑に入れ込んだ関係を考える時，遊びが中断され，そこに片付けという生活行動が入ることで，子どもたちはかえって生活と遊びとをうまく切り替える機会を得るという積極的な面があるはずです。実際，お腹が減って早く食事に移りたいとき，子どもたちはまだ幼いにもかかわらず，保育者の片づけを手伝い，当番活動のなかで配膳の準備をし，片付けない子どもに子ども同士で注意し合い……という具合に，遊びから生活行動へと気持ちを切り替え，またそこで子ども同士で関わり合っています。ときには，そのまま残しておきたかったのに片付けのために崩してしまったという残念な思いもあったかもしれません。

そうしてみると，「片付ける」という遊びにとっては邪魔な営みが，子どもたちにとっては共に生活する上でのさまざまな配慮を身につけるのに役立つ面があるということになります。不自由さがかえって子どもを育てるのです。もしも，ランチルームがあって，大人が昼食の準備を全部してくれて，子どもは遊びを一時中断してさっと食事ができるということであれば，効率よく時間を使うという合理主義を肯定する限り，片づけを挟んで子どもたちの動きがギクシャクしやすい昼休み時の保育者の悩みは，一挙に解決することになるでしょう。しかしその反面，生活に必要な「我慢」や「辛抱」，あるいは他の子どもへの「配慮」や「気遣い」といった人格面の育ちはかえってやりにくくなるかもしれません。

それゆえ，ランチルームを確保できる場合にも，保育者は単なる効率や合理主義ばかりでなく，それを通して真に子どもが一個の主体として育つことに繋がるかどうかを，常にチェックしていかねばならないでしょう。

この節では建物の構造や空間配置など保育環境のハード面を考えて来ましたが，そこにさらに保育者の配置，子ども対保育者の比率，メインとサブによるチーム保育の是非，等々のソフト面もまた，保育環境として重要であることはいうまでもありません。

III 保育の実際

11 保育の場での生活とその配慮点

　保育の場は，子どもたちが友達と交わりながらいろいろなことをして思う存分に遊ぶことが中心にきます。しかし，そこには生活の要素も含まれていて，それへの対応にはさまざまな留意点が含まれてきます。特に日中のほとんどを過ごす保育所では，幼稚園に比べて，そこに含まれてくる生活の要素が多く，保育者はその対応に追われ，子ども一人ひとりの遊びに十分付き合えないという思いを禁じえない場合が多いでしょう。

1　食　　事

　養護の健康の項でも取り上げましたが，保育の場の生活の要素として第1に来るのは食事です。多くの子どもたちにとって，食事は待ち遠しく，また美味しさを味わいながら周囲の子どもたちと楽しく交わることのできる時間ですが，同時にそこには，手洗い，食事の準備，配膳の手伝い，片付け，歯磨きなど，毎日のルーチンワークとなった活動が織り込まれています。

　さらに，食べることに関しては，手づかみにする，フォークを使う，お箸を使うといった食事の作法はもちろん，味わって食べる，ご飯とおかずを交互に食べる，嫌いなものにも挑戦するといった，食べることについての大人の文化や生活を子どもに伝えていく面も含まれています。

　「美味しく楽しく」を大原則にしながら，そういう生活面への細かな配慮が子どもの年齢や個人差を考慮する中で保育者に求められることになります。

　その際，全員が揃うまで待って一斉に食べるのか，準備のできたテーブルから食べ始めるのか，決まったメンバーでテーブルにつくのか，子どもたちが誰と一緒に食べるのかをその日に決めるのか，あるいは食べる場所も子どもたちが自分で選ぶのか，等々，園によっていろいろなスタイルがあります。そして，子どもが選ぶ要素が多いほどそこに自由感が生まれ，少ないほど統制が取れるということになって，それぞれの園のポリシーが現れると同時に，その園の雰囲気につながっています。

　わけても保育の場で食事に関連してよく話題になるのは好き嫌いです。嫌いなものがあるから好きなものが浮き出るというように，どの子どもにも好き嫌いはあるのが普通です。好きなものが出されたときの嬉しそうな顔，苦手なものが出されたときの困った顔，そしてそれでもそれに挑戦するときの顔は，まさにその子の個性そのものです。そのように，保育者は自らも一人の大人とし

て子どもたちと一緒に食事を取りながら，食事に取り組む子ども一人ひとりの様子を見て，それを一人ひとりの子ども理解につないでいくのが理想です。しかし現実の保育においては，ある時間の範囲で子どもたちに食事を終わらせる必要があり，また好き嫌いをなくして何でも食べられるようになってほしいという保護者や保育者の願いもあって，食事の場が保育者の「取り仕切る場」になっていることが少なくありません。「嫌いなものにも挑戦してほしい」という保育者の願いを通り越して，「嫌いなものも食べなさい」という命令調になったのでは，子どもはその圧力に押し込まれ，嫌々食べることになってしまいます。保育者に「みんなすんだのに，○○ちゃんだけだよ」と圧力を加えられると，食事の時間が楽しいものでなくなります。またそれが昂じると食べることに抵抗感を感じて，食べることに最初から向かえなくなります。そして，大人の言うとおりに黙々とただ食べるだけの子どもは，遊ぶときに主体的に遊べない，自分の気持ちをなかなか表現できないといったことがよくあります。裏返せば，主体的に食事ができることが主体的に遊ぶことに通じているということです。

そこに，「ある時間の枠の中で」を保育者がどのように考えるかがかかわってきます。食事の進まない子どもがいたときは，午前中どれほど遊んだか，今日の体調はどうか，日頃苦手にしている食べ物かどうか，いま気がかりなことがあるのか等々を考えて，食事に向かうことに気持ちが向かうように言葉をかけたり，時には食べたくない気持ちを認めてやったりすることも必要でしょう。

② 排　泄

4歳以上の年齢になると，ほとんどの子どもは排泄のしつけができていますが，時に失敗してしまう子どももまだいます。そのとき，周りの子どもがそれを鋭く指摘したり，それを馬鹿にしたりすると，失敗した子どもは傷つきます。周りの子どものそのような反応は，保育者の「また失敗した，困った子だ」という否定的な思いを鋭く見抜いて，自分を「良い子」の側に置こうとした結果だという場合が往々にしてあります。ですから，普段，「誰も失敗はある」というおおらかな受け止め方をしていることが大事です。それと同時に，周りの子どもが気づいていないときには，そっと一緒にトイレに行って着替えさせてやるという配慮も必要でしょう。

3歳以下では，排泄のしつけの早さに関して大きな個人差があるという理解が大前提です。家庭でのしつけの取り組み方とも大いに関係してくるので，家

庭との連携が必要になる面もあります。適当な時期を選び（「トイレでしよう」「大人はみんなトイレでするよ」等々、大人の言葉をかなり理解できるようになっていることが一つの目安で、生活年齢だけが判断材料ではありません）、しつけを始めたら、子どものしたい様子をしょっちゅう気にかけて、気配を感じたらタイミングよくトイレやオマルに連れて行くなど、「短期間に集中して」が原則ですが、一旦こじれた場合には、逆に一時休止期間をおいて、また始めるといった「長期戦を構える」というのが排泄のしつけの大原則です。

　3歳前後では、一旦出来上がっていたのに、下に弟妹が生まれて赤ちゃん返りが起こってしつけが崩れるという場合もしばしばあります。そのときには、失敗をあげつらうことなく、子どもの寂しい気持ちを受け止めてやるような配慮が必要になります。集団保育の中では、外遊びの後はトイレと決め、全員でトイレに行くことを習慣づけて、他の子がするから自分もするというふうにしてしつけるのが普通です。

❸　午　　睡

　保育所では昼食が終わると午睡の時間になります。実際、午前中に思い切り体を動かして遊んだ子どもたちは、年長の子どもは別として、午睡の時間になると大半がすぐに眠りに入ります。しかし、なかには眠れないでいる子どももいて、保育者は周りの寝ている子どもたちの邪魔にならないように気遣いながらも、眠れないことを受け止めてやることも必要です。「眠りなさい、眠らないとだめ」というように圧力をかけて、ただひたすらじっとさせるというのではなく、そばで一緒に横になったり、あるいは「遊戯室であそんでいてもいいよ」というような対応もあり得るでしょう。最近は年長児たちは午睡を取らない園がほとんどになってきましたが、一昔前は、眠れない年長児たちが、じっとしてひたすら午睡の時間が終わるのを待っているという光景をよく目にしたものです。保育者の立場からすれば、保育者も午前中体を動かして子どもたちと付き合ってきた分、自分も眠気を催し、いっとき子どもたちの横になって休憩をとりたいところでしょう。午睡の時間は子どもたちにとってだけでなく、保育者自身の生活リズムにとっても必要なものだという気持ちがあるかもしれません。そういう中で、眠くない年長の子どもたちにどのように対応するかは、やはり保育する側の姿勢が問われるところです。

❹　送り迎え（通園のかたち）

　送り迎えの場面は、家庭での生活と保育の場との接点になっています。朝、子ども一人ひとりをていねいに迎え、時には保護者から家庭での様子を聞くなど、保育者にとって朝の出迎えの場面は、余裕の中にも、気持ちを一人ひとりの子どもや保護者に持ち出す必要のある重要な時間帯です。しかも、すでに遊

び始めた子どもたちの様子にも目を向けながらの対応ですから大変です。しかし，そこでの対応から，今日はこの子にはこういう配慮をということが頭にインプットされることになるわけですから，その対応には丁寧さと同時に，子どもの様子や保護者の言葉の端々を的確に摑む豊かな感受性が求められます。

　その朝一番の出会いの場面を見ていると，保育者一人ひとりの個性や保育に臨む姿勢がはっきり見て取れます。「明るく元気に」の人もいれば「静かに優しく」の人もいます。それぞれが個性的であっていいと思いますが，少なくとも丁寧さは共通項として必要で，それがまた子どもや保護者に跳ね返っていっているのです。

　迎えの時間帯も同じように大事です。保育園の場合，迎えの時間帯にもなると，子どもたちも疲れた様子を見せることが多く，その分，ちょっとしたことでトラブルが生じたりします。そして，最近では保護者の生活の都合に合わせて保育時間がまちまちなのと，それに対応する保育者の勤務形態も多様になり，保育者自身，勤務を終わる準備に入りかけていることもあって，ますます迎えの時間帯は子どもの落ち着きにくい時間帯になっています。

　幼稚園の場合は，園によって保護者の出迎えのあるところと園バスのところとまちまちですが，出迎えのあるところでは，保護者に迎えてもらう様子に日頃の親子関係がにじみ出ているのがよくわかります。また園でトラブルがあったときなど，そのことを大げさにならないようにうまく保護者に伝えていくことも大事です。

　保育園の迎えに話を戻すと，そのような落ち着かない時間帯ではあれ，迎えに来た保護者にその日の様子を手短に伝えるとともに，保護者の不安や疑問などさまざまな思いを受け止める配慮も，保育者に余裕があって可能であれば示して，保護者との人間関係を深めていくことも大事です。特に最近では家庭生活が安定せず，子どもと保護者の関係が安定していない場合が増えていますから，そのようなときにはなおさら保育者側にいろいろな気遣いが求められます。

　幼稚園であれ，保育園であれ，保育の場が地域に根ざし，限られた範囲の地域からそこに子どもたちが集まってくるという条件のもとでは，通園は保護者に連れられてということになりますが，集まってくる地域が広範囲になれば，園バスが利用されるという状況もあるでしょう。そして幼稚園のなかには，その園のポリシーとして可能な限り徒歩でというように，保護者が子どもを連れて徒歩で通園することを求めている園もあります。確かに，徒歩で通園すると他の保護者との交流が生まれやすく，また保護者と子どもとの距離が近くなるなど，メリットがたくさんあります。速さと便利さと効率を求める車社会に逆行するようですが，そういうポリシーもあっていいのではないでしょうか。

　保育は日常生活といろいろな点で接点をもっています。そこにどれだけていねいな配慮をしていくかが，子どもの育ちに大きく影響していくのです。

III 保育の実際

12 運動会，発表会，諸行事

　保育の年間カリキュラムのなかには，どの園でも運動会や発表会など，保護者も楽しみにしている行事が組み込まれ，そのための準備に相当の時間を費やします。それらの行事をただ単にこれまでそうしてきているからという理由で取り組むのではなく，保育の目標と結びつけて，その意義をしっかり理解しておく必要があります。

　というのも，それらの行事は，子どもたちが目標をもって活動し，「みんな一緒にするのが楽しい」というように，その活動を通して一体感を経験できるというメリットがある一方で，その全体活動になじめない子，全体の流れに乗りにくい子，特にハンディのある子に，その行事をどのように楽しんでもらうかに関して，「子ども一人ひとり」の扱いが難しいと感じられることがあるからです。つまり，これらの行事は「子ども一人ひとり」と「みんな一緒に」という保育の二面性がぶつかりやすく，しかも後者が前面にでやすい保育のかたちだといわねばなりません。

　さらにこれらの諸行事には，子どもたちの成長を保護者に見てもらい，自分たちの日頃の保育の評価を受けるという一面があります。実際，たいていの保護者はこれらの行事を楽しみにし，発表会や運動会の場でわが子がどのように振舞うかに強い関心を寄せます。そしてみんなと一緒に活動したりしなかったりするわが子の姿に一喜一憂するという面があり，それを通して保育そのものへの評価を下す場合も少なくありません。そこから，子どもたちが主体的に取り組む活動という本来の趣旨からいつのまにか逸脱した，大人の観客を満足させたり感動させたりすることに主眼をおいたとしか思われない発表会や運動会が生まれてきてしまうのです。

　そしてまた，「自分の子どもがどう扱われているか」に強い関心を寄せ，他の子どもの扱いと対等かどうかに厳しい目を光らせる昨今の保護者の思惑のもとでは，発表会をどのように計画し，子ども一人ひとりにどのような役割を与えるかに関して，保育者は相当に頭を悩まさねばなりません。

① 気持ちを一つにする経験

　市内の幼稚園や保育園が合同で音楽発表会をするときなどを考えてみましょう。ある曲をみんなで演奏するというとき，そこにはみんなが気持ちを一つにして，その音楽を楽しみながら演奏するという発表会のよさが現れてきます。

しかも，晴れの舞台で大勢のお客さんの前で演奏するという目標が子どもたちに理解されると，子どもたちは子どもたちなりに頑張って，気持ちが一つになったいい音楽を演奏しようとします。これは，何かを制作したり，何かを一緒にして遊んだりという普段の活動の中にはない特別な経験ですから，それに取り組む子どもの様子も真剣で，幼児でもこんなに真剣になれるのだと感心させられるほどです。

　ところが，このような発表会の場合，「他の園と競い合う」という面が強く出たり，保護者の喝采を期待する面が強く出てしまったりしかねません。実際，聴衆としての保護者は，他の園の一斉に揃った演奏に感心し，その指導者の技量を賞賛し，自分の園ももっとこうでなければといった評価に傾きがちです。そうなると，保育者側はいつのまにか「上手な演奏」に目が向き，上手な子どもだけをピックアップして演奏させたり，一斉に揃うことにむけて幼児にとってはかなりハードだと思えるような指導や訓練を導入したりするということになりがちで，いつのまにか「みんなで気持ちを一つにした演奏」という当初の素朴な発想が薄らいでしまいかねません。

　実際には個人差も大きく，音楽教室に通っていてとても上手な子どももいれば，楽器演奏が苦手な子どももいます。それゆえ，その個人差を踏まえ，子どもたち一人ひとりが音楽を楽しみながら，しかも共通の目標をもってみんなで一緒に活動するという保育の趣旨を堅持するためには，保育者はいろいろな面に心を砕かねばなりません。そして，どれだけ揃ったかが評価の中心ではなく，子どもたちがどの程度この音楽表現活動に入り込み，それを楽しんでいるかが評価の中心だということを保護者に理解してもらわねばなりません。そしてそのためには，それに向けた啓発活動も本当は必要なはずでしょう。

❷ みんなでする：したくない気持ちをどう受け止めるのか

　保育者が提案する活動は，確かに子どもたちに取り組んで欲しいからこそ提案するものです。しかし，その提案に気乗りがしないとき，「それをしたくない」という子どもの気持ちはどこまで尊重される（されるべき）なのでしょうか。なかにはみんなの前に出てパフォーマンスすることが苦手な子どももいます。保育者はどの子どもにも素直に自分の気持ちを前に出してきて欲しいという願いがありますが，子どもによっては周りの期待に添えるか添えないかが気になって，最初から取り組むのに抵抗感を感じてしまう子どもがいます。もちろん保育者は全体の活動なのだからとその活動に誘うでしょうが，それでも「ボク，したくない」とその活動から離れようとする子どもに対して，「やらなければいけません」と言わなければならないのでしょうか。

　そこまで強い言葉では言わなくても，こうした全体活動に対しては暗黙のうちに「しなければなりません」という雰囲気が保育者を取り巻き，それが圧力

発表会の一場面

となって子どもたちを保育者が望む活動に引き込んでしまうという面があります。そして，そこに一旦巻き込まれてしまうと，「大人の喜ぶことをしたほうが楽しい，こうすると大人が喜ぶ」というふうに子どもに受け止められ，また保護者の評価が「頑張ったね」というかたちで返ってくるので，ますますその気持ちが強められ，あたかも自分から進んでしているかのような様子をみせるというようなことも起こってきてしまいます。「みんな一緒に」に強い価値づけが与えられていればいるほど，こうしたことは保育者の意識しないところで起こってしまうでしょう。

❸ 子どもたちの楽しみとしての行事

確かに，目標に向かって進む姿は適度な緊張感があり，それは幼児にとっても必要なものです。しかし，発表会や運動会は，避難訓練や掃除のように「生活上必要だからいやでもしなければならないもの」ではなく，あくまでも子どもたちの楽しみのためにあるものです。ですから，保育者が無言の圧力を加え，「いやいやながらさせられる」という思いで子どもたちが取り組まされる状況は何としても避けたいものです。そのためには，運動会や発表会を何のためにするかをもう一度反省し，大人の願いを先行させすぎないこと，保護者の歓心を買おうとしないことなど，いくつかの大原則を守ることが必要になります。

このようにいうと，運動会や発表会を否定しているように聞こえるかもしれませんが，もちろん違います。それらが子どもたちの楽しみになっている限り（大人の思いなしとしてではなく），それらの意義はすでに述べた通りですから，子どもたちの楽しみや期待に応えていくことは当然です。

❹ 配慮を必要とする子どもたちの存在

この節の冒頭でも見たように，特にハンディのある子どもには，この全体活

行事の活動から

劇や運動会，あるいは地域の行事などは，子どもが普段とは異なる姿を見せる場面である。

動への取り組みに特別な配慮が必要です。その際，大事なのは，みんなと同じことをさせることではなく，みんな一人ひとりでいいのだというように個人差や個性を認めて，それぞれの取り組み方があるという姿勢を堅持することです。ほぼ同じ力の子ども同士では，走る速さを競うこともあっていいでしょう。しかし，明らかにみなとは同じ力をもたない子どもに，競って走ることを求める必要があるでしょうか。その子が先生におんぶされて走ることを願ったとき，そしてそれを周りの子どもも認め，そういう参加の仕方もあるということを保護者も含めて認め合わない限り，結局のところ，ハンディのある子どもが健常な子どもとともに保育の場を楽しむことはできなくなってしまいます。もちろん，その子がハンディを乗り越えて，遅くてもいいからみんなと同じように走りたいと願うときには，それを受け入れる必要があるのは当然です。

　同じことは健常な子どもたちについてもいえます。そこには大きな能力上の個人差と個性があるからです。そうしてみると，みんなが一緒に活動する行事だからこそ，そこでは「子ども一人ひとり」の観点が十分に配慮されなければならないのだということになります。

IV　保育者のあり方

　このIVでは，保育者のあり方を中心に，次世代育成支援や子育て支援をも視野に含みながら，保育を取り巻く周辺の問題を論じてみたいと思います。

1．保育者とは
2．保育者のアイデンティティ
3．保育者の仕事
4．保育者の抱く葛藤
5．保育者の3つの専門性
6．保育者同士の関係
7．研修の意義と受ける姿勢
8．気になる子どもへの対応
9．負の出来事への対応
10．保護者との連携
11．保育実践の問題点（1）
12．保育実践の問題点（2）
13．保育実践の問題点（3）
14．保育実践の問題点（4）
15．次世代育成支援または子育て支援
16．地域との交流
17．就学へのつなぎ

杜の卒園式

この園では園舎の裏が神社の杜になっていて、そこで卒園式が行われる。その杜は普段は子どもたちの格好の遊び場でもある。慣れ親しんだその杜の木立の中で卒園式を終えると、子どもたちは明日に向かって羽ばたいていく。

Ⅳ 保育者のあり方

1 保育者とは

1 保育士と幼稚園教諭

　保育者という概念は，社会福祉の枠組みの中で養成される保育士と，幼年期（初等）教育の枠組みの中で養成される幼稚園教諭とを包含した，それゆえ制度的には曖昧な概念です。しかし，子どもや保護者からみれば，保育士である，幼稚園教諭であるという違いは，それほど大きくないに違いありません。実際，保育の場で一人ひとりの子どもの保護と養護に配慮し，日々の保育を計画し，その中で子どもの遊びに付き合い，さまざまなかたちで個別にあるいは集団全体にかかわり，こうして集団全体と子ども一人ひとりを常に視野に入れながら，子どもの心身の成長を支え促す存在として，両者は根本的に異なるものではありません。

　資格上の難しい問題こそあれ，いま「幼保一元化」の動きがあるのも，両者が「保育者」として括る事のできる存在であるからでしょう。両者の違いは次項で述べるとして，ここでは保護者＝養育者との相違や保育者のアイデンティティを中心に，保育者の特徴を取り上げてみます。

2 養育者との違い

　『一足先に一個の主体として生きてきている大人が，次世代の子どもを一個の主体として受け止めて対応することを通して（大人が子どもを「育てる」ことを通して），子どもは一個の主体として成長していく』，これが本書を貫く基本的な保育観でした。これは家庭で養育者が子どもを「育てる」営みと基本的に変わらないものです。別項で見るように，保育者の専門性が語られ，保育者は家庭の養育者とは違うことを強調する傾向が強まっています。その専門性を明確にするからこそ，資格付与の意味があり，また保育者としてのアイデンティティが成り立つわけですから，養育者との差異性を際立たせることは確かに必要です。

　しかしながら，保育士がかつて保母と呼ばれていたように，保育の中にある保護，養護の側面は，家庭にいる養育者の保護，養護とほとんど重なります。また，これまで見てきたように，「育てる」ことの根本にある基本的対応，つまり，子どもを大事に思う気持ちを背景にして，「受け止め」「認め」「共感し」「支え」「ほめ」「叱り」「誘い」「導き」「教え」等々の対応をするという点は，

▷1　保育士は児童福祉法第1章第6節に定められているもので，「専門的知識および技術をもって，児童の保育および指導と保護者に対する保育に関する指導を行うことを業とする者をいう」と謳われている。

▷2　幼稚園教諭は教育職員免許法の定めるところにより，所定の単位を取得して，専修，一種，二種の免許状を取得した者，および助教諭の資格を取得した者が職員として保育を担当することができる。

▷3　幼保一元化とは，幼稚園は文部科学省，保育所・保育園は厚生労働省と所轄官庁が異なる現実があるにもかかわらず，「保育」という共通項からして両者を区別して扱うことに疑問を投げかけ，両者を一体のものとして保育すべきであるという主張が基本にある。ただし，その場合でも，0歳から3歳までを保育所・保育園で，4，5歳を幼稚園で棲み分けるという趣旨もあれば，建物を隣接させて合同保育を基礎に考えるという趣旨もあれば，その理解のし方には相当な幅がある。建物を共用化するというかたちを一元化と呼べるかどうかはともかく，現在は建物を隣接させる，建物を共用化するというところに，幼保一元化の動きをみることができる。

IV-1 保育者とは

保育者も養育者も基本的に変わらないといっても過言ではありません。特に「教える」態度を強くもった保育者に子どもを「育てる」ことの本質を伝えていくためには、むしろ家庭でなされる養育との共通項を指摘しておくことは大事なことです。

養育者との違いは、保育者は①集団の中で子どもを育てること、②それぞれの子どもの保護、養護に重い責任を負うこと、また③子どもの成長に関するこれまで積み上げられてきたさまざまな知見を踏まえて、保育を計画し、その計画に沿って保育を展開し、その中で一人ひとりを「育てる」こと、さらには④自らの保育を常に反省し、よりよい保育を目指すこと、そして⑤それらの4点を限られた保育時間の中で仕事として行うこと、の5点にあるといえます。これらはまた保育者の専門性を構成する要件でもあります。それに加えて、最近は子育て支援、次世代育成支援の観点から、保育者には保護者の悩みを理解し、場合によってはそれを支援するための知識や具体的な対応の仕方なども求められるようになってきました。このことが保母から保育士への名称変更に反映されています。要するに、ただ子どもの相手をしているだけというのではないというところに、養育者との明確な違いがあるというわけですが、こうした専門性の強調が、「教える」働きかけに傾く傾向を助長している面がある点には用心する必要があります。

❸ 子どもからみた保育者

子どもから保育者はどのように見られているでしょうか。それまで家庭にいて養育者の保護の下にあった子どもが保育の場に出て、自分以外の多数の子どもとともに保育者に接するようになるとき、子どもはどんな気持ちになるでしょうか。登園し始めたばかりの頃、幼稚園や保育園の玄関先では、保護者と別れがたくて泣き喚く幼児の姿が多数見られます。それだけ慣れない場や見慣れない人たちを前に、不安がいっぱいだということでしょう。ですから、まず保育者は、子どもの目から見て安心できる存在、そばに寄って行きたい存在であることが必要です。これは保育の「保護・養護」の側面を実現していく上の必要要件でもあります。それには、子ども一人ひとりにていねいに気持ちを向け、子どもの気持ちを受け止め、気持ちの上で子どもと繋がることができるのでなくてはなりません。「おはよう」という簡単な一言であっても、そこに子どもといま気持ちをつなごうという優しい気持ちが保育者になければ、その言葉は単なる音声にしか過ぎなくなります。そうではなくて、「今日も元気に来てくれて、先生、嬉しいよ、今日も元気に遊ぼうね」という保育者の思いがこもった言葉であれば、そのわずか一語の「おはよう」によっても、子どもの気持ちと触れ合うことができます。

そして保育のいろいろな場面で、「先生、見て」とか「先生、できた」と子

▷4 保母から保育士への名称変更は、単なる変更ではない。保母の任務は、社会福祉施設（例えば保育所・保育園、乳児院、児童養護施設、等）において、児童の保育に当たると規定されていた。これに対して保育士の規定のなかには、社会福祉施設においてという文言が消えている。それゆえ、これからの次世代育成支援などでは、居宅子育て支援なども保育士が出向いて行うことができる体制にある。

▷5 このような書き方をすると、家庭における養育者の養育をおとしめることになる。家庭の養育にあっても、養育者は本来、子どもの思いをていねいに受け止めて対応しているからこそ、そこに信頼関係が築けるのであり、その意味では「ただ子どもの相手をしているだけ」ではない。このことは養育に困難を感じてそれを外注したい気分に陥っている保護者の動きが如実に物語っている。その養育内容からして、家庭における養育をも広く保育と考えれば、養育者もまた保育者と呼んでよいことになる。

▷6 これを安易に「集団適応の悪い子」と見てはならない。ここには、おおきな個人差があることを保育者は十分わきまえておかねばならない。

どもが保育者に認めて欲しいとやってくるときに，おざなりにではなく，本当の気持ちから「いいのができたね，よかったね」と認めてやることができれば，子どもの目から見て，保育者は自分を受け止めてくれる人，認めてくれる人だということになり，その裏返しとして，自分に自信や誇りがもてるようになっていくでしょう。その点で，保育者は子どもの気持ちや思いを受け止め，認めることのできる人でなければなりません。

あるいは保育の場では，子ども同士の衝突や対立も避けられませんから，そのようなときに，当事者となった双方の子どもの言い分をていねいに聞き，お互いの思いを仲介して，その衝突を緩和することができれば，保育者は子どもの目から見て，頼れる大人というイメージで見られるようになるかもしれません。対立や衝突をひたすら抑え，どちらが悪いかの審判になるような対応では，単に怖い先生としか受け止められないでしょう。

そして，「先生は子どものとき，こんな遊びをしていたよ」などと，いろいろな面白い遊びを提案してくれるとき，あるいは子どもの興味をひきつけるように面白く絵本を読んでくれるとき，あるいはまた「ここはこうしたらうまくいくよ」と優しく手ほどきしてくれるとき，子どもから見て保育者は，真似てみたい人，取り込みたい人にみえてくるでしょう。

このように，保育者から見れば大勢の子どもたちであっても，一人ひとりの子どもから見れば「わたしの先生」なのですから，子ども一人ひとりに自分がどのように見られているかを気にかけ，子どもからみて「大好きな先生」になることが，子ども一人ひとりを「育てる」うえでも，また保育全体がうまく展開する上にも是非とも必要です。

❹ 保護者から見た保育者

当然ながら，保護者は自分の子どもを任せる保育者が，自分の子どものことをよく分かってくれる人，自分の子どもにていねいに接してくれる人，そしていろいろな点に気づいて，子どもの成長を促してくれる人であることを強く願っています。

その期待にできるだけ添おうというのも保育者の基本的な姿勢として大事なことです。実際には保育の場のさまざまな制約の中で，保護者の期待にすべて応えることはできませんが，そういう姿勢をもっていることが保護者に伝われば，保護者も保育者を信頼するようになります。そしてそこに信頼関係が生まれれば，必ず子どもとの関係によいかたちで跳ね返ってきます。保護者が保育者を肯定的に評価しているということが，保護者の日頃の態度や表情や言葉に表れ，それを通して子どもも自分の先生が「よい先生」だと思えるようになるからです。

特に初めて子どもを集団の場に預ける保護者は，わが子がうまく保育者に受

け止めてもらえるだろうかと心配します。そして，わが子が保育者に信頼を寄せて元気に園生活を送れるようになると，保護者も安心し，保育者を信頼できるようになります。そうすると子どももそういう保護者の思いを感じ取って保育者にさらに信頼を寄せていけるようになります。子どもが保育者を信頼してこそ保育がうまくいくのですから，そのためには保護者からの信頼は欠くことができません。

　若い保育者であれば，その若さとエネルギーと真剣さが子どもを引き付け，ひいては保護者を引き付けるでしょうし，中堅になれば，その安定感や経験の豊かさが安心感につながるでしょう。保育者一人ひとりが自分の個性を生かして保育の基本を実践している姿が，保護者から見れば「信頼できる保育者」と見えるはずです。そして子育てでの悩みや自分の周辺で起こっていることについての悩みを気軽に話せる雰囲気を保育者がもっているなら，なおさらその信頼感は増すに違いありません。

　また保護者から信頼してもらえるようになると，保育者も気軽に保護者にいろいろな協力をお願いできるようになります。いまの時代は，昔のように一方的に園側の方針に合わせて保護者を指導するというやり方ではうまくいきません。まずは保護者の思いに耳を傾け，保護者の信頼を得ていくことが求められます。そして保育者も子どもの園生活の様子を保護者に伝えたり，園参観を通して，あるいは保護者と保育者と子どもの三者が協力して作る行事などにおいて，保護者との相互理解と信頼を深めることに努める必要があります。

　確かに，最近の保護者の中には，「ともかくわが子に力をつける」ということに傾いて，「○○をさせます」という園のキャッチコピーに反応して園を選び，たくさん何かを指導してくれる保育者を「良い先生」と見る一方，本当は子どもにていねいに接して「心を育てる」ところを一生懸命にやっている保育者を「ただ遊んでいるだけの先生」と見て，「だからうちの先生はいい」とか，「だからうちの先生はだめ」などと評価する人がいるのは事実です。

　しかしそういう能力主義に傾いたかに見え，風評に惑わされるかに見える保護者も，自分の子どもが生き生きして元気に園生活を営んでいることがやはり一番なのです。幼児期に何を育てることが大切なのかについて保護者にパンフレットで示したり，啓発的な保護者講演会を設けたりして，園の保育に臨む姿勢やポリシーをきちんと伝えていけば，いずれ子どもの生き生きした姿から保護者が考え方を変えていくことも期待できます。そして，保育者の方から歩み寄って保護者との信頼関係を築く努力を重ねれば，きっと保護者の見方も変わってきて，「こういう園で過ごさせてよかった」という大方の保護者の肯定的な評価が，口コミを通して周辺の子どもたちをその園に導いていくということもあるでしょう。長い目で見れば，目先の歓心を買うのではなく，そのような地道な正道を行く保育が結局は保護者の高い評価につながるのです。

▶7　園がキャッチコピーを通して保護者の歓心を買おうとする動きと，保護者ニーズとは社会や文化の動向を媒介することによって，相互に影響を及ぼしあう関係にある。社会的評価の枠組みがこうなっているから，保護者ニーズがこうだから，それに合わせるしかないという理由付けもあるが，保護者ニーズは園側の働きかけ次第で掘り起こせる面もあるし，社会的評価の枠組みが常に正しいとも限らない。理由付けて合理化するのではなく，むしろ自分の園のポリシーを明確にすることが肝要である。

Ⅳ 保育者のあり方

2 保育者のアイデンティティ

1 保育者のアイデンティティの基底にあるもの

　保育の仕事を選択する際，何が決め手になったかと問えば，大多数の保育者は，社会的に重要な意義のある仕事だからという前に，やはり子どもたちのかわいい元気いっぱいの様子に心引かれ，またその子たちと遊んだり生活を共にしたりすることに心引かれたからというのが，第1にあげられる理由でしょう。

　一昔前であれば，自分のきょうだいや親類縁者に幼い子どもがいて，一度は抱っこした，少しは一緒に遊んだという経験をもち，その経験が好ましかったということが背景にあって，保育の仕事を選択したというケースが多かったようですが，最近では，保育実習を引き受けている保育現場から，最近の実習生のほとんどは乳幼児にこれまで一度も触れたことがないのに驚く，という声が聞かれます。中学や高校での体験保育もかなり定着しつつあるとはいえ，最近は乳幼児と接する経験が乏しくなったのは事実でしょう。

　ともあれ，乳幼児に実際に触れたか触れないかは別にして，たとえイメージの中であっても，やはり元気に遊ぶ子どもの姿に心引かれて保育の世界に飛び込むことになった人が実際には多いと思います。

　そして実際に保育の仕事を経験してみて，やはり子どもたちの元気一杯遊ぶ姿に日々接するのは楽しいし，そこから自分自身，生きる「元気の素」をもらっているという実感もあるかもしれません。保育者の専門性はこうだ，保育者はこうあらねばと言う前に，ともかく子どもと付き合うのは楽しいということは，何よりも保育者のアイデンティティの基底をなすものでしょう。

2 子どもの成長を支える仕事というアイデンティティ

　もちろん，保育者のアイデンティティの中核をなすのは，子どもが一個の主体として成長していくのを自分が支えていること，そしてそれに自分が深くかかわっていることに自分自身プライドを感じていることでしょう。本書で強調しているように，保育の本質は，保育者が子ども一人ひとりを一個の主体として受け止め，それぞれの思いを尊重しながら，子どもたちと遊んだり楽しんだり，生活を共にする中で，一人ひとりが一個の主体として成長していくのを支えるところにあります。その仕事に従事することにプライドを感じることこそ，何よりも保育者のアイデンティティなのです。

▷1　アイデンティティという言葉は，エリクソン・E（1950）が『幼児期と社会』の中で青年期を特徴付ける際に，「アイデンティティ拡散の危機」と述べて以来，エリクソンの基本概念として，また青年期の特徴的な課題として議論されてきたが，これを日本語に翻訳するのは難しく，常用されている「自我同一性」という訳語からもその概念の内容は汲み取りにくい。「自分の生涯を見据えて，自分らしい生き方や態度を見出すこと」という意味が基本にあると思われるが，次第に意味が横滑りして，「日本人のアイデンティティ」「我が社のアイデンティティ」という表現も珍しくない。ここでは「保育者とはこうあるべき存在」というような意味で保育者アイデンティティを考えている。

こうした社会的職業に対するアイデンティティは，本来，その職業に対する社会的な評価と表裏の関係にあります。つまり，社会がそれを高く価値づけるから，自分もそれに価値を見出せるし，その仕事に従事することにプライドを感じることができるという関係がなりたっています。

❸ プライドが揺らぐ現実

　しかしいま，保育者のそのプライド，ひいてはアイデンティティが揺らいでいる印象を拭いきれません。その理由の一つは，これまでの通常の保育だけでも実際の保育は大変という思いを禁じえないのに，最近はそれに加えて，子育て支援だ次世代育成支援だと多様な仕事が重なって，保育者自身に従来の保育イメージがなかなか維持できなくなってきたことがあるようです。

　もう一つは，保護者からの要求や保育者批判が一昔前にくらべて明らかに強くなっていて，保護者の態度や言動に保育者のプライドがしばしば傷つけられてしまうことです。その背景には，「元気な子どもと楽しく遊ぶ」という一般の人が思い描く美しい保育イメージがかえって仇になって，保育の仕事がいかに困難な仕事であるかが一般に（保護者からも）十分に理解されていないこともあるでしょう。要するに，仕事の厳しさ辛さと，保育に対する自分のプライドと，社会的な評価とが，整合しない現実があるわけです。

　さらに第3に，保育をめぐって対立する考え方があり，その対立に振り回されることも，仕事へのアイデンティティが揺らぐ理由の一つでしょう。

　本書の基調とも関係しますが，いま，一方にはたくさんの指導を与えて子どもに力をつけるべきだとする保育の動きがあります。保護者のニーズもどちらかといえばそちらに傾いています。他方，子どもの心に目を向けて，一人ひとりが主体として育っていくのを重視する保育の動きもあります。この二つの動きが対立し，保護者のニーズとも絡んで，保育者を悩ませるのです

❹ 保育の本質を踏まえた保育者アイデンティティの再確認の必要

　残念なことに，いま保護者たちの中には保育者に強い指導性を求め，子どもが聞き分けよく集団の流れに乗る状態をつくれることがいい保育者だという誤解が広まっています。そのために，子ども一人ひとりの思いを受け止めるという保育の最も重要な部分が十分に保護者に理解されず，したがって保護者から保育者の評価が正当に返ってこないという厳しい現実があります。

　しかし，そういう状況下にあるからこそ，保育者は何をする人なのか，その専門性を再確認し，ひいては保育者のアイデンティティを再確認し，それによって保育者自身，自分の保育者としてのプライドを守ることが，心豊かな保育者として子どもの前に立つ大きな条件だといえます。

▷2　プライドを抱くのは自分自身であるが，そのプライドは，世間が「かくあるのが望ましい」と期待していることを自分が実現することにおいて抱くものであるから，周囲の期待と無関係に自分だけの独自なものとしてあるわけではない。とりわけ，価値観が多様化している時代にあっては，新しい価値観によってそれ以前の価値観が無価値にされるようなことがままあるので，そのような場合に，かつての価値基準に沿ってかたちづくった自分のプライドが揺らぎ，そのプライドを基礎に出来上がっている自分のアイデンティティが揺らぐということが起こってくる可能性がある。現代のように，表向きは保育の価値を称揚しておきながら，裏では「誰にでもできる簡単な仕事」とおとしめられ，他方では「あんなきつい仕事をよくやる」と言われる現実があるなかでは，保育者が真の意味で自分の仕事にプライドをもち，保育者アイデンティティを自ら見出していくのが難しい環境にあるのは確かである。

Ⅳ　保育者のあり方

3　保育者の仕事
保育士と幼稚園教諭の仕事の共通点とこれから

1　共　通　点

　保育における保育者のもっとも重要な仕事は，保育目標に沿って一人ひとりの子どもの思いを受け止め，一個の個性をもった主体として育てていくところにあります。そして子どもに接するその接面で保育者がなすべき配慮や子どもへの対応は，「保育とは何か」の節で述べたことに集約されています。保育士と幼稚園教諭は，担当する子どもの年齢の違い，あるいは生活要素の濃い薄いの違いはありますが，午前中の保育の仕事に関しては，両者のあいだに本質的な違いはありません。

　それに関連して，近年，二重資格取得の問題が俎上に上り始めています。確かに，幼稚園教育は3歳児保育，2歳児保育と低年齢化していくのに応じて[1]，これまでのように小学校との連続性を重視した動きよりは，むしろより低年齢児との連続性を重視し，下からの積み上げとして子どもを見る見方へと変わっていかねばなりません。その意味では，幼稚園教諭は保育士資格の内容を学び，それを身につけていく必要があります。

　また保育所（保育園）保育も，幼稚園児数よりも保育園児数が次第に多くなってきた現実を踏まえて，発足当時の「保護者の生活のために子どもを預かる」という趣旨を大きく踏み越え，保育の質を高めていくためには，幼年期教育が培ってきたものに学ぶべき点が多々あります。その意味では，保育士も幼稚園教諭の資格の内容を身につけていく必要があるはずです。

　要するに，両者の垣根はどんどん低くなり，それに応じて，これまでの保育士や幼稚園教諭の養成のあり方も，今後その養成内容（カリキュラム内容）の見直しを含めて変わっていくことが予想されます（一元化されるかどうかは今後の問題としても）。

　確かに現時点では養成の仕方が違い，資格の意味も違い，そして実際の仕事の内容にも微妙な違いがあります。しかし，子どもを一個の主体として育てるという保育の本質においては共通項がほとんどです。二重資格に向かうのか，この際，資格の一本化，一元化を図るのかは議論の分かれるところですが，本書のこれまでの流れを踏まえれば，両者の差異性を際立たせるよりは，両者の共通性を重視し，両者の特徴を併せ合わせもつ方向で養成を考える方が，今日でははるかに建設的だと言えます。

▶1　政令で定められた特区では，私立幼稚園を中心に，その年次に満3歳になる子どもの保育を幼稚園で受けることが始まっている。これは実質的に2歳児保育の始まりを意味する。こういう動向も，幼稚園の預かり保育と共に，幼稚園と保育園の垣根が低くなることに寄与している。

IV-3 保育者の仕事

❷ 幼稚園教諭のこれから

　多くの幼稚園教諭は3歳児以降ないし4歳児以降の幼児の保育を担当します。歴史的に見れば，幼稚園教育は就学前1年間の5歳児保育として出発し，かなり遅れて4歳児保育がそれに付け加わりました。そして私立の幼稚園を中心に3歳児保育が始まり，それが定着するなかで今2歳児保育が視野に入りかけていますが，公立幼稚園はようやく3歳児保育を始めつつあるのが現状です＊。

　このように幼稚園教育は歴史と共に徐々に低年齢化してきましたが，そもそも幼稚園教育には小学校教育との連続性を重視する観点が当初から強くあって，そのために保育の発想も，下の年齢から積み上げていくというより，上の年齢から下ろしていく傾向が強かったといえます。つまり，5歳児は小学校1年生の1年前の子ども，4歳児は5歳児の1年前の子どもというように，上から逆に降りてきて，「だからいまこのことをさせる」という発想になりがちでした。このことが幼稚園教育においては「教える」という枠組みが強く，「一斉に○○させる」という保育者主導の構えからなかなか抜け出せない理由のようにも見えます。

　もちろん，良質の保育を実現している多くの幼稚園では，「一斉に○○させる」という幼稚園教育の悪しき傾向を乗り越え，まさに「子ども一人ひとり」をていねいに保育する姿勢を目指し，その中で，「上から下へ」ではなく，逆に「下から上へ」という子ども本位の保育に取り組んできました。実際，良質の保育を目指して幼稚園教育に従事してきた多くの先生方の情熱は，各期にふさわしい課題を選定し，それを教育課程にまで練り上げ，子どもたちに多様な経験を与えるためのさまざまな工夫を積み上げてきました（これは，良心的な保育を行っている各幼稚園のオリジナルな教育課程をみるとよく分かります）。また，詳細な指導案を策定し，指導案に添って計画的に保育するという姿勢も，場当たり的な保育にならないための保育の基本であり，これも幼稚園教育が長い歴史の中で磨き上げてきたものの一つです。特に，どのように素材を準備すれば，子どもたちが自ら興味を広げて遊び込むかに関して，多くの幼稚園が積み上げてきた実践知は，これから保育に臨む人たちに多くのヒントを与えてくれるに違いありません。

　しかしながら，幼稚園教育を全体として見れば，まだまだ一斉型の保育に終始し，「子ども一人ひとり」のスローガンが霧散してしまっているような保育実態も少なくありません。保護者ニーズが「子どもに力をつける」ことにあるのを盾にとって，むしろ一斉型の「させる」保育をかえって強める幼稚園も目立つようになってきました。

　このような「させる」保育を薄める上で，幼稚園が3歳児保育や2歳児保育を手がけるようになることは，一面では歓迎すべきことだと思います。という

▶2　公立の場合には，「3歳までは家庭で」という「3歳児神話」がまだ残存しているようである。しかし，保育料その他の経済的な問題がなければ，3歳児を保育の場にという願いは核家族化した専業主婦家庭にも強くあることを踏まえれば，わが国の少子化社会では，早晩，3歳児になればみな保育の場にでかけ，そこで子どもたち同士のかかわりの経験をもち，また保護者もそれを通して，他の保護者とのかかわりをもって，〈育てる者〉としての自分のあり方をそのかかわりの中から見出していくというのは，おそらく時代の趨勢であろう。私立幼稚園の存続のための棲み分けという理由もあるが，公立幼稚園の教諭の保育の質を高め，子育て支援に真の貢献ができるためには，公立幼稚園の3歳児保育は，公立幼稚園が存続するのである限り，必要不可欠な動きである。

のも，5歳児や4歳児は保育者主導でもある程度やれるかもしれませんが，3歳児保育や2歳児保育は，明らかに保育の質が異なっており，「させる」ことを基調にした保育では，まず対応できないことが多いからです。ここにいま，幼稚園教諭が保育士の資格をもち，低年齢の子どもについて多くのことを学ぶ意味があるように思います。

　また，これまで幼稚園では，昼食が済んでひと遊びすると，一斉に揃って降園となり，その後の時間を幼稚園教諭は「振り返り」の時間にして，明日の保育に向けての準備をするのが常でした。それが「預かり保育」の開始と共に少しずつ崩れ，「保育者がお茶を飲みながら振り返りをする時間」は，「保護者たちが一緒にお茶をしてリフレッシュする時間」になっていった観があります。そして，子育て支援が広がる中で，園庭の解放，保護者の随時参観など，それまでの幼稚園の殻を破って保育を外に開放する動きも広がり，そのなかで保育者としての仕事がどんどん増えるという状況も生まれてきました。これは幼稚園がそれまでの「幼年期教育」という枠組みを超えて，保育所保育と同じような生活支援や生活要素の入り込んだ保育へと変貌を遂げようとしていることの表れだといえるでしょう。

　このような状況の下で，一斉型の「させる」保育のまま，子育て支援を新しい保育者の仕事として抱えれば，それで幼稚園教育はうまくいくととても思えません。幼稚園教育が培ってきた保育の良質の部分（遊びの展開を軸にした保育）を堅持しながらも，「子ども一人ひとり」が基本だという点に立ち返り，保護者ニーズに迎合することなく，むしろ保育の質の高さで保護者から高い評価を受けるようになるのでなければならないでしょう。

果たして幼保の一元化に向かうのかどうかはともかく，幼稚園教諭の仕事がこれから大きく変わっていくことは確実のようです。

３　保育士のこれから

　いま，保育園はどこも定員を超えて子どもを受け入れ，正規職員，臨時職員，パートタイム職員など，多様な人によって目まぐるしく保育が展開されています。早朝保育，延長保育，一時預かり制度，子育て支援，次世代育成支援，等々，行政が求めてくる保護者支援施策が相次ぐ中で，保育士たちは多様な勤務形態が求められ，次々に新しい仕事が押し付けられて，担当する子ども一人ひとりをていねいに受け止めることなど，とてもできる相談ではないと嘆息を禁じえないような現実に置かれています。

　そうした厳しい仕事環境下にあるにもかかわらず，公立，私立を問わず，いま多くの保育士たちは情熱をもって保育の仕事に向かい，限られた時間の中で研修意欲も旺盛だという印象があります。かつて「幼稚園は子どもの教育をするところ，保育園は子どもをただ預かっているだけ」という揶揄のなかで保育

園保育が眺められていた時代がありました。そのような低い評価に反撥して，「幼稚園に負けない高い質の保育」をめざし，多くの保育士が自らの専門性は何かを問い，研修を積むことを通して，午前中の保育内容も決して幼稚園に引けをとらない充実した内容の保育に取り組む園が増えてきました。月案や週案等の保育計画をたて，個別の保育記録も多忙な中でつけ，専門性をもった職業として保育士の仕事が考えられるようになってきました。

確かに，保育園の一日の流れは実に目まぐるしく，0歳から6歳までいる保育園では，朝の出迎えにはじまり，自由遊びがあり，片づけがあって集合があり，低年齢児には朝のおやつ，次に遊びや活動中心の保育が展開され，それが一段落すると，これも低年齢児から昼食にかかり，少しずつ時間をずらして食事が進み，次には午睡，午睡後のおやつ，少し疲れてきた子どもたちとの付き合いや，ちょっとした遊び，そして三々五々のお迎え，延長保育の子どもへの対応というように，日課が次々と流れていきます。その日課の流れを子どもたちを集団として動かしていきながら，しかも子ども一人ひとりの要求に応えようとし，午睡の時間に午前中の子どもの様子を保育士同士で情報交換し，家庭に伝える簡単なお便りを準備してというように，丸一日を保育士と付き合ってみると，保育士の仕事は並大抵の仕事ではないという思いを禁じ得ません。しかし，それが現在の保育士の仕事なのです。

そういう過酷といってもよい労働条件の中にあるにもかかわらず，いま，保育士たちは保育に対する社会の強い期待を肌で感じており，それに応えようと情熱を燃やす保育士は決して少なくありません。

これだけの仕事内容と，多様な勤務形態のまま，保育者のアイデンティティを堅持して，息長く保育の仕事に従事し続けられるだろうかと危惧される面がないわけではありませんが，しかし，いま子どもたちや保護者たちが置かれている大変な現実を踏まえれば，保育士の方々の保育に対する情熱に期待しないわけにはいきません。ただし，そのような過酷な労働条件が，乗り越えてきたはずの「子どもを預かるだけ」の保育へと回帰したり，保育の質を落としたりすることにつながらないように，行政的な対応も不可欠でしょう。

❹ 保育者のこれから

二重資格の問題をはじめ，幼稚園教諭であれ，保育士であれ，いま保育者は保育に寄せる社会の大きな期待に応えるために，大きく変身することが求められているように見えます。それを「困ったこと」と受け止めるのではなく，むしろそのような仕事の広がりの中でこそ，保育者は保護者と一緒になって「子どもを育てる」という営みを真に実現していくことができるのだと，積極的に受け止めていく必要があるように思います。

Ⅳ　保育者のあり方

4　保育者の抱く葛藤

　保育は，一見したところ，可愛い子どもたちを優しい保育者が慈しみ育てるという美しいイメージで思い描かれ，優しい心をもって接しさえすれば誰にでも簡単にできる営みだと，軽く考えられてきたきらいがあります。実際，子どもと共にいることに楽しみや喜びを感じることのできる人，要するに子どもが好きな人は，たいていの場合，よい保育者になれます。それは専門的知識がなくてよいという意味ではありませんが，その専門的知識以上に保育者の資質として，子どもが好き，子どもと共にいることを喜んだり楽しんだりできるということが必要なのです。

　ところが，そのような美しく優しい保育イメージで保育の仕事に飛び込むと，実際の保育の難しさにたちまちイメージと現実とが乖離し，新米の保育者は悩んでしまうことになります。実は，保育は世間が思い描くような，優しく美しいイメージでは覆いつくせない困難を最初から抱えた営みなのです。保育者はどう転んでも悩みや葛藤から解放されることはないのだということを，最初からしっかりと見つめておく必要があります。これは保育者の仕事を敬遠させる意味で言っているのではなく，その葛藤を自分の中でうまく処理できれば，それだけやりがいのある仕事だということをいいたいのです。

1　保育の二大目標から来る葛藤

　これまでも何度か指摘してきたように，保育には二大目標があり，しかもこの目標は「あちら立てればこちら立たず」になりかねない両義的な目標です。ですから，この目標実現をめざす保育者は，両方の目標のあいだで右往左往することを余儀なくされ，葛藤に陥りがちです。実際，一人ひとりの子どもに自分らしくあって欲しいと願い，一人ひとりの子どもの思いを受け止めてその思いに添って援助したい気持ちと，しかし集団を全体として動かしていかねばならない現実をうまく調和させることは，口でいうほどたやすいことではありません。子どものやりたくない気持ちは分かっているのに，全体を動かすために「やろうね」と誘い，その子が自分のやりたいことを我慢して全体に合わせてくれるとき，保育者としては嬉しい気持ちがある反面，その子に悪いことをしたようなやるせない気持ちに苛まれるでしょう。逆に，自分の思いを頑として貫こうとする子どもを前に，「ああ，○○君も一人前だなあ」と頼もしい気持ちがありながらも，全体を動かしていきたいときにその彼の自己主張が受け止

めがたく、つい困ったなあと思わずにはいられないというのも事実です。

こうしたまさに「あちら立てればこちら立たず」が保育の場には山積しています。その一方を無視すれば、事態を切り抜けるのは容易になりますが、それでは保育の目標の実現からは遠くなってしまいます。その悩みは、どこまでいっても解決しようのない悩みです。

主体として育てることに両立の難しい二面性があり、個と集団のあいだにも両立の難しい二面性があります。これらは保育の二大目標に流れ込んでいる二面性で、これをその兼ね合いを考えながら実践するのは、きわめて難しい営みだといわざるを得ません。

❷ 子どもの個人差から来る葛藤

子どもたちを集団として保育していくとき、保育者の悩みの種の一つは個人差です。一人ひとりが個性的であってよいとは言いながら、身辺自立の水準も、運動面の発達の水準も、知的な面でも、子どもたちのあいだには大きな個人差があり、それを「みんな違っていい」と思いながら、しかしそれを一つのクラスとしてまとめていくのは大変です。「○○ちゃんは、これをしない、わたしはしているのに」と一人の子どもが抗議してくるとき、個人差を認めながら、なお集団の足並みをそろえることをめざしている自分が情けなくなり、返答に窮するということもあるでしょう。特に幼児の場合、4月生まれと3月生まれでは、クラスは一緒でも、体つきやすることが随分違います。その個人差を踏まえながら、クラスを運営していくのは実際問題として難しいのです。

❸ 保育者集団の中での葛藤

上記の（1）（2）は保育という仕事に固有の葛藤、それゆえ、仕事に慣れて、心に余裕ができてくれば、葛藤を経験しながらも、その葛藤を自分の仕事のプライドに転換したり、保育者アイデンティティと受け止めたりすることで、処理していくことができるようになります。しかし、保育の仕事は子どもとのかかわりだけに尽きるものではありません。他の職種と同様に、同じ仕事仲間で集団を形成し、保育者集団の中にうまく適応して、仲間と良好な関係を保ちつつ、いい気持ちで仕事が続けられるのでなければなりません。

ところが、それぞれに一個の人格であり主体である大人同士がかかわりあうと、そこには協同する楽しさ、助け合いがある反面、保育方針をめぐる意見の食い違い、上下関係の難しさ、陰口や嫉妬やそねみなど、対立や葛藤も必ず生まれます。大人であるということは、通常はそういう内面の葛藤を抑えて本来の仕事に専念することを意味するはずですが、実際にはそれがままならず、職場の対人関係の難しさとして保育者の悩みの大きな源泉になりえます。

特に、保育方針の食い違いがあるのに、それを表に表すことができないまま

▶1 これまで子どもの身体発達や能力発達は、下図のような漸増する曲線で示されるいわゆる「発達曲線」によってイメージされ、この平均値に基づく発達曲線の変化に乗るように変化していくのが望ましい発達だと考えられてきた。この場合、個人差はこの平均的な曲線からの落差として考えられることになる。しかし、それは個人差を平均からの誤差としか見ない視点であり、真に子どもの個性や特性を見据えた発達の見方ではない。今回の要領や指針の改訂において、これまでの「発達段階に応じた」という表現から「子ども一人ひとりの発達の特性に応じて」という表現に改められたのは、個人差の尊重という姿勢を打ち出したものとして一定の評価ができる。

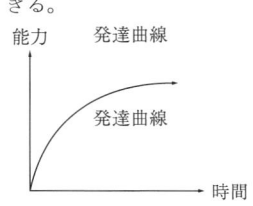

IV 保育者のあり方

▶2 このような職員間の保育観の相違の調整に関しては，当然ながら管理職の存在とそのあり方が重要になってくる。管理職が自分の価値観に強く引っ張るだけでは，今日の若い保育者をうまくまとめていくことはできない。

胸のうちに抱え込み，次第に対人関係がこじれていくような場合，離職にまで発展していきかねません。しかも，そういう対立に子どもたちが敏感に反応するという難しさもあります。

ですから，保育者同士でしっかり話し合い，それぞれが個性的な保育者であってよいこと，ただし，大きな枠組みでは保育の基本線を守り，子どもに混乱を与えないことを確認し，少しばかりの意見の食い違いはそれぞれの心の広さに包み込む余裕が欲しいものです。

④ 保護者との関係の中での葛藤

おそらく，保育士か幼稚園教諭かの区別を問わず，保育者がいま一番頭を悩ませ，強い葛藤を経験するのは，保護者との関係においてでしょう。一昔前の保護者は，保育者に言いたいことがあっても，「まあうちの子どもがお世話になっているのだから」と遠慮して口を閉ざし，表面的に「いつもお世話になっています」と常套句を口にすることでお茶を濁してきました。それは保護者側に遠慮があったからです。ところが最近は，「どうしてこの園はこれをしてくれないのですか」「どうしてうちの子にこういうことをさせるのですか」「なぜ，あの乱暴な子を先生はしっかり止めないのですか」と，保護者は思ったことをストレートに保育者にぶつける時代になりました。これまで本音をいえなかった保護者の側が，ようやく本音をいえるようになったと肯定的に見る面と，しかし，周囲や相手を思い遣ることなく，ただ自分の考えや自分の思いを相手にぶつけているだけではないかという疑問も当然あって，保育者として複雑な気持ちになるのも致し方ないところです。

実際，保育者がどんなに気をつけていても，友達同士の衝突の瞬間に相手がちょっとケガをするということは保育にはつきものです。そういうとき，一昔前の保護者はたいてい，本音では複雑な気持ちが動いても，「まあ，よくあることですから，それにたいした傷ではないし」というふうに事態を受け止め，また傷をつけた子どもの方の保護者も「すみませんでしたねえ」と謝ったりして，何とか双方が「仕方がなかった」で大半の事を処理できていました。ところが今日では，すぐ責任問題に発展したり，傷をつけられたのにきちんと謝らないのは許せないと，簡単には事を収めてくれない場合が増えてきました。

そういう保護者の自己本位にみえる態度に接すると，保育者としては本当に複雑な思いに駆られ，特定の保護者と顔をあわせるのが苦痛だとか，保護者面談の日が近づいてくると体調がおかしくなるといった，神経症的な状態にさえなる保育者もいて，この保護者対応が保育者の葛藤の最たるものだという事情がよく分かります。大人の世界に「お互いさま」という考えが復権しない限り，この悩みはなかなか無くなりそうにありません。

5　葛藤の中での喜び，充実感

　確かに，保育の現場を間近に見ていると，世間の見るところとは異なって，保育は本当に大変な仕事だと思います。その中で保育者が抱える葛藤もとても大きなものに違いありません。

　しかし，保育者の中から，「子どもたちによって，私自身が育てられました」という話も耳にします。子どもの思いをしっかり受け止めていくと，子どもが自分の方を向いてくれるようになります。これは保育の場面だけでなく，大人同士の対人関係にも言えることだ，というような気づきが保育者に得られたということでしょう。これに類することが保育の中には多数ちりばめられていて，育てる自分が育てられたという思いにつながるのだと思います。

　あるいは，「保護者の方とはいろいろな行き違いもあったけれど，やはり卒園式のときに，涙の中で感謝の言葉を聞くと，こちらも感動して，やはり子どもを保育していてよかったと思います。やはり保護者の方と一緒になってこの子達を育ててきたのだなあと思います」というような発言もよく耳にします。個々の局面では対立する部分もあったけれども，やはり保護者も自分もみんなぎりぎりの生活をしているのだということ，そのことが感謝の言葉に滲み出ているのが分かるとき，保育の仕事へのプライドが満たされ，充実感を味わうことができます。そしてそのような経験が励みになって，この保育という仕事を継続していけるのだともいえます。

　さらには，同僚との関係の中でも，自分が生活上の必要からどうしても職場を離れなければならないときに，同僚が親身になって応援してくれた，保育で悩んでいたときに一緒に考えてくれた等々の肯定的な経験もたくさん生まれます。職場の対人関係は悪い方向に回転し出せば葛藤の源泉にもなりますが，うまく回転すれば，お互いが職業人として支えあい，喜怒哀楽を共にする間柄として保育の仕事を継続していく「元気の素」になるはずです。

　自分の思い通りに動いてくれない子どもたちが悩みの源泉だと思っていたのに，ふと気がつくと，そのような子どもたちとの付き合いの中で自分が育てられていたのだという気づき，あるいは保護者との関係のもち方がいま一番の悩みの種だと思っていたのに，その保護者と同じ気持ちを共有したときの喜びや，感謝の言葉から，保育は自分ひとりですることではなく保護者と一緒に歩む営みなのだという気づき，そして職場の対人関係にうっとうしいものを感じていたのに，その同僚こそが自分の支えだということへの気づきなど，振り返ってみれば，葛藤の源泉だと思っていたものが，実際には自分の仕事を肯定することに繋がる重要な契機だったということがわかります。

　いったんそういうところに気づけば，葛藤を抱えながらも保育という仕事にプライドをもって臨むことができるに違いありません。

Ⅳ　保育者のあり方

5　保育者の3つの専門性

　保育者といっても，現在は保育士資格，幼稚園教諭資格と，所轄官庁の異なる別資格をもつ人たちをここでは保育者と一括しています。そして前節で見たように，両者には役割として相違する部分がありながら，時代の変化の中で垣根が低くなり，共通項が多くなってきたことも事実です。そこで，ここでは差異よりも共通する部分を中心にその専門性を考えてみたいと思います。

　その際，子どもを「育てる」ことを主要な仕事とする保育者が，家庭の養育者とどの点で異なるかを明確にすることが，保育者の専門性を際立たせる上に有効です。私見では，保育者には3つの主要な専門性があると考えています。その一つは保育を計画し，立案する点に関する専門性です。もう一つは子ども一人ひとりを理解しそれに基づいて対応し，さらにそれぞれの子どもを集団として動かす実践者としての専門性です。最後の一つは，自らの保育を振り返り，反省して明日の保育をよりよいものにする点に関する専門性です。

① 計画・立案の専門性

　保育が家庭の養育と異なる第1は，それが目的意識的に実践されること，つまり，目標をもち，その目標実現のために計画され，その計画に従って展開されるという点です。保育者は，子どもの生活年齢を考慮して，必要な配慮事項を念頭におき，その子どもたちがいまの時点で潜り抜けるべき活動や遊びはどのようなものであるかを考え，季節を勘案して，多数の活動の中からどの活動に子どもたちを誘うかを選び，その活動に必要な素材を選択し，実際の保育計画を立案しなければなりません。場当たり的にただ世話をすればよいというのでは，当然ながら専門性を生かした保育とはいえません。

　その点に関していえば，どの園でも，これまでの保育の経験の積み重ねを生かして，その園独自の，あるいは他園の経験に学んだ，各年次ごとの保育課程ないし教育課程が組まれているのが普通です。その大半は，生活年齢，年齢に応じた一般的な発達段階，季節，行事，等を考慮して，年次をいくつかの期にくくり，各時期におおよそどのような目標をもち，その目標の実現に向けてどのような活動を中心に組むかを明示したものになっています。ですから，保育者はその基盤の上に，自分が担当する子どもたちの様子を踏まえながら，さらに具体的に一日の保育を計画することになります。それは週案や月案というふうにまとめられることもあります。

こうした保育計画の準備には相当なエネルギーが必要になりますが，それでもそれは保育の出発点であって，ゴールではありませんし，小学校の指導案と違って，その計画通りに保育を展開することが保育の場合には必ずしもよいこととは限りません。むしろ，子どもの出方に応じて，柔軟に計画を変更していけることも保育では大事なことです。そのことを踏まえたうえで，こうした計画がきちんとなされていることは，保育を展開する上でも，また行われた保育を反省し，計画と実践とを照合する上でもやはり重要です。

当日の活動に関しては，設定保育の場合であれば，集合したところでどのような設定を組むのか，その設定された活動を実現するには，どのような素材や環境の準備を行えばよいか，その活動はどのように展開すると予想するか，等々が，あるいは自由遊びの場合には，それぞれの子どもがどのような活動をすると予想されるか，その予想される活動に保育者がどのように援助するのか，集合したところで一日の遊びをどのように振り返るか，等々が，一日の保育の流れの中に組み込まれなければなりません。

さらにそこには，最近の様子から気になっている子どもへの特別な配慮や，健康面，衛生面の留意点など，季節に応じた注意事項が盛り込まれることもあるでしょう。これ以上の細目には触れませんが，このようにして，子どもの心身の成長に寄与するように，保育を目的意識的に行う上で，計画・立案がなされなければなりません。そこに保育者の専門性，つまり専門的な知識や経験がかかわってくることになります。

❷ 保育実践上の専門性

保育実習を経験してみれば分かるように，一人ひとり個性的な子どもたちはみなかわいく，次々に寄って来ては相手をすることを求め，遊びに誘ってきます。それに付き合うと楽しいし，また子どもたちが何を面白いと思い，何に感動しているかが伝わってくる思いもあるでしょう。そこには自然に「受け止める」「認める」「支える」「共感する」「誘う」「促す」等々の，保育の基本にかかわる対応が含まれてきます。こうした素朴な一対一での対応は，家庭における養育者の対応と大きく異なるものではありません。そしてそこに，一人の子どもを「育てる」ことへの大人の対応のあり方のエッセンスが含まれていることも事実です。

しかし，それを特定の子どもについて行うだけでなく，子ども一人ひとりについて，しかも設定された活動や自由遊びという活動の枠の中で，さらに当日の保育計画の展開を意識しながら行うというのは，簡単なことではありません。特に，みんなが保育者の予定した流れに乗ってくれればともかく，そこからはみ出す子，乗ってこない子が含まれてくるときに，流れをどう進めるのか，流れに乗れない子どもにどのよう対応するのか，時々刻々と時間が流れていくな

▷1 これまで保育指導案は，特に幼稚園の場合，それぞれの期の目標，子どもの最近の様子，この期の課題，具体的な課題の提示の仕方，それぞれの子どもに期待される活動，等々，きわめて詳細な指導案が示されることが多かった。その背景には，小学校との連続性を意識して，指導案も小学校に準拠したものにしたいという幼稚園教育を指導する立場の人の思惑が強く働いていたように見える。確かに，指導案は保育者の専門性の一端ではある。しかし，それが詳細になればなるほど，それに保育が縛られていくという逆説もあるので，その点を念頭において，柔軟な保育の展開が可能なような指導案の作成が必要だろう。

かで，一日の生活要素にも配慮し，場合によっては他のクラスの動向も視野に含めながら，しかも保育の場のあちこちに散らばって遊んだり活動したりしている子どもたち一人ひとりの動向を把握して……というように，保育者はまさに複眼的に場を眺め，それでいて，時には一人の子どもに濃密にかかわることが求められます。

例えば，本書で繰り返し述べてきたように，子どもの存在を認め，その子のすることを受け止め，認めることは保育の基本中の基本のことですが，それを具体的にどのようにするのかは，実は大変に難しいのです。特に，集団の中で一人の子どもの存在や振る舞いを認めることは，それが引き起こす波紋を考えれば，相当に慎重でなければならないことに気づくはずです。

「いまここでAちゃんをみんなの前で取り上げて認めたものか，認めればAちゃんは喜ぶだろうけれど，せっかく遊んでいる他の子どもたちの遊びを中断させることになるし……でも，普段目立たないAちゃんが，いま素敵な発見をしたところだ，やはりこれはみんなの前で取り上げてあげよう」。こんな複雑な思いが交差するなかで，実際には「ねえ，ねえ，みんな，ほらAちゃんが今こんなもの見つけたよ」と全体に向かって呼びかけるという保育者の具体的な「認める」実践が生まれます。それによってAちゃんが喜び，満足して表情が輝くのを見ると，「ああ，やっぱり認めてよかった」という思いが胸を突き上げてきます。そこには確かに「三つの目」として取り上げた複合した視点が生かされています。

しかしながら，そのようにAちゃんの発見を取り上げた後で，みんながそれぞれの遊びに戻ったときに，それまで熱中していた遊びに各自がいまひとつ身が入らなくなったことに気づくと，「ああ，やっぱり，そっとAちゃんだけ認めておけばよかったかなあ」という反省の思いもよぎります。あるいは，他の子どもが自分も認められたい思いから，Aちゃんと同じことをしようとしたり，自分だけ目立とうとして保育者の気を引く動きを見せたりすると，「ああ，こうしてAちゃんを認めたことが，他の子どもにも影響を及ぼしてしまったんだ」という思いもよぎります。

こうした保育者の思いを振り返ってみれば，保育の場面の中で一人の子どもを認めるという働きがいかに難しいことであるかに気がつくはずです。ここには個々の子どもがみんな「一人ひとり」であり，それぞれが一個の主体としてその場に浮上したい思いをもっていること，しかし同時に，保育の場は「みんな一緒に育つ場」でもあるということ，この両義性がその場面に深く染み込んでいることを見ないわけには行きません。

保育計画に準拠しながら，このような複眼的な思いが交差する中で，一人ひとりへの対応が生まれ，集団を全体として動かしていくことになるのです。これが保育実践のエッセンスですが，そこには①一人の子どもに気持ちを寄せて，

その子が感じていることや思っていることを保育者が感じ取る，②感じ取ったものを子どもに映し返す，というかたちで子どもとの関係を深めていく対応が基本になっています。そしてそこで得た経験（つまり保育者が感じ取ったこと）はその子の理解に繋がるものです。また③全体を視野に入れて，援助を必要としている子どもはいないか，全体の活動はこれでよいか，方向転換の必要はないかなどをチェックし，臨機応変に対応していくことがそこに含まれてきます。

この①②③は保育者の実践的専門性と呼ぶことができます。保育者は経験を積む中で，この実践的専門性を磨いていかねばなりません。磨いていくのにはある程度時間がかかるかもしれません。若い保育者がそのように育っていくのを職場の先輩たちが見守り，その育ちを「待つ」ことも必要でしょう。

3 振り返りの専門性

保育は常に「今日はこれでよかったか」という反省を踏まえ，明日の保育へとつないでいかねばなりません。保育時間の短い幼稚園では，子どもたちの帰宅後に全体で振り返りの時間がもてますが，保育園では勤務時間が多様であることもあって，なかなか全体で振り返りの時間をもつことが難しいようです。しかし，全体でするかどうかはともかく，その日の保育を保育者が保育計画に照らして反省し，一人ひとりの子どもが今日，園でどのように過ごしたか，それぞれに充実して過ごせたかどうか，配慮の足らなかった点はなかったか，気になる様子はなかったかを振り返ることは，保育の専門性として必要なことです。それによって一人ひとりの子ども理解が深まるからです。特にチーム保育を実践しているところでは，「私には○○君はこう見えていたけど，あなたにはどうだった？」というように，少し気になる場面についての情報交換はぜひ必要です。お互いにその情報を共有してこそ，一人ひとりの子どもを丁寧に理解していくことができるからです。

それに加えて，一日の保育を振り返ってみると，保育者として嬉しかったことや感動したこともあれば，困ったこと，気にかかったこともあるでしょう。そのような，一人ひとりを振り返ったときに浮かび上がるさまざまな気づき（感じたこと）は，一人ひとりについての記録につながります。

それはちょっとしたエピソードの記録になるのが普通です。それが家庭へのお便りに反映されると，家庭では子どもが一日どんなふうに過ごしたのかがよく分かります。それは「○○ちゃんは△△をしました」という事実だけの記録ではなく，「○○ちゃんは今日，△△をして遊びましたが，うまくいったときの喜びようは大変なものでしたよ，私も見ていて嬉しくなりました」というように，事実経過に加えて，関わった保育者の感じたこと，気づいたことを付加していくと，保護者は担当の保育者がどんな目でわが子を見てくれていたかが分かり，安心できます。そしてそれが保育者への信頼感に繋がってきます。

Ⅳ　保育者のあり方

6　保育者同士の関係

　保育の場は多数の職員によって維持・管理され，展開をみるものです。そこには正規の保育者，加配の保育者，臨時の保育者，保育ボランティア，栄養士，調理師，事務職員など，多数の職員が配置されています。そして，それぞれの職員にはそれぞれの役割がありながら，全体が緊密に連携を取り合わなければ，日々の保育は円滑に営むことができません。

1　チーム保育での連携

　一つのクラスに保育者一人というのが幼稚園などでは多いようですが，保育園では早朝保育から延長保育までをカヴァーするために勤務形態が多様になり，それもあって，クラスを複数の保育者がチームを組んで担当するというパターンが多いようです[1]。その際，一つのチームのなかにメインとサブの関係がおかれ，それを交代でする場合や，経験年数を考慮するなど，各園の事情によってその関係が決められています。

　そのようにメインとサブが置かれているところでは，メインは全体の流れを，サブは援助を必要とする個別の子どもへの対応をというように，役割分担がなされているのが普通です。ただし，子ども一人ひとりの理解は，子どもに接する面で生まれてきますから，全体を見ているだけということはあり得ず，メインの保育者も主要には全体の流れを視野に入れながら，可能な限り個別の子どもに接する必要があります。そして，サブの保育者が個別の対応の中で感じたこと，気づいたことは，当然メインの保育者に伝えられる必要があり，その意味で，チーム保育では振り返りの時間が不可欠だということになります。

2　障碍児保育における担任と加配の関係

　障碍児保育の節でも述べたように，障碍児の認定がなされると加配制度の適用を受けることができます[2]。そして健常な子どもとの統合保育の中で，加配の保育者は集団全体の動きを考慮しながら，障碍のある子どものニーズに応えるように，適切に対応していかなければなりません。しかしその際，集団の担任保育者と加配保育者がどのように連携するかは，障碍のある子どもの保育をどのように考えるかによって違ってきます。そして，この場合に，担任保育者と加配保育者の保育一般に対する考え方，あるいは障碍児保育に対する考え方が食い違っていれば，そこには目に見えない摩擦が起こり，障碍のある子どもの

▷1　クラス編成は，いうまでもなく，子どもの数が十分に勘案されてなされなければならない。従来，子どもの数と保育者の数の比率ばかりが問題にされ，0歳代は3人に1人，未満児は6人に1人，3歳児は20人に1人，4，5歳児は35人に1人というような「基準」が設けられてきた。しかし，20人の乳児を7人の保育士でみているからよいかといえば，もちろんそうはいえない。現に，30人の3歳児を2人の保育者で保育している園では，子どもたちが非常に落ち着きを欠き，しかも，集合する際に，自然にそれぞれの保育者の周りに15人ほどの子どもが集まってしまっていた。この場合には，明らかに2クラス必要なのである。このように，比率だけではなく，子どもの絶対数と部屋の空間との関係も勘案されてクラス編成がなされなければならないだろう。

▷2　38頁の側注を参照のこと。

保育ばかりでなく，健常の子どもたちの保育もうまくいかないでしょう。

特に，担任が集団全体を統制の取れたかたちで動かしていきたい意向の強い保育者であるとき，加配保育者は障碍のある子どもをその全体の流れに乗せる係に位置づけられたり，全体の流れを邪魔させない係に位置づけられたりして，本来の「統合」の精神に合致しないことがしばしば起こります。障碍か健常かの区別こそあれ，保育は本来，力も個性もみんな違う子どもたちが，それぞれに自分らしく生きる場だという原点に帰れば，加配がお世話係になることはないし，またなってはならないはずです。この点に関する担任と加配の保育に対する考え方を一致させておくことが是非とも必要になります。そして，障碍のある子どもも，みんなの中で一緒に保育を受けることが楽しいと思えるようになること，そして健常な子どもたちも，力の違いはあってもみんな同じクラスの一員だという感覚をもち，力の弱い子どもを助けたり，応援したり，待ったりできるようになって，文字通り「共に育ち合う」こと，これが統合保育の目的なのです。

③ 栄養士，調理師の方々との連携

資格上の違いはあれ，子どもから見たときに，保育の場にいる大人はみな「先生」です。保育園・保育所ではその設置の性格から給食を提供することになっていますから，そこには栄養士，調理師の人たちが配置されています。そしてその人たちも，単に食中毒から子どもたちを守り，栄養バランスを考えて給食の用意をするだけの人なのではなく，保育の場の子どもたち一人ひとりの好き嫌いが分かっていたり，最近の健康状態を把握していたりします。そして，保育の場の子どもたちが，みんな健康で，美味しく楽しく食事をとれるように願って，いろいろに気配りをしてくれています。

ある園を訪問したとき，ちょうど昼食となりました。以前遊戯室として使っていた広い部屋で3歳以上の子どもたちが全員集まり，異年齢が混じるかたちで思い思いに席を決めて，食事の準備にかかりました。調理師さんたちは，炊き上がったご飯のはいった大型の炊飯器や大なべの汁をその部屋に持ち込んで，子ども一人ひとりと会話しながらご飯とお汁をよそってトレイに乗せてやっていました。その園では，「調理師さんも子どもの先生」という位置づけなのだそうです。担任の先生もその中に混じって，援助の必要な子どもの世話をしたり，話しかけてくる子どもに応じたりしていましたが，後で聞くと，今日の献立は誰が好きで誰が苦手か，調理師さんたちはよく知っているということでした。資格云々の話しを持ち出して難しい議論をする人もいるかもしれませんが，保育の場で仕事をする大人たちが同じ気持ちになって子どもを保育する構えをもつことは，園の雰囲気を良くする上でも，大事なことだと思われます。

Ⅳ　保育者のあり方

7　研修の意義と受ける姿勢

　保育の質を高めるために，保育者が研修を受けて保育者としての資質の向上を図るのは当然です。そしてその機会は公立の場合は行政が中心になって，また私立の場合は協会が中心になって用意することが多いようです。しかし，公立の場合は機会が多い割りにはその成果が必ずしも十分でなく，また私立では機会そのものが十分得られないといった問題があります。

1　受動的に研修を受けるという姿勢

　多くの場合，保育研修は外部が用意してくれた場に出かけるという受動的なかたちが多く，また半ばそこに出席することが義務づけられていることさえあって，保育者が自主的に研修を求め，自ら企画し，運営するというパターンは，仕事上の制約もあるのでしょうが，めったに見られません。研究発表も，園が順番で当番になり，当番になった園の保育者が何とか役割をこなすという具合です。おそらくそのような受動性が研修の成果を十分に挙げ得ない理由ではないかと思われます。

　確かに，日々の保育に追われ，しかも子どもたちの遊びにていねいに付き合うと体力も消耗します。そして保育者もまた生活者ですから，勤務時間が明ければすぐさま帰宅したい気持ちもあります。その中で，自ら進んで日々の保育で感じている疑問や行き当たっている壁を乗り越えようと研修意欲に燃えても，それを実行に移すことは難しく，適当な間隔で研修の場を準備してもらい，そこに参加するというスタイルになるのはやむをえない面があります。ただ，そこへの参加の仕方に一工夫凝らして，単に「聞きに行きます」という姿勢ではなく，自分が日頃考えたり悩んだりしていることをその研修の場に持ち込んで，問題解決はできないまでも，みんなと同じ土俵でものを考えたり，一緒に悩んだりすることは十分意義のあることのはずです。

2　園内研修や公開保育の必要

　保育は誰がやっても難しい営みです。そして保育をうまく展開した保育者を見習って，自分もそうしてみようというのは，研修の第一歩です。しかし，人の保育を見ることはでき，その良い点，気になる点を把握し，それを自分の保育に生かすということはできても，自分の保育にどういう長所や短所があるかを自分で気づくのはなかなか難しいものです。

自分の保育を見直すことに直結するのは何と言っても園内研修や公開保育です。それを通して，自分の保育の問題点を自分で把握することができると共に，自分の保育が他の保育者にどのように見られているかがわかり，また自分の保育観を調整することができます。

　ただし，現場の保育者から見て，もっともやりたくないのが公開保育の担当者になることでしょう。何しろ，自分の一挙手一投足が周囲から見られているばかりでなく，子どもの様子から，普段の保育がきちんとなされているかどうかの評価が返ってくるからです。そして，常によい評価が返ってくるとは限らず，みんなの前で立ち往生したらどうしようという不安にも駆られます。

　ですから，まずは園内研修を中心に，気心のしれた同僚に自分の保育の問題点を指摘してもらうというところから始めてみてはどうかと思います。

　適切なスーパーヴァイズがあれば，公開保育がもっとも有効な研修になると思いますが，そのような場に顔を出してみると，保育者同士はお互いに遠慮して，本音をぶつけ合うことを避けているような様子が見受けられます。そして，主に取り上げて議論されるのも，計画・立案や準備する素材，教材などの「教材研究」タイプの議論が多く，なかなか保育の実践そのもの，たとえば，ここで保育者が子どもをみんなの前で認めた意図はどこにあったのか，というような，保育の根幹にかかわる議論は避けて通っている感があります。

　保育には「三つの目」が必要だと述べました。特に第3の目については，実践の立場では目の前のことに追われて，なかなか自分に見えてきません。しかし公開保育の場で他の保育者の目から自分がそれまで気づいていなかった良い点，気になる点を指摘してもらうことができれば，自分の第3の目を鍛えることができます。このように，自分の保育の質を高め，また同じ園の仲間同士でその園の保育の質を高めるためには，抵抗感を乗り越えて，園内研修や公開保育で自分が担当者になってみることが一番だと思います。

　もちろん，自分が担当者ではなく参会者として公開保育の場に出かけることでも，大きな研修の意義があります。特に実践的専門性，つまり子どもの気持ちを受け止め認める部分や，全体を動かしていく様子，はみ出る子どもの扱いなど，保育を実際に動かしていくところに関して，他の保育者の優れた保育実践を実際に見るのは，自分にもすぐにそのような保育ができるかどうかは別として，いろいろな気づきを得る大きな機会です。そして，時には当日の担当者の子どもへの対応が反面教師になって，自分のあるべき保育を見直す機会になることもあるでしょう。

❸ 自己肯定の面と自己否定の面

　ベテランになると，「保育はこういうもの」というように自分がつくりあげてきた保育観があるだけに，研修意欲が乏しくなり，また研修を受けてもそこ

から何かを発見するという真摯な気持ちよりも、自分のこれまでの保育が正しかったということを確認するだけの研修になりかねません。もちろん、研修のなかには、「そうだ、このように考えてよかったのだ」と自分の保育を肯定してもらうことによって自信になる面が確かにあります。逆に経験の浅い人の場合には、どの研修を受けても自分の未熟さばかりが見えて、かえって自己嫌悪に陥ることもありますから、自分の保育の良い面を確認できるということは大事なことです。

しかしながら、「もう保育は分かった」と思うのは、おそらく思い上がりでしょう。自分の良い面を肯定する大切さと共に、自分の足らないところ、また磨かなければならないところも見出してこそ研修の意味があります。その点で、自分のこれまでの経験にあぐらをかいているようなベテランの保育者は、やはり問題だといわねばなりません。また、若い保育者のなかには、どうせ続ける仕事ではないからと、最初から研修意欲に乏しい人もいるのも現実です。しかし、本当に次の世代を担う子どもたちを一個の主体として育てていくのだというプライドをもち、その保育者アイデンティティを守ろうとする人は、研修によって自分の保育の質を高めることに向かうはずです。

❹ 保育記録を通しての保育研修

保育の専門性にかかわって言えば、計画・立案にかかわる研修は、これまでよく取り組まれてきました。そして、実践的専門性にかかわる研修も、公開保育を行っているところや園内研修をしっかり行っているところでは、かなりの成果を挙げています。3番目の振り返りの専門性にかかわっても園内研修や公開保育で磨いていくことができますが、さらにもう一点、振り返りの際になされる記録をどのように取るかに関して、これから保育者はもっと研修を深める必要があるでしょう。

確かに、園によってはていねいな個別記録を取っている園があります（すべての園でそうなっていないのはとても残念です）。ところが、記録の仕方にかなりばらつきがあり、ただ「今日、縄跳びをした、園外保育に出かけて小川に入った」という事実の記録に終始するものもあれば、その行動的事実の横に「子どもの思い」の欄と「保育者の思い」の欄を設けて、その事実を保育者がどう受け止めていたか、保育者が子どもの思いをどのように受け止めていたかまで、丁寧に書いてある記録もあります。

記録は子どもと保育者の歴史を示すものです。入園当初の記録、秋口の記録、正月明けの記録と、同じ子どもについての記録を並べて見たときに、重要なのは子どもの成長の事実と同時に、保育者との関係がどのように変わってきたかをその記録に読み取れるかどうかです。その点で、行動事実しか述べられていない記録は余り役に立ちません。役立つのは保育者がその子をどう受け止めて

いたかの部分です。

　ところが，従来は「保育者がその子をどう受け止めていたか」の部分は，保育者の主観であり，主観的なものを記録に書いてはいけないといった誤った指導がなされてきた経緯があったようです。そのために，本人が振り返ってみても，そのとき自分がどんなふうにその子を受け止めていたか思い出せないというように，せっかくの記録が役に立たないまま，単に記録があるだけという状態が今も生まれています。

　この点を乗り越えて，日々の忙しさの中で，一日に全員というわけにはいかないでしょうから，1ヵ月単位で全員の子どもについて最低一回は，保育者が子どもを受け止めたときに感じたこと，分かったことを記した記録を，短くてよいから残すという習慣をつけるように努力してみてはどうでしょうか。そしてそれに向けて何がポイントになるかを研修してみるのもよいと思います。

○保育記録を読み合わせる

　保育記録は，保育者個々人によって（あるいは園によって）そのスタイルはかなり違います。「子どものつぶやき集」というようなかたちで，保育のいろいろな場面で一人ひとりの子どもが言葉にしたものを拾い，それを中心に，保育者がそれをどのように受け止めたのか，その「つぶやき」から保育者の感じたものを併せて記すような記録もあります。あるいは「日々の記録」という名の下に，一日の保育の流れの中で印象に残った出来事を，ちょっとしたエピソードのかたちでまとめておくという記録の取り方もあります。

　いずれの記録の場合でも，一つの保育記録を取り上げて全体で研修するとき，書き手はその場面を経験しているので，そのちょっとした記録は備忘録として役立てば十分だと思われるところですが，一緒に研修している他の保育者はその場面を必ずしも目撃していないので，その記録からそこで起こった出来事をうまくイメージできない場合がしばしばあります。

　このことを踏まえると，記録は自分の備忘録にとどまらず，読み手が読んでわかる内容でなければならないことが見えてきます。こうして，できるだけ簡潔な表現でありながら，書き手が分かっているだけでなく，読み手が読んでその出来事を再構成できることが，記録の重要な要件だということがわかります。記録を取ることに関する研修では，このポイントを踏まえて，記録を読み合わせてみると，誰の表現が分かりやすいかがかなりはっきりしてきて，どういう点がポイントになるかも見えてくるに違いありません。

　そして，そうした記録がどの子どもにも満遍なく得られているかどうか，単に気になる子どもの記録や，目だった活動をした子どもの記録だけに終わっていないか，つまり，いわゆる「中抜け」になっていないかどうかなどを皆でチェックしていくことができれば，記録を通して保育そのものを見直すという研修に繋がっていくはずです。

Ⅳ　保育者のあり方

8　気になる子どもへの対応

　いま，保育の場では保育者からみて気になる子どもが多数目につくようになりました。乱暴な子，聞き分けができない子，わがまま勝手な子，集団の流れに乗れない子，ほとんど自分を表現しない子，等々。昔も気になる子はいたけれどもこれほどの数ではなかったというベテラン保育者の嘆息も分かるような気がします。このような気になる子どもへの対応を考えるとき，いくつか振り返って見ておく必要があります。

1　行動の裏にあるその子の思いや心に目を向ける

　保育者に気になる子どもの「気になる」部分は，上にも示したように，たいていは行動上の問題です。そこで保育者の多くはその気になる行動をなくす方向で対処しようとします。乱暴な子どもの場合であれば，「乱暴してはいけません」というような対応です。多動である子どもの場合には，「座ってみんなと一緒にお話をききましょう」と，ここでも気になる部分を取り除く方向に行動を修正するよう子どもに求めるのが常です。もちろん，そういう対応は集団のなかではある程度必要なことですが，しかし，乱暴な子が乱暴を止めれば，そして多動な子が落ち着いて遊べるようになれば，それで問題解決だと考えてよいのでしょうか。

　というのも，気になる子の気になる行動の大半は，子どもの内面，子どもの思いに発しているからです。乱暴せざるを得ないような気持ちの動きがその子の内面に起こっている，あるいはじっとしておれない気分がその子の内部に生じているのです。それは自分が認められたいのに認められない憤懣の屈折した表現であったり，家庭が安定しないことからくる不安な気持ちの表れであったりというように，問題の本当の出所は心にあり，気になる行動はその心に発する「症状」である場合がほとんどなのです。「症状」をいくら抑えても，本当の出所が修正されなければ，「症状」のかたちが変わるだけにすぎません。

　その内面を捉えるためには，その子に対して自然に生まれてしまう負の感情をまずは棚上げして，その子に寄り添い，その子の気持ちに保育者の気持ちを持ち出して，そこでその子の気持ちの動きを感じ取るということが基本になります。そうして気持ちを持ち出してみると，乱暴な子に対する当初の腹立たしい気持ちが少し鎮まり，その子の落ち着かない気持ち，むしゃくしゃしている気持ちが伝わってきて，その子がいま大変な状態にあることが感じられてくる

はずです。

2　時間軸のなかで「いま」を理解する姿勢

　保育の場は，それまで家庭や他の保育の場でさまざまな育てられ方をしてきた子どもたちが集合する場です。確かに，保育者にとって「気になる子ども」は，「いま，ここ」での様子が気になるのですが，しかし，「これまでどのように育てられ，どのように育ってきたのか」というように時間軸を入れて考えてみると，保護者との関係の歴史，保育者との関係の歴史，保育の場にやってきてからの対人関係の歴史というように，視野が広がり，そのなかで「気になる子ども」の問題を考えていくことができるようになります。

　たとえば，保育の場で乱暴で困る子がいるとします。相手の子が何をしたわけでもないのに，突然ガツンと殴るといった乱暴な振る舞いをし，泣かされた方も何でそのような乱暴をされるか分からないといったような事例です。保育者は当然，このような子どもの様子に悩み，「どうして乱暴するの？」「わけをいってちょうだい」「乱暴してはいけません」と次々に制止の言葉を投げかけるかもしれません。前項で述べたのは，そのような制止の言葉かけをする前に，子どもの思いを感じ取ってみようということでした。

　そのような乱暴が，単なる物の取り合いや意地悪の範疇のものであれば，たいていは子ども同士のぶつかり合いの中で調整されていくものです。ところが，今日の難しい社会的文化的状況を背景に，家庭で暴力的に扱われ，ほとんど虐待されているといってもよい状態にその子が置かれているとき，「暴力を振るった－振るわれた」という二人の子どものあいだに保育者が入って，そのわけや言い分を聞くといういつものやり方では，なかなかうまくいきません。その意味からしても，その子の家庭的な背景やこれまでの育ちの歴史を少し振り返ってみる必要があります。その結果，乱暴な子が，実はひどい扱いを受けて育ってきた子どもだというふうに分かってくれば，その子はもっと周囲から認められる経験が必要だとか，保育者との信頼関係をしっかりしたものにする必要があるとか，これまでとは違った受け止め方が可能になる場合もあるはずです。

3　その子を気にする保育者自身を振り返って見る

　「気になる」部分というのが，誰にとって，どういう意味合いにおいて「気になる」のかを問い直してみることも必要です。まずは保育者や保護者の目に負の形で浮き立つ部分が「気になる」ということでしょう。乱暴が過ぎる子どもなどは論外かもしれませんが，例えば，みんなと歩調を合わせて遊べないから気になる，集団の流れになかなか乗れないから気になるというような場合，その背景には，保育者や保護者の側にみんなと歩調を合わせられるのが当たり前，みんなの流れに乗れて当然という思いがあり，その思いと衝突するから

「気になる」というかたちで意識されるということがあり得ます。そのことを振り返って見ると，保育者には「気になる」行動が目に付きますが，それを気になると意識させている自分の側の「当然こうでなければ」という思いや価値観は，自分には意識されにくいということでもあります。

　ですから，自分に「気になる」ことが他の保育者には「気にならない」ということもあるかもしれません。たとえば，集団は一斉に揃わなければという観念の強い保育者は，一人二人がその場から離れただけで気になり，その子たちを集団に引き戻そうと躍起になり，それがうまくいかないと苛立ってしまいます。そしてそれがいつも特定の子どもであると，その子が浮き立って，「気になる子」になってしまいます。ところが，保育はおおよそ集まればそれでよし，中には皆と同じように行動できない子どももいると鷹揚に構える保育者は，一人二人が離れたぐらいでは気にならずに，いずれ集団の輪の中に戻ってくるとおおらかに考えていくでしょう。

　このような例を考えて見ると，「気になる」ということが，保育者の子ども観や保育観と結びついていることは明らかです。いまの自分の子ども観や保育観が間違っているというのではなく，それとの関連で「気になる」が意識されていること，それゆえ自分の子ども観や保育観が少し動けば，気になるなり方も変わってくる可能性があるということです。

❹ 明らかに気になる子

　そうはいっても，ひどく乱暴な子，自傷のある子，表情が全くない子，緘黙の子，泣き続けて気持ちを立て直せない子など，保育者であれば誰もが気にする子どももいます。多くの場合，それらの子どもたちはたいてい周囲や自分の内面に難しい問題を抱えているか，何らかの障碍を抱えているかのいずれかです。それらの子どもに対しては，保育者が言葉をかけてその状態を変えるように促すだけではほとんどどうにもできません。

　そのような難しい事例の場合，根本的な問題解決には専門家の応援を仰ぐ必要がありますが，障碍のある子どもは別として，それ以外のことで「気になる子」に対しては，保育者はまずその「気になる子」を「いけない子」「悪い子」「困った子」とみなさずに，いずれ心が立ち直れば，それらの負の状態が改善される子どもとみなし，保育者自身が心配しながらも優しい目で子どもを見ていくことが大切です。そうしないと，周りの子どもが保育者の内面の負の感情に気づいてそれを取り込み，保育者にこれみよがしに「お前は悪い子だ」というようにその子を扱いかねません。

　残念ながら，そういう場面はあちこちの園で目につきます。保育者が「いつも遅い」「みんなの流れに乗れない」「困った子どもだ」と思っていると，それを周りの子どもが見抜いて，その子を「困った子」の側に押しやることで，自

分を「よい子」の側に置き，保育者の「○○ちゃんたちは，ちゃんとしているねー」というかたちの賞賛を得ようとしたがるのです。そして，実際に保育者がそのような言葉を口にすると，当の子どもはますます周囲からの圧力を感じて，自分らしく保育の場を生きることができなくなってしまいます。その点を保育者は十分に心得ておく必要があります。

❺ 埋もれてしまって気にならない子

　保育の場で保育者が気にする子ばかりでなく，外部から観察に出かけると，保育者には気になっていないけれども，観察する側に気になる子が見かけられる場合があります。

　特に注意を要するのは，別項でもとりあげますが，保育者の指示にはそこそこ従い，全体の流れにもそこそこ乗って，それゆえ保育者には特に問題はないと見える子どものなかに，存在感の希薄な子ども，つまり，何をしても「それはボクがしているんだ」というような存在感が感じられずに，ぼーとしている感じになっている子どもがいます。

　そういう子どもは，たいてい，これまで十分に周りの大人に認めてもらう経験がなく，それゆえ自信に乏しく，大人との信頼関係がしっかりできていない子どもが大半です。要するに，行動を見ているだけではそれほど目立って気にならないけれども，心に目を向けて見ると，いろいろ気になるところが見えてくるというタイプの子どもです。

　こういう子どもは，集団全体を動かしていくことに汲々としている保育者には気がつきにくいのですが，その子に気持ちを寄せてかかわってみると，存在感やエネルギー感に乏しいことが分かり，だんだん気になってきます。「子ども一人ひとりを大切に」という一方の保育の趣旨に照らせば，こういう子どもはむしろ保育者が心して気にしなければならない子どもです。

　そして，こういう子どもには機会あるごとに，その子のすることに関心を寄せ，することを認めたり，共感したり，一緒に驚いたり，面白がったりすることが必要になってきます。そして，保護者に対しては，くれぐれも保護者を責める調子にならないように用心しながら，保育者の立場からは○○さんのこういう面を少し心配していますと伝え，いま保育者としては○○さんをしっかり認めて保育するように心がけていますというように，保育者側の対応の方向性を伝えていくことも必要でしょう。

　気になる子どもは確かにいろいろいますが，ともかく保育者が「平均的なあるべき子ども像」に当の子どもを当てはめて，その不足な行動を身につけさせようと強く働きかけたり，あるいは自分の用意した保育の流れに乗せようと強引な対応をしたりしないことが肝要です。

Ⅳ 保育者のあり方

9 負の出来事への対応
衝突，対立，乱暴，ケガ，安全

1 保育の場に衝突や対立はつきもの

　保育の場には就学前の乳幼児が通ってきます。子どもたちはそれぞれ家庭的な背景も異なり，育ちも違います。少子化によって，地域で子どもたちが群れて遊ぶという経験をもってやってくる子どもはほとんどいません。家庭でもっぱら養育者に大事にされて育てられた子どもであれば，養育者との信頼関係や認められる経験を基にある程度自分に自信をもっています。そういう子どもが保育の場にやってきて集団で交われば，「自分はこうしたい」という主体としての一面をお互いに前に出しますから，衝突や対立は当然のごとく起こり，時には喧嘩にもなります。

　ですから，保育の場は特に入園当初は衝突や対立や喧嘩が絶えない場だという認識が必要です。そういう目で保育を眺めれば，子どもたちがそれぞれ自分の言い分を主張して対立したり衝突したりする姿は，むしろ「それぞれに自分らしい」と微笑ましく見えるものです。そして子どもたち自身，そうしたちょっとした対立や衝突を経験する中で，相手の思いと自分の思いの違いに次第に気付き，どこまで自分の思いを押し通すか，どこで自分を譲るかの，対人関係の機微を学んでいくのですから，そうした対立や衝突の経験は子どもたちの成長にとって必要なものだとさえいうことができます。実際，体を使ってもみ合う経験を潜り抜けていないと，どこら辺で力をセーブするか分からないままに育ちかねません。

　物を投げつけたり，棒を振り回しての危険な衝突は別として，対立や衝突は危ないからすぐ止めさせるというように，対立や衝突そのものを保育の場から排除するような構えを保育者がもったのでは，子どもの心の育ちは望めません。

2 育ちのばらつきの増加

　一昔前までであれば，3歳前後で入園する場合，それまでの家庭での育ちの中で（2歳過ぎに），あまりにわがまま（自己主張）が過ぎれば，養育者がそれをいさめたり制止や禁止を課したり，あるいは叱ったりして，どこまで自分の思いを押し通すか，どこで自分を譲るかを，ある程度学んできていました。また近所の同じ年恰好の子どもと保護者ぐるみで付き合って遊ぶなかで，どうしたら相手の子が嫌がるか，どうすれば楽しく遊べるかを，ある程度身に付けて

きていました。ですから，入園当初は対立や衝突が多いものの，次第にその頻度が減って，仲良く遊べるようになるというパターンが多かったと思います。

しかしながら，最近の少子化の中で，家庭によっては，わがままや自己主張が強すぎると思われる場合でも，叱るという対応をほとんどしていない家庭があるようです。たとえば，他の子どもの使っているものを取り上げて得意げな顔をしている子どもに対して，保育者が「○○ちゃん，どうしてそんなことをするの」と少し強く言ったときに，その子は茫然自失して，何が起こったのかという顔つきをし，その次に「わーん」と泣き出して，なかなか泣き止まず，翌日保護者から園でのその対応に「どうしてうちの子を叱ったのですか」と厳しいクレームがつくというような事例がありました。これなどは，一昔前では信じられないような事実でしょう。

つまり，低年齢の保育園児は別として，3歳以降の子どもなら，この程度の人とのかかわりはできるだろうという，一昔前の保育が半ば前提にしていたものが，いまや必ずしも通用しないのです。そして，さまざまな価値観の下にさまざまな育て方をしてきている保護者は，対立や衝突，喧嘩やちょっとしたケガという，保育の場につきものの負の出来事に対して，その価値観のばらつきのをそのまま反映してばらついた受け止め方をし，それが保育者と保護者の思惑の相違や，保護者同士の対立や反目という難しい問題に発展してしまう状況下にあります。

こうした子どもたちの育ちのばらつきから，保育の場にかつてはみられなかったような子ども同士の対立や衝突が生まれ，それへの対応に右往左往しているところにもってきて，当事者となった子ども双方の保護者への対応が難しいという嘆かわしい状況が生まれてきました。そのため，保育者もこれまで以上に負の出来事に対して防衛的になり，子どもへの対応も保護者への対応も難しいと感じることが多くなっているようにみえます。

3　保育者の対応

保育の場はかわいい子どもたちが仲良く遊ぶ場としか考えていない保育者は，こうした負の出来事に過剰に反応しやすく，またそれを過剰に否定的に見がちです。その結果，誰が悪くて誰が犠牲者かというように，白黒の判定をして，いけない子の方を強く叱るという対応になりがちです。

もちろん，相手の嫌がることを平気でする，自分の思い通りに行かない気持ちを弱い子に向けてひどい乱暴をするというようなとき，それを「子どもたち同士で解決するのに任せる」というような傍観者的な対応はよくありません。しばらく見守っていてよい対立や衝突と，介入しなければならないそれとをどこかで見分けなければなりません。見守っていける場合というのは，たとえば，泣き出し始めた相手の様子をみて，いけないことをしたと気づき，自分も表情

を曇らせているというように，相手の様子から自分のしたことに当の子どもがほぼ気づいている場合です。そのようなときでも，保育者がそれぞれの子どもの思いを受け止めて，お互いの言い分を聞いてやるといった対応は必要です。それに，そうした負の出来事へのていねいな対応を通してこそ，「自分を守ってくれる先生，自分の思いを分かってくれる先生」というかたちで，保育者との信頼関係が強まることが多いのです。

　保育者が穏やかに介入したときに，お互いが自分の言い分を懸命に保育者に伝えようとし，それまでの対立や衝突を一時中断するのは，それだけ保育者との信頼関係ができている証拠です。逆に，信頼関係ができていなければ，介入しても子どもたちは保育者を無視するかたちでその対立や衝突を続けようとするでしょう。そこに普段の信頼関係の築き方の大切さが端的に現れています。保育者はそうした負の出来事に，慌てず，余裕をもって，穏やかに，しかも両者の言い分を聞くことを主眼に対応するのが原則ですが，信頼関係がある程度できているという判断があるときは，あまりに乱暴がひどいときなど，「先生，そんなの嫌！」と叱ることもできるはずです。また危険なことをしたときは，とっさに「危ない！」と制止の言葉かけが必要になりますが，一瞬凍りついた子どもに対しては，「ケガをしたら病院へいかなくちゃならなくなるよ」と危険なことを優しく子どもに分かる仕方で伝えていくことも，年齢の低い子どもの場合には大切です。いずれにしても，負の出来事への感情的な反応から，「だめでしょう！」と強く叱るのは考えものですが，叱ってならないということではないのです。

　４，５歳になれば，危ないことをして保育者に叱られるとき，自分でもいけないことが分かって，「叱られちゃった」と神妙な顔つきになり，素直に「ごめんさない」といえるものです。それが「ごめんなさいと言いなさい」という対応では，子どもはかえって反撥してふくれてしまいます。

❹　ケガ，安全へのほどよい配慮

　最近の保護者のなかには，ちょっとしたケガでも，まるで自分が傷つけられたかのように過剰に反応する人が増えてきました。確かに，ケガをさせないような配慮は必要ですが，それが過剰になれば，ナイフや鋏を使わせない，あそこには行かせない，あそこには登らせない，と次々に禁止をして，監視や管理の態度が強められ，そして友達同士がちょっと対立するとすぐに介入してやめさせるというような対応になってしまいます。

　これでは，ケガはしないかもしれませんが，保育の場に自由感が無くなって，ギスギスした雰囲気が充満してしまいますし，子どもたちも必要な経験が得られません。配慮は必要ですが，過剰な配慮ではない，「ほどよい配慮」が必要です。そして，日頃から，「ちょっとしたケガは元気の勲章」という態度を子

どもたちにみせていれば，子どもたちもちょっとしたケガをそれほど大げさに受け止めず，むしろ「元気の勲章」と自慢する子どもさえでてくるでしょう。

ただし，保護者に対して何もなくてよいというわけではなく，「これこれの事情でこうなりました，申し訳ありません，今後気をつけますから」という程度の断りは必要でしょう。普段から保護者とのあいだの信頼関係が大事だというのは，こういうときに表れてきます。普段からそういう関係が築かれていれば，「たいしたことなくてよかったです，元気に遊べばこういうこともありますよね」と保護者もその出来事を受け止めてくれるものです。

⑤ 危機管理

大勢の子どもたちが元気いっぱいに遊べば，ときに骨折やかなりの出血を見ることがないわけではありません。保育の重要な役割は子ども一人ひとりを安全に保護するところにもありますから，そのような大きなケガのときに，緊急の対応が迅速にできる危機管理の体制も保育の場には必要です。普段から緊急時に子どもを連れて行く病院を確保し，実際にちょっとしたケガの範疇を超えていると判断されたときに，迅速に対応できるように，対応マニュアルをつくっておくことも危機管理としては必要なことです。また傷害保険等に子ども全員が加入するというのは，今日ではどこの園でも行われているはずですから，場合によっては傷害保険を使うことも視野に入れなければならないことがあります。またその際，家庭に早急に連絡する体制をあらかじめつくっておくことも必要になります。

残念なことに，最近ではこうした負の出来事がすぐ賠償，責任といった，身近な人間関係を超えた法律上の問題に発展しやすく，保育者側も保護者側もその枠組みのなかでお互いに傷つく場合が増えています。配慮の完璧さを求めれば，何もさせないことになり，「ほどよい配慮」のもとでは，負の出来事をゼロにすることはできません。そこには「お互いさま」「仕方がなかった」という納得の仕方が双方になければならないのですが，一切を合理的に割り切る最近の文化は，「仕方がなかった」という表現を死語にしてしまい，「仕方がなかったではすまない」と強い態度に出ることを助長しています。

ただし，権利要求に凝り固まるのは保護者の側ばかりではないかもしれません。保育者側も，配慮はしていたけれどもこうなったのは園の側の責任ですという態度が素直にとれず，まるで責任はないかのような弁明に終始して，かえって保護者側の反撥を買うということも少なくないようです。「お互いさま」がいえるのは，こちらの側も誠意をもって責任を感じていることを伝えるからこそでしょう。そのときにはじめて双方が折れ合うことができるのだということは，保育者側も十分にわきまえておく必要があります。

Ⅳ　保育者のあり方

10 保護者との連携

いま，保育者の一番の悩みは，子どもの保育の場面よりも，保護者との関係，保護者への接し方だという声がしばしば耳にされます。保護者の態度や言動が一昔前と大きく変わったという印象がベテランの保育者には強くあるようです。

1 保護者の変化

ベテランの保育者から見れば，最近の保護者は，保育者に対する態度も他の保護者に対する態度も大きく変わったと嘆かざるを得ないかもしれません。例えば，保育参観の際に，他の保護者との私語をやめない身勝手な保護者の姿がしばしば目に付くようになったとよく言われます。そして，わが子にしか目が向かず，わが子が少しでもけがをした，友達にいじめられたとなると，すぐに保育者の責任を問うたり，相手の子どもやその保護者を非難したりと，ヒステリックな反応をみせる反面，自分の子どもが他の子どもに意地悪した場合などには，そ知らぬ顔を決め込むというような保護者が少なくないという話もしばしば耳にします。

確かに，最近の保護者たちの言動の中には，保育者が嘆くのも無理はないと思われる部分もあります。しかしながら，なぜ保護者にそういう言動が表れてきたのかも考えてみる必要があります。

社会や文化がここ数十年のあいだに大きく変貌し，その中で価値観が多様化し，その分，保護者たちも自分の生き方を含めて，子育てに迷い悩むことが増えてきました。本来，世代間伝達としてあった子育てが核家族化するなかで崩れ，カップルだけで不安に駆られながら子育てしなければならない状況があります。また，子育て情報が氾濫し，何が大切なのかがかえって見えなくなっているという状況もあります。地域の横の繋がりが薄れ，子育ての経験を交流させることも難しくなりました。

こういう社会文化的背景を考えると，保育者にとって目に余ると見える保護者の言動もまた，そのような困難な状況からもたらされたものだと考える必要があります。

2 保護者ニーズへの対応

いま保護者はさまざまなニーズを保育の場に寄せてきます。それらのニーズには，まさに生活の必要から生まれたニーズとして受け止めて対応すべき面と，

保護者の〈育てる者〉としての成長のためにはそのニーズに直接応えることをむしろ差し控えるべきではないかと思われる面との両面があります。ですから保育者は，一人ひとりの保護者と対面する局面で，保護者がもちだすさまざまなニーズにたいして，それがどちらの面のニーズなのかをそのつど判断することが求められます。ただし，それをどのように保護者に伝えるのかが難しいところです。保育者が保護者と同じように，自分の考えをストレートに伝えればよいというわけではありません。そこに，カウンセリング・マインドが必要になる場合もあります。そのようなことを視野に入れて対応しなければならないところに，保護者ニーズへの対応の難しさがあります。

❸ 保護者との連携

　確かに，自分本位の言動をする保護者を前にするとき，懸命に保育に従事している保育者は複雑な思いに駆られるのも無理からぬところです。しかし，そうした保護者のありようを嘆き，その未熟さをあげつらうだけではどうにもなりません。保護者の社会的成熟が遅れがちである現実を踏まえながら，そうした保護者たちをも保育の場が全体として支え，保護者と保育者が互いに協力して子どもたちを育てていくという視点に立つことがいま保育の場に求められています。

　そしてそれが，「次世代育成支援」の内容の一つなのです。

　保護者との連携を深めていく上でやはり中心になるのは，保育者が子どもをどのような目で見て，その子の一個の主体としての成長を願っているかを保護者にていねいに伝えていくことです。能力発達重視に傾きがちな保護者を前に，それは難しいと思われるかも知れませんが，大多数の保護者が心の奥底で願っているのは，やはり自分の気持ちを正直に表現できる子ども，人のことを思い遣れるような優しさをもった子どもなのです。その奥底の思いを掘り起こすには，日々保育者が受け止め感じているその子の内面を，保護者に伝えていくことがどうしても必要です。

　そのためには，保育者がその日の保育で感じたその子の様子を保護者に生き生きと伝わるような連絡ノートが必要かもしれません。あるいは，保護者参観のときに，自由遊びの様子を見てもらって，保護者にも一緒に子どもと遊んでもらい，普段，保育者はどういうところを押さえて子どもと遊ぶのかのポイントを保護者に示してみるのもよいかもしれません。また園の保育ポリシーを機会あるごとに刷り物で示していくことも必要でしょう。

　何と言っても，保護者と連携していくには，保育ポリシーの共有が不可欠です。

　そしてさらに，園の随時公開など，保育の場を保護者に開き，また保護者同士が保育の場で集えるように，スペースを確保するなどの配慮もこれからは重要になってくるでしょう。

Ⅳ　保育者のあり方

11　保育実践の問題点（1）
意地悪な行為や乱暴な行為に対する対処の仕方

　エピソード：意地悪なA君

　　A君はいま4歳です。3歳ときの入園当初は引っ込み思案で恐がりで、みんなと一緒の行動がなかなかできなかったのですが、今では元気いっぱいで、自分の思いを前に出して遊べるようになってきました。ただ、まだ自分の気持ちを言葉で表現するのは得意でなく、特にちょっと気持ちが昂ぶると、手が先に出て乱暴な行為になってしまいます。
　　今日も、女の子たちが上手にテーブルに砂と葉っぱのお料理をしつらえたところに通りかかった際に、その遊びに興味をもったらしく、「ぼくもやっていい？」とたずねましたが、いつものようにA君に引っ掻き回されてしまうと思った女の子たちが「だめ！」と語気鋭くA君をシャットアウトしてしまいました。
　　女の子たちがテーブルを離れた隙に、A君はニヤニヤしながらテーブルに近づき、テーブルをひっくり返してさーっと園庭の反対側に逃げていってしまいました。女の子たちの「先生、またA君がいじわるしたー」と言う声に、少し離れたところにいたB先生が立ち上がり、そこに繰り広げられた惨状を見て、「A君！」と言いながらA君を追いかけていきました。

　A君はみんなと一緒に遊びたい気持ちはとても育ってきているのですが、まだうまく周りの子どもと一緒に遊べないでいます。自分の思い通りに事が運ばないと、すぐに周囲の子どもの嫌がることをわざとし、自分よりも力の弱い子どもにちょっかいを出すなどの振る舞いが最近特に目だってきました。そして先のエピソードのように、意地悪なことをされた子どもたちが先生に言いつけるということになり、結局先生に「どうしてそんなことをするの」「○○ちゃんたち、嫌がっているでしょ」と注意されることが繰り返されています。
　A君をよく観察して見ると、皆と遊びたいという気持ちがある一方で、皆に負けないようにやりたい、自分が目立ちたい、自分を際立たせたい、という気持ちがとても強いように思われました。3歳児のときにはあまり自己主張もなく、自信なさげであったのですが、4歳になってからようやく自分を認めて欲しい、認められたいという気持ちが強くなってきたようです。
　このような事例において多くの保育者は、A君のように皆と一緒に遊べずに

IV-11 保育実践の問題点（1）

　周りの子どもに意地悪や乱暴をはたらく子どもに対しては，困った子どもだ，意地悪や乱暴をやめさせなければと受け止めますが，その負の行動の裏側にある，保育者や周りから認められたい気持ちがしっかり受け止められていないためにそうなっているということが，必ずしも十分に理解されていないようです。

　A君の場合は，さらに複雑な家庭事情をかかえていて，幼いころから認められたい気持ちを周りから十分に満たしてもらってこなかったという事情も抱えていました。

　このような事例において，保育者は，A君のように人に嫌がられることをする子どもに対して，皆と仲良くできたらほめてあげるという対応ではなく，その子の存在そのものを保育者がしっかり受け止め，その存在を認めていることをその子に分かるように伝えていかなければなりません。

　この事例の場合，保育者のこれまでの対応の中で，A君はいろいろな自分の思いを先生に伝えてくるようになっていましたから，そこそこの信頼関係は成り立っていたといえます。信頼関係ができていなければ，なかなか叱ることができませんが，A君の場合には，ある程度の関係ができていましたから，エピソードのような振る舞いの際にも，先生はあなたのことを認めていますよと表情や態度でしっかり伝えながら，しかしそれと同時に，人の嫌がることをわざとしたり，弱い者いじめをしたりするようなことは，先生は嫌だとしっかり叱ることができました。もちろん，その叱る内容は，単に「それをしたらだめ」ということではなく，「あなたが嫌なことを人からされたら嫌なように，相手の子どももそうなのだ」ということを伝えることです。こういうときにしっかり叱れるかどうかは，そこに信頼関係があるかどうかが鍵を握ってきます。

　あのエピソードの後しばらくして，A君は友達と一緒に遊びたくなったときに，友達を誘ってそのそばで待ったり，いいよと言ってくれるまで頼んでみたりするようになりました。友達との人間関係が一歩前進した感じです。

　ここで「三つの目」の節を思い出してみてください。「子どもの目」は，A君の面白くない気持ち，苛々した気持ち，あるいは意地悪された女の子の気持ちを保育者が分かる（感じ取る）事に対応します。そして「大人の目」は，保育者として，乱暴してほしくない，みんなと仲良くしてほしいという，大人の願いや期待に対応します。そして「第3の目」は，単にA君をいけない子とみるのではなく，なぜA君はそうしてしまうのか，A君に何を育てていけばよいのか（ここでは規範を身につけることの前に，自分が周りから認められているという感覚がまずもって育てられるべきものです），どのようにして周囲の子どもにA君の気持ちを伝えていってあげればいいか，を考える目だといってよいでしょう。

　このように，保育のなかでこれはと思われる場面での対処を考えるとき，常に「3つの目」を考慮に入れて対応していって欲しいと思います。

Ⅳ　保育者のあり方

12　保育実践の問題点（2）
集団から外れることだけに目がいくという問題

　集団生活ではみんなと一緒の活動が目指されるときが必ずあります。クラス単位で行動するとき，保育者はそのクラス全体を動かしていかねばなりません。そしてそのとき，みんなが保育者の願いどおりに動いてくれると問題がないわけですが，しかし，みんなと同じように行動してくれない，行動できないという子どもが必ず出てきます。そういうとき，保育者はたいてい，その子に対して「みんなと同じようにするように」という働きかけをします。

エピソード：何をするのもゆっくりなB子ちゃん

　　何かにつけてゆっくりなB子ちゃんは，みんなが一斉に動くときは必ず保育者の声かけが必要で，声をかけるとみんなのあとをゆっくりついてきますが，保育者が目を離すと，いつのまにか取り残されているという具合です。また食事もゆっくりで，いつも一番最後になってしまいます。
　　今日もB子ちゃんを除く子どもはみんな食事が終わって，他の保育士が片付けるのを手伝い始めていますが，B子ちゃんはまだです。保育者はB子ちゃんの食べるペースを守ってやりたい気持ちはあるものの，つい，「ほら，こっち」「これだよ」「B子ちゃん，食べるの，がんばろう」と，それほどせかせる感じはないものの，やはり促す声かけばかりになっています。B子ちゃんも，その声かけに特にせかされているとは感じていないようで，保育者の指示で動くことに慣れてしまっているせいか，その声かけを当然のことのように聞くだけで，特にこれといって急ぐ気配はなく，マイペースで食べ続けていました。

　この簡単なエピソードに見られるように，集団を動かすとき，保育者は集団から外れる子どもには注意したり，みんなと一緒にするように働きかけたり，何とかはずれた子どもをみんなと一緒の行動をさせようと努力するのが普通です。この例でも，保育者はB子ちゃんにできるだけ優しく働きかけるように心がけているのですが，それでもかける言葉は促す内容ばかりで，保育者自身，そのことに気づいて「そうではない対応をしたいのですが，つい，そういう言い方になってしまって……」と言っていました。保育者の対応が全体的にゆったりしているせいか，B子ちゃんはそのような保育者の働きかけによって，ゆっくりではありますが，たいていのことは皆と同じようにしています。
　しかしながら，B子ちゃんの場合とは違って，保育者の優しい促しの声かけ

や働きかけだけでは集団の流れに乗って動いてくれない子どもが多数います。そのような場合，多くの保育者は，その子がなぜ乗ろうとしないのだろう，なぜ乗れないのだろうとは考えずに，とにかく強く働きかけて，時には力づくで皆と同じようにさせようとしてしまいがちです。ところが，そういう強い対応をして，子どもがパニックになると，今度は子どもをしばらくそのままうっちゃっておく，ほっておくという逆の対応をしてしまいがちです。

　この場合で問題なのは，子どもに集団行動を取らせることしか考えられていないこと，つまり，保育者の思いだけ，「大人の目」だけで保育者が動いてしまっている点です。集団行動がとれないとき，まずはそうしたくない子どもの気持ちを受け止めて，子どもがそうする気になれない理由，たとえば，今はそうしたくない，他にしたいことがある，ということなのか，あるいはみんなと一緒に行動できない，まだみんなと一緒に行動しようという気持ちになれない，ということなのか，子どもの思いのありようを考えていかねばなりません。

　そしてB子ちゃんのように，すべてのペースがゆっくりで，せっかく自分で遊んでいたところから別の何かをすることへの切り替えもゆっくりしかできないというような場合，やはり彼女のペースに合わせて，みんなと一緒に行動しようという気持ちになるのを待ってやる必要があるでしょう。

　またできるだけB子ちゃんの遊びに付き合い，彼女のすることを認めていくことによって，彼女も先生との信頼関係をさらに強め，また自信や意欲が培われて，彼女の世界を広げていくことができるようになります。そうすると，先生の思いも彼女なりのペースで受け止めてくれるようになります。

　逆に，集団の流れには乗れるように見えるけれども，自分で遊びをみつけることができず，何をするにも保育者の指示を待って，それで初めて動けるという子どもの場合には，根本的なところでその子の前向きの心，つまり自己肯定感を育てることを考えなければなりません。そのような自己肯定感は，主体であることの一方の，本来は最初に育たなければならない面，つまり，自分の思いを前に押し出す，自信をもつ，意欲的になる，等々に支えられているものですから，これを育てていくということになりますが，それには，やはりその子の存在を認め，その子のすることを受け止め，認め，共感するという保育の基本に立ち返らなければなりません。

　クラス全体を動かす必要があるとき，保育者は全体の動きからはずれる子どもをその動きに合わせるように働きかけるというのは，ある意味，当然なければならないことですが，外れる子どもを集団に合わせればそれで終わりではなく，その先に，それぞれの子どもの思いを受け止め，それぞれの子どもの心を育てていかねばならないことを考えていく必要があります。ともあれ，強く指示して子どもを動かすだけでは，子どもの心が育たないことは明らかです。

IV 保育者のあり方

13 保育実践の問題点（3）
望ましい振る舞いへ保育者が方向づけてしまうこと

1 ほめる・叱るが子どもの心を歪めてしまう場合

　昨今，大人から見てとても受け入れがたい子どもたちの行状が目に余り，子どもにしつけをしっかりしなければ，人としてあるべき姿を幼児期からしっかり教えなければという声が高まり，園として，また保護者として，そういう思いをもつ人が多数見受けられます。またそれほど強い思いはもっていない保育者でも，日々の保育の中では，自分の望む方向を「こうだよ」と子どもに意図的に示すときが必ずあります。あるいは，意識しないでそうしてしまう場合も必ずあります。保育者は，意識するかしないかにかかわらず，子どもにとってはあるべきかたちを示す人，つまりお手本なのです。

　子どもの行為や言動を意図的に方向付けたいと思っているとき，つまりそれを保育者にとって望ましい方向にもっていきたいとき，保育者は集団のなかで望ましい行為や言動をする子どもを取り上げ，みんなの前でその子をほめるということをよくします。逆に，保育者にとってとても受け入れがたいことをしたときは，皆の前で叱るということもよくあります。このときの保育者の振る舞いは，他の子どもたちにもこうあってほしい，こういうことはしないで欲しいという保育者の願いから出たものなのでしょう。

　◯ほめることによる方向付け

　特に設定保育を多く取り入れている園でその傾向が強いと思いますが，制作，描画，音楽，リズム運動などの場面や，お片づけ，集合，先生のお話などの場面で，保育者が望んでいる行動を全体の子どもに取るように求めるとき，「ほら，◯◯ちゃんを見てみましょう」「△△ちゃんはとても静かにお話を聞いていますね」「◯◯ちゃん，ちょっとやってみてください」というような保育者の対応がしばしば目につきます。保育者にとっては「あんなふうにやってみたいな」という気持ちを他の子どもたちに起こして欲しいという思いなのでしょう。そして子どもたち自身，たしかにそういう思いになり，その望ましい行動をするようになるということも現実にあります。そして，その望ましい行動がとれれば，当然ながら保育者はほめたり認めたりするでしょう。

　ほめられ，認められた子どもは，確かに生き生きとした顔つきになり，自信がもてた様子をみせます。しかしまた，ほめられることが度重なり，そのなかで自信や充実感を感じた子どもは，そのような対応の中でほめられたい思いが

強まり，そうなるとほめられたい一心で行動するようになり，さらにはほめられることだけをするというようになってしまうことがままあります。そして，自分のやりたいことさえ見送って，保育者の望むことをし，それによってほめられることを期待するようになります。こうしたことは，その子が真の主体として育っていく上で，必ずしも好ましいことではありません。

◯ 叱ることによる方向付け

逆のことが「叱る」という対応にもいえます。集団生活を営むなかでは，危ないこともあれば，衝突や対立も生まれます。そのとき保育者は，制止したり叱ったりしなければならない状況におかれます。叱ることを通して，保育者の望む方向に子どもを導いていこうとするわけです。「人を叩いちゃだめでしょ」と叱るのは，仲良く遊んで欲しいという保育者の願いの裏返しの表現でもあります。「その子のために叱る」というのは，まさにこの考えに基づくものです。

ところが「また◯◯君ね！」というように，叱られるばかりで認められることがほとんどないように思われる子どもがいます。あるいは，そういうあからさまな叱る言葉をかけなくても，明らかに気持ちのうえで叱っていることが分かる保育者がいます。そのように叱られることが度重なると，子どもは何をやっても自分は認められないのだという気持ちが積み重なり，やる気をなくし，自分らしく生きることが分からないまま，何となく皆に合わせてしまうということになったり，あるいはねたみやそねみ心から，意地悪をすることに向かってしまったりします。あるいは保育者のそのような対応への不満から，その不満な気持ちを周囲の子どもに向けて，ますます乱暴になったり，またそれによってまた叱られる羽目になったりと，悪循環におちいることもしばしばです。そして表面的におとなしくなった子どもは，保育者には問題がなくなったと誤解されて，本当に自分の気持ちが受け止めてもらえないで不満な気持ちでいることが，そのままになってしまいかねません。こうなると，当然，保育者との信頼関係が危ういものになってしまいます。

このことを踏まえれば，ほめることによる方向付けも歪みをもたらしますが，叱ることによる方向付けも，しばしば却って難しい状況を招くことが分かります。またこういう保育の中では，ほめられる子ども，取り上げられる子どもは，しばしばほめられ，また取り上げられる一方，叱られる子どもはまたしばしば叱られることになってしまいがちです。そして保育者の目が両極に向かう結果，ほめられもせず，しかられもせず，また関心を向けてもらいもせず，という子どもが多数生まれることになってしまいます。

こういうことでは，子ども一人ひとりの思いを受け止め，認めるという保育の基本から程遠いといわざるをえません。ほめる，叱るは，一歩間違えば，子どもの心を歪めてしまうものであることを，保育者はしっかりわきまえておく必要があります。

② 競争心をあおる

　人が周囲の人と共に生きる中では，必ず誰かと競争することが出てきます。教育の世界でも，偏差値に代表されるように，競争とは無縁でないどころか，たえず競争心をあおり立てている現実があります。そして幼児期においても，いろいろな能力を早く身につけさせたいという願いから，親は子どもに働きかけて，まわりの子どもより上手にすること，早くできることを奨励することがしばしばあります。そのこともあって，4，5歳にもなれば，子ども自身，まわりよりも上手に早くがいいことだという思いをもっている子どもがかなりいます。

　お互いに切磋琢磨するというのは，人の向上心に起因する好ましい動きです。そこに競争心が含まれてくるのですから，競争心がすべて悪いはずはありません。しかし，競争心は，向上心を増すだけでなく，過剰な優越感や劣等感に繋がる諸刃の剣であることも確かです。ですから，子どもたちの競争心をあおりすぎるのは考えものです。

　ところが保育の場でも，保育者は子どもたちの競争心を利用して，保育者の思う方向へと子どもを向かわせることがしばしば目に付きます。「○○ちゃんは，もうここまでできたよ」と一人の子どもを取り上げながら，周囲にいる子どもたちに自分の進行具合を意識させるというような働きかけがその典型です。そういうとき，確かに子どもたちはうまくやる子を見て自分も負けずに頑張りたいと思い，切磋琢磨していく面がありますから，競争心がすべて悪いわけではありません。

　しかし，ここで心してかからなければならないのは，常に他の子どもに優越し，勝つことだけを目標にしている子どもは，真に自分自身の思いをもったり，出来事に感動したりといった自分自身の気持ちを忘れ，自分自身を見失ってしまいかねないことです。逆に，競争の中で負けてばかりの子どもは，自分はだめだと思い，その強い劣等感から自分で自分の存在を否定してしまいかねないこと，つまり，子どもが意欲的に生きていくのに必要な自己肯定感が育たないことです。

　このように，いまだ自分で自分を認めるだけの確固とした土台が育っていない幼児期において，あまりに強く競争心をあおり，能力向上に向けて子どもを追い立てると，子どもの心はそれについていけなくなって，「ボク，これしない」と課題に取り組もうとしなくなったり，いつも勝つ子どもに追従したり，一個の主体としての育ちにいろいろな問題が生じやすくなります。その意味で，保育者は自分の願う方向に子どもたちを動かそうとするときに，むやみに競争心をあおるというかたちで対応してはならないでしょう。

❸ 大人の理屈の提示

　保育は，子どもたちの生活の流れを保育者が動かしていく中で営まれるものですから，保育者の願う方向に子どもたちを動かそうとするのはある意味当然のことです。しかし，子どもたちが保育者の願う方向に動いていってくれないとき，保育者が子どもに理屈を並べて，あるいは保育者の側の都合を述べて，子どもを方向づけようとすることがあります。

　たとえば，いつも食事がゆっくりでなかなか食べてくれないC君に保育者が痺れを切らせて，「まだ？　先生，お片づけしなくちゃいけないけど」「あなたに付き合っていたら，先生，お仕事できない」と保育者の都合を子どもに提示して，流れに乗せることを促すという対応です。保育者にしてみれば，子どもと対等な立場に立ってお願いしているつもりなのでしょう。大人なら，相手の都合に合わせて急いで食べてくれるかもしれません。しかし，子どもには，「ボクが遅いから先生が機嫌が悪い」「先生がボクのことを嫌がっている」としか思えず，そういう負の思いの中で，ますます食べられなくなってしまいます。

　本来なら，子どもの食べるペースなど，子どものいまのありようを受け止めながら，「これ美味しいよ」「これ先生大好き」など，子どもの食べようという気持ちを引き出すようにかかわり，楽しく美味しく食べるための工夫を何とか考え出していくことが必要なのですが，「早く」という思いが先行すると，ついつい先のような都合や理屈を並べてしまい，そうなると気持ちを引き出すかかわりも，美味しく食べる工夫も考えられなくなってしまうのです。

　こうしたことは食事の場面だけでなく，遊びを切り上げるときや，みんなで集合するときにもしばしば見られます。「みんな待っているから，早く」「どうしてあなただけ遅いの，みんなが迷惑しているよ」「先生，あなたのためにこうして（迎えに）来なければならないでしょう」などという言葉かけがしばしばなされます。集団を動かすという点では仕方のない言葉かけのようにも見えますが，しかし，子どものまだ遊びたい気持ちを受け止め，それを分かってやって「まだやりたいのね，その続き，○○の後にしようね」「今度，先生も一緒にやりたいねー」というように，子どもの前に立ちふさがるのではなく，子どもの気持ちを支え，次につなげる等の方向転換をするなかで，子どもの気持ちが前に向かうようにもって行くことが必要なのです。これも子どもの気持ちの調整という点で，情動調律といえるでしょう。そういう子どもの気持ちに沿った丁寧な対応の中で，子どもは自分の今の遊びたい気持ちが受け止めてもらえたという気分になり，保育者との信頼関係を増すことにつながり，ひいては保育者の思いを受け止めて，それに子どもが進んで乗ってきてくれるのです。保育がうまく展開せず，子どもとの関係がこじれるときというのは，たいてい，保育者との信頼関係が十分育っていないときだといっても間違いありません。

Ⅳ　保育者のあり方

14 保育実践の問題点（4）
自由遊びの中での保育者の役割

1　主体的な活動としての自由遊び

　設定保育とは異なり，大人の方向づけが強く入らない自由遊びの場面は，子どもが自分の思いを前面に出し，自分の興味のある遊びを自分の思いで展開し，自己発揮していく場面です。それは子どもが自らの主体としての存在を園のなかで最大限に発揮できる場面であり，時間帯だといえます。つまり，一人ひとりの子どもが，自分の本当にしたいことを見つけ，その遊びに自らの気持ちを集中させ，その遊びを遊び込んだり，周囲の子どもたちのしていることを自分なりに取り込んで，工夫したり，発展させたりして，夢中になって遊べる場面であり，時間帯です。そこには保育者からの課題提示や方向づけがほとんど入らず，この広場で，この園庭で，この部屋でという枠づけはあるものの，自分で自分の遊びを選び，それをどう発展させていくかは自分の思いのままです。ここでは子どもは生活習慣に沿った活動をするのでも，大人から方向づけられた活動や望まれた活動をするのでもありません。ここで望まれるのは，子どもが自ら主体的に活動することです。

　しかし，この自由遊びの時間を子どもたちに与えておくだけで，果たして子どもたちは自ら主体として遊び，主体として活動できるようになり，主体として育っていけるでしょうか。

2　自由遊びにおける子どもたちの遊びの多様なパターン

　自由遊びの場を観察すると，自分のしたい遊びを見つけて自分なりに工夫しながらそれに取り組んでいる子どもが大勢います。30人の子どもがいれば，30通りの遊びがみられるというのが，理想かもしれません（外部から観察に入るときは，この遊びの種類の豊富さがその園の「自由感」を裏づけてくれるものに見えます）。

　しかし，一見遊んでいるようにみえるのですが，ちょっとやってみてはその場に座ってぼんやりしている子，いろいろなことに少しずつ手を出すけれども，どれも長続きせず，うろうろしている子，砂場にいてスコップで砂を掬っていても，もう一つ身が入らず，何となく時間をつぶしている子，先生が始めた遊びに寄っていって，縄跳びなど一通りのことはするけれど，何となく周囲につき合っているだけの感じの子，等々，とても主体的に遊びを楽しんでいるとは

見えない子どもが目につきます。

　そのうちに自由遊びの時間が終わり，お集まりやおやつ，昼食の時間になっていくのですが，それまでの遊びを見ていると，自由に遊ぶ時間だから，みんなが主体的に遊んでいるだろうと思われるところで，実際にはとても主体的に遊んでいるとは思えない子どもがかなりいることに気づきます。また年齢が下がってくると，主体的に遊んでいると見える子どもでも，それほど長続きせず，集合までの時間を何となく過ごしてしまうことが多いようです。

❸ 主体的に遊ぶことができる背景にあるもの

　こうした状況が生まれるのは，自由遊びの意味がしばしば保育者に誤解されているからです。大人の場合は，自由な時間があれば，それを目いっぱい自分のしたいことに使い，それによってリフレッシュし，自分を取り戻し，主体として生きることを回復しようとします。ところが子どもの場合は，主体として生きるには，周囲にいる大人にいまの自分をやはり受け止めてもらっていることが必要なのです。

　「自由な時間と場所をどう使うか，それを自分で考え工夫する」。これができるためには，子どもはまず自分の力でこの世界を動かしていく主体であると感じていなければなりません。つまり，たいていのことは自分でやれるという自信をもち，自分を肯定できるということです。しかしながら，幼児期は周囲の大人に主体として受け止めてもらって，ようやく主体として育ってきているその途上にあります。大人のようにはまだ確固とした主体性は獲得していないのです。ですから，この自由遊びの時間でも，保育者が一人ひとりのしていることに関心を寄せ，子どもの気持ちに共感したり，感心したり，一緒に喜んだりして，子どものしていること，子どもが自分でいることを認める必要があります。つまり，大人が子どものしていることを大人の思いの方に強く方向づけるのでもなければ，指示を与えて望ましい方向にもっていくのでもなく，むしろ子どもの思いを受け止めて共感していくと，子ども自身，自分のいまが認められていると思えるようになり，それによって，子どもは自ら主体として遊ぶ気持ちになっていくのです。

❹ 保育者の対応につきまとう制約

　確かに，30人ほどの子どもたちを一人ないし二人の保育者で見ていて，危険なことはないかと全体を見渡しながら，ときに起こる子ども同士のトラブルに介入したりしていると，なかなか一人ひとりの遊びに付き合うことはできません。そこには子どもの数と保育者の数との比率の問題が確かにあり，4，5歳で35人のときは大変で，一人ひとりなどとんでもないと思われていたのに，20人ぐらいの子どもの数になると，ずいぶん子どもが見えてくる感じになります

から，確かに子どもの数の問題は無視できません。しかし，限られた自由遊びの時間に，気になる子どもを中心に何人かの子どものそばに寄って，その子がどういう思いで遊んでいるか，保育者の気持ちを寄せて見ると，「ふーん」「あ，そうか」「へえー」「何かな？」「面白いね」「すごいね」など，自然に保育者の口をついて出てくる言葉があるはずです。そしてそのように子どもの気持ちの動きが分かると，平素は分からないその子の物事への取り組み方や捉え方が分かってきます。それが子ども理解であり，「子どもの目」なのです。

⑤ 一人ひとりにつき合うための工夫

　毎日すべての子どもにつき合うことはできなくても，今日は○○君と△△ちゃん……○○ちゃんと△△君はまだまだだなと，心に留め置き，別の日につき合ってみるという具合に工夫してみる必要があります。また，個別にかかわるだけではありません。5歳ぐらいになると，子ども同士で遊び，子ども同士でお互いに相手を認め合うことができてきて，遊びが大きくなり，持続して遊べるようになってきます。しかし，子ども同士で遊べるようになったとはいっても，保育者はただ見守るだけでなく，そこで交わされる会話を聞いてみるとか，保育者がその子たちの遊びに関心をもっていることを態度で示したり，時には保育者もそのなかに入って一緒に遊び，子どもたちと喜びを共有することがあってもいいでしょう。そうすると，5歳児でも保育者をさらに一段と身近な人に感じ，保育者との信頼関係を強めることに結びつきます。こうして，その子たちの主体としての育ちがよりいっそう確かなものになっていくことが期待できるのです。

⑥ 本当に気にしなければならない子ども

　自由遊びを見ていると，この節の冒頭でも見たように，自分をしっかり表現し，自己発揮できる子，何かあると，いいこと悪いこと何でも保育者に言いに来る子，言葉数は少なくても自分の好きな遊びがしっかりでき，周囲の子どもには考えつかないような遊びを考え出す子，いつもちょっとしたことでトラブルを起こす子，ちょっとしたことですぐ泣いてしまう子，何かと皆と一緒に行動できず，保育からはみ出す子など，保育の場には実にさまざまな子どもがいます。そのなかで，「先生，きて」「先生，見て」と要求を強く出して，かかわりを求めてくる子どもには，当然かかわっていかざるを得ません。また，トラブルを頻発する気になる子どもも，保育者は常に視野に入れているでしょう。

　しかしながらそのなかに，友達とトラブルを起こすわけでもなく，保育からはみ出すわけでもなく，生活習慣も自立できていて，与えられた課題をたいていはこなすことのできる子で，しかし一日の保育が終わって，さああの子は今日何をして遊んだのかしらと振り返ってみても，ほとんど何も思い出せない印

象の薄い子どもがいるのも事実です。そしてこの子たちは，一日の振り返りの時間の中でも，保育者同士の話し合いの中でも話題になることがほとんどありません。ですから，普段からよほど意識的に，一人ひとりについて記録を取るというような体制にしないと，この子どもたちは保育者の視野から消えてしまうことになりかねません。

しかし，このような子どもたちをよく観察してみると，設定の場面では皆の後について集団の流れには乗ってはいるようには見えるものの，本当に自分がこれをしようと思ってしているわけではないことが多いことに気づきます。そして自由遊びの時間になると，一段と気になって見えてきます。つまり，何かに少しずつ手を出してみたり，他の子がやっている遊びに何となくついて少しはやっていますが，自分からこうしようという面がほとんどなく，また遊び込んでいる感じがないのです。

よく集中力がないとか，遊びが長続きしないといわれますが，集中力や注意力がないからそうなるのではなく，この時期にふさわしいかたちで，つまり自分への自信を背景に，ここはこうしたい，こうしてみたいという主体としての自分が育っていないからそうなっていることが多いのです。

おそらくこうした子どもは，家庭でも大人から言われることは何とかやるということで動いているのでしょう。しかし，自分が面白いと思ったり，やりたいと思ったりして主体的に動くということがあまりなく，何となくおとなしく，人とのあいだでトラブルは起こさないけれども，自分の思いを表現することができないといったままでは，この先の人生で，本当に一個の主体として生きていくことが難しくなってしまいます。

ですから，このタイプの子どもたちは，保育者の目につくいわゆる「気になる子」ではありませんが，しかし「心の育ち」という点からすれば，大いに気になる子，気にしなければならない子だといえます。

❼ 一緒に遊びを楽しむことから

こういう子どもたちに対しても保育者が気持ちを向け，一人ひとりの子どもの気持ちや思いを受け止め，認め，子どもが自分を表現できるように配慮していく必要があります。そして自由遊びのときに子どもが自分で見つけた遊びをしているときには，一見ありきたりの遊びにみえたとしても，そこに保育者も関心を向け，時には励ましたり，一緒に喜んだりしながら，その子の遊びを楽しむ気持ちを支えていくことが必要です。そういう対応をしているうちに，子どもが自分は認められているというふうに気づけば，子どもの方からいろいろなことを保育者に向けて話しかけてくるようになるでしょう。

Ⅳ　保育者のあり方

15　次世代育成支援または子育て支援

　保育は「保育の場」で営まれるのが基本ですが，これまではやや「保育の場」に閉じこもる傾向がなきにしもあらずでした。どろどろした大人の世界から隔絶したところに「子どもの美しい世界」を築いて，そのなかで子どもらしさを存分に発揮させようという願いがあったからかもしれません。しかし，実際には，子どもはあくまでも大人との関係のなかに生き，文化のなかに生きる存在です。将来大人になることを宿命づけられている子どもにとって，大人はよかれ悪しかれ未来の目指すべき自分の姿です。ですから，大人の生活から分断された子どもの世界など考えようもありません。子どもは大人が作っているこの社会や文化の中で生きている以上，保育は社会や文化の中での営みだと考えねばなりません。

　残念なことに，このことは裏側から明らかにされてきました。つまり，大人の社会や文化が混乱を来たすと，保育の場での子どもの様子がおかしくなるのです。この事実は，子どもが大人の社会や文化の中で生きていることの紛れもない証拠です。いま，大人の社会や文化の大きな動きの中で，家庭で子どもを育てることが難しくなってきました。そして保育の場はもはや子どもを保育していればそれでよいというわけにはいかなくなってきました。そこに子育て支援の必要が生まれます。折しも，次世代育成支援が謳われるようになりました。この節ではその周辺の問題を少し取り上げてみたいと思います。

❶　子育て支援または次世代育成支援

◯少子化時代

　いま，戦後の団塊世代が産んだ子どもたち，つまり第2次ベビーブームの世代が親になる時代を迎えました。ですから本来なら第3次ベビーブームが起こり始めてもよいのですが，その気配はなく，少子化に歯止めがかかる状況にはありません。他方，平成6年にエンゼルプラン（緊急保育対策等5ヵ年計画）が実施され，保育所保育の拡充が目指されて以来，少子化傾向が続くにもかかわらず，保育所利用者は年々増え続け，平成15年でおよそ190万人，施策の実施からおよそ40万人もの増加になっています。また第2次ベビーブームの子どもたちの時代には220万人の子どもが幼稚園に通っていたのに，現在では170万人に減っています。こうした変化は，共働き家庭の増加が主な要因でしょうが，どうもそれだけではなさそうです。

▶1　少子化については，2000年の出生数は120万人だったのに対して，出生率が1.39で推移するものと想定して計算すると，2050年では出生数は67万人になるという（2002年度の厚生労働省の資料による）。

▶2　共働きの増加に関しては，30歳から34歳の女性を対象にした調査では，1975年で43.9％だったものが，2002年では60.3％と，四半世紀のあいだにかなり増加している（2002年度の厚生労働省の調査結果による）。

一つには、子どもを産みたくない、育てたくないという、30歳前後の人たちのものの考え方があります。「産み損」という言葉もあるそうで、子どもを産めばしたいことができない、という考えのようです。二つには、一昔前は隣近所の互助によってなされていた子育てが、地域社会の繋がりが希薄化する中でその互助の精神が薄れ、子育てが核家族化した密室の営みになってしまったということがあります。そして三つ目には、バブル以降のリストラ等の経済的不安定を背景に、家庭内暴力（DV）が増加し、また乳幼児や児童に対する虐待が増えていることに見られるように、子どもを育てることができない（難しい）と考える人が急増してきたことも要因の一つです。そこに、働きたいからという理由を盾にしながら、しかし本音は子育てを外注したいという気持ちが、保育所利用の急増という現象が生まれてくる理由になっているようです。

○子育て支援政策の転換

　エンゼルプラン政策は、保育所入所希望者を幅広く受け入れることによって、働きながら子育てができる環境を整え、そうすれば少子化に歯止めをかけられるという希望的観測の下に展開されたものでした。しかし、少子化に歯止めはかからず、保育所入所者がさらに急増する現象を招き、120％の受け入れをして、保育所・保育園はパンク寸前という事態を招いてしまいました。この政策は少子化に歯止めをかけられなかったどころか、かえって「産まない、育てたくない」現象を加速するのに寄与してしまったようです。

　その一方、このエンゼルプランの恩恵を得られなかった家庭で子育てをしている専業主婦のところが、実はもっとも子育てのストレスが高いという事実も明らかになってきました。これは、このエンゼルプランが保育所・保育園拡充政策は働いている人には何がしかの恩恵を与えるのに、家庭で子育てをしている人には恩恵を与えていないというように、子育てにかかわっていわば税金が公平に使われていない現実を明るみに出す事実でもありました。

　ここに、それまでのエンゼルプランを見直し、働いているか否かを問わず、子育てをしている家庭をすべて対象にした新たな子育て支援政策が求められるようになり、時限立法として平成15年に「次世代育成支援対策推進法」が成立する運びとなったのです。

○新たな子育て支援政策

　その政策にはいくつかの新しい視点が盛り込まれています。その一つは、少子化云々の前に、ともかく家庭や地域で子育てがきちんとできるような支援を考えようという発想に立って、働く家族を中心にした支援政策から、すべての子育て家庭を対象とした支援政策、言い換えれば、大人の都合に合わせた支援から、子どもの必要に応じた支援に転換されたことです。そのためには、男性を含めた働き方の見直しが必要だとして、男女共に育児休業が積極的に取れるような方策を講じる必要があるとされています。たとえば、今現在、子どもが

▷3　虐待数の増加に関しては、1990年において報告されたものが1101件であったのに対し、2002年度で報告のあったものは24194件と大幅に増加している。1990年当時は、今日ほど通報の頻度が少なかったことを考慮にいれておかねばならないが、それでも大幅に増加していることは間違いない（2002年度、厚生労働省の調査結果による）。

▷4　子育てのストレスが高いという点については、アンケート調査の結果によれば、共働きの母親の場合46.7％、専業主婦の場合70.0％となっていて、明らかに専業主婦にストレスが高い結果になっている（2002年度、厚生労働省の調査結果による）。もっとも、共働きの母親は仕事においてストレスを抱え込むことが多いから、ストレスの総量としてどうかと考えれば別の問題も起こってくる可能性があるが、ここでは少なくとも子育てに関わって、一昔前の調査結果とは逆の結果になっていることは、やはり注目に値する。

0歳代のときに育児休業を取る人は，女性で60％，男性で0.3％ですが，これを女性で80％，男性で10％になるようにという数値目標も掲げられています。そして子育て支援事業としては，①学童保育の拡充，②子育て短期支援事業（養育者のリフレッシュのためのショート・ステイ事業），③居宅子育て支援事業（生後4カ月までのヘルパー派遣事業），④施設における子育て支援事業（保育所や幼稚園において家庭の子育てを支援する事業），⑤子育て相談支援事業，などが盛り込まれています。

このうち，保育所・保育園や幼稚園に直接関係してくるのは④です。これは従来の一時保育や預かり保育の延長だと思われますが，要するに家庭で子育て中の保護者を対象に，子どものデイサービス，親子のふれあいデイサービスをすることだと考えればよいと思います。

●新しい子育て支援政策への疑問

このように，新しい子育て支援政策が打ち出されましたが，これまでの働く親中心の支援から，すべての子育て中の親支援に転換するのだという点は理解できるものの，今度は逆に，家庭で子育て中の人にサービス過剰になりすぎて，子育ての外注や支援への依存の構えを脱却できるのだろうかという疑問が生まれます。つまり，果たしてこの政策で本当に「自分でわが子を育てる」という気構えを若い世代がもてるようになるのかどうか，不安な面もないではありません。親のニーズであれば何でも応えなければならないものかどうか。子育て中は夫婦で旅行がしたくても中々できないのが普通です。確かにそこに「子育て短期支援事業」があれば，一時的に子どもを預かってもらって夫婦で旅行ができるかもしれません。そういうニーズは確かにあるでしょう。しかし，子どもの様子を気にかけることなく，ペットを預けるのと同じように預けて，二人だけでリフレッシュすることが本当に願わしいことなのかどうか，そのように考えることがかえって子どもを思う気持ちを削ぎ，子どもの心を育てるということから離れてしまわないでしょうか。

確かに，核家族の中で周囲と断絶した生活の中で子育てするのは難しく，不安もストレスも高くなるのは事実です。ですから，そういう不安やストレスを少しでも鎮められるように，社会が支援の手を差し伸べるというのは当然必要なことだと思います。しかし，そのような是非とも必要なニーズに対応することと，ニーズであれば何にでも応じることとは違います。それを見極めると同時に，やはり親自身が〈育てる者〉として育つための，もっと大きな観点からの政策，幼少からの教育を含めた社会全体の価値観の転換に繋がるような大掛かりな政策でなければ，単なる付け焼刃以上の政策にならないのではないかと危惧します。

2 保育の場に求められる子育て支援

ともあれ，保育の場に子育て支援が大きく被さってくるのは避け難いようです。あるとき，子育て支援事業の一環で，ある保育園の一室に就園前の幼児をつれた保護者たちが緊張した面持ちで集まり，保育者の指導を受けながら，手遊びをしたり，歌を一緒に歌ったりしている場面を見る機会がありました。そうしているうちに，次第に保護者同士に笑顔が生まれ，打ち解けた会話もなされるようになってきました。こうした場面を見ると，今の時代，そういうかたちでしか保護者同士が集えないのだということがよくわかります。幼稚園の保護者たちが，園の空いた部屋を利用して，保護者同士で趣味のサークルを開いたりするのも同じ理由でしょう。

そのような時代に，保育の場が子育て支援を傍観することはできません。それに，親が安心して子育てした子どもたちは，いずれ保育の場にやってきたときに，落ち着いた安定した子どもとして保育生活を楽しめるはずです。その分，保育する側は楽になるでしょう。ですから，入園前の生活を家庭でよりよく潜り抜けてきて欲しいと思えば，積極的に子育て支援事業に関わっていくことも決して無意味ではありません。それに，入園前から保育者と保護者の人間関係が少しでもできるということは，少子化の中で入園児を確保しやすくなるという点からしても，プラスに働くはずです。

表1　保育の状況

0歳	71千人（3.8%）
1歳	210千人（11.2%）
2歳	292千人（15.5%）
3歳	426千人（22.7%）
4歳〜	880千人（46.8%）
計	1,879千人（100%）

図5　年齢ごとの増加比率*

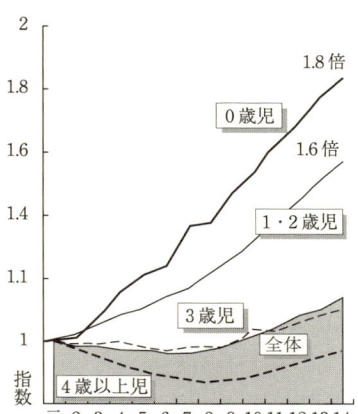

* このグラフは，いま保育で0歳児保育が話題になることが多いにもかかわらず，その比率は認可保育所で3.8％，無認可その他を含めても6％に満たないこと，また平成元年を1としたときに，0，1，2歳児の保育が急増していることを示している。

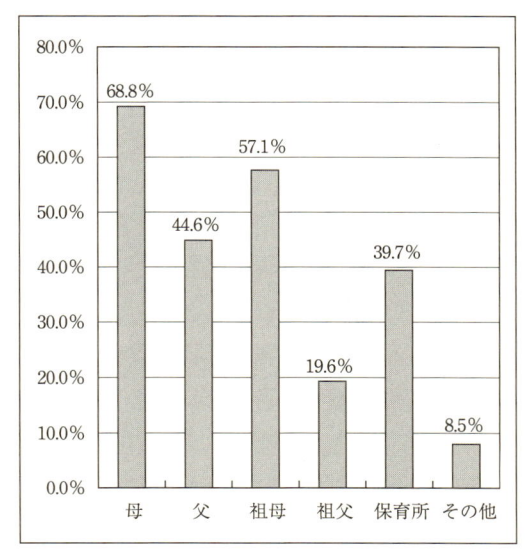

図6　6カ月時の主な保育者（母親が常勤の場合）

母 68.8%／父 44.6%／祖母 57.1%／祖父 19.6%／保育所 39.7%／その他 8.5%

※複数回答

出典：第1回21世紀出生児縦断調査（平成13年度）

表2　北欧諸国における保育の利用状況**

	0歳	1歳	2歳	3歳	4歳	5歳
ノルウェー	3	31	49	68	74	77
スウェーデン	0.1	43	78	81	86	89
（参考）日本	6	18	25	36 (33)	37 (58)	

※ノルウェー97年，スウェーデン00年，日本02年度
※日本の（　）は幼稚園
** 北欧では，0歳の保育の比率が極めて少なく，むしろわが国の方が多いことが分かる。そして1歳になると，わが国の保育率にくらべて北欧は急増している。このたびの次世代育成支援政策でも，北欧に倣って，0歳代はできるだけ夫婦で育児休業を取って家庭で養育に当たり，1歳代から保育所・保育園の利用が可能になるような支援を考えているようである。

Ⅳ 保育者のあり方

16 地域との交流

　最近は保育の場でも地域との交流や地域との連携が語られるようになってきました。保育の場が地域の中にしっかりと位置づくためには，それも必要なことです。ただ，単に老人施設に慰問に出かけた，中学生の体験学習を受け入れたというだけで，本当の意味での地域交流といえるかどうかは問題です。その保育の場が真に地域に根ざしているといえるのは，その園を卒園した人がいま親になって子どもの保育を同じ園にお願いにくるというように，伝統をつくり，地域の中で「あの園ならば」という保育の高い質によって評価を受け，ポリシーとプライドをもった保育ができてこそです。

① 受け入れるかたちでの交流

　そういう園をめざす中で，入園前の子育て中の人が子どもを連れて訪れたり，一時保育を受けたり，あるいは元気なお年寄りに制作遊びに加わってもらって指導を仰いだり，中学生の体験学習を受け入れたりというように，まずは保育の場を周囲に開放することが地域との交流の第一歩です。

　元気なお年寄りの中には，竹馬の作り方や乗り方を教えて欲しいとお願いすると，それを楽しみや生きがいにして，ボランティアとして保育の場に喜んでやってきてくれる人がいます。あるいは，中学生たちの保育体験学習を受け入れると，日頃は突っ張ったり親に口答えしている彼らが，神妙になって保育に参加し，子どもと遊ぶのに神経をつかって一生懸命になる姿を随所に見ることができます。そして抱き上げたり，一緒に走り回ったり，ままごとにつきあったりしながら，幼児との交流を真剣な中にも楽しんでいる様子が窺えます。その交流は，中学生だけのメリットではなく，子どもにとっても，何でもよくしてくれるお兄さん，お姉さんとの遊びは，保育者とはまた違った楽しさがあるようです。

　家族が多ければ，あるいは子どもの数が地域に多ければ，そのような特別な交流を組まなくても，自然に交流ができたのでしょうが，今現在ではそのように意図的に場をしつらえないと，交流が生まれません。

② 出かけていくことによる交流

　地域からやってくる人を受け入れるかたちの交流ばかりでなく，こちらから出かけていく交流もあります。老人施設の慰問などはもっともポピュラーな地

域交流ですが，そのほかにも，就学前に地元の小学校を訪問し，小学校の子どもたちと交流するのも，園児たちにとっては大きな意義を有します。現に，2カ月後には小学校入学という時期の5歳児たちが，これから自分が通うことになる小学校を訪問したとき，子どもたちはみな神妙な顔つきになって，年上のお兄さん，お姉さんたちの勉強振りを真剣に見ています。これから自分たちもこうするんだということが子どもなりに分かるからでしょう。「学校に行くとこうする」というイメージが子どもの中に出来上がり，保育者のいうことの聞き分けが急によくなることさえあります。そういう子どもたちの姿をみると，子どもの成長は周囲の文化の中での成長なのだということが改めてよく分かります。あれこれ教え込まなくても，自分の方からそうしようという気持ちが湧き起こり，周囲を積極的に取り込むようになるのです。

地域との交流はそのような人的交流ばかりではありません。地域の伝統的な文化になじみ，地域のいろいろな場所に愛着をもち，地域の豊かな自然に親しみ，そのようにして地域を大事に思う心が育つことも，長い目で見れば，地域の人との交流を促す大きな力になります。これなどは大都会のコンクリート・ジャングルの中の保育の場にはない，地方の保育の場のメリットでしょう。その意味では，特別な交流は都会地ほど必要になるといえるかもしれません。地方では，恵まれた自然に親しみ，郷土に愛着を育むような保育が，真の意味での地域交流を可能にするからです。

視点を変えれば，地域との交流とは地域文化に親しみ，地域文化の担い手に成長していくということでもあります。保育者がその地域の出身者であって，なおかつ郷土の文化に深い愛情を抱いている人であれば，おのずから子どもにもこの地域や郷土を愛して欲しいという気持ちが生まれ，その郷土に親しみその景観を楽しめるように園外保育を計画したり，その郷土文化を保育に取り入れたりする動きが生まれるでしょう。

老人施設への訪問

Ⅳ　保育者のあり方

17　就学へのつなぎ

　幼稚園であれ保育園であれ，5歳児たちは次の年の4月からは小学生です。5歳児にもなれば，時間の観念も相当に身についてきますから，あと少しでランドセルをしょって小学校だという期待感を背景に，自ら進んでいろいろなことを取り込み，また身に着けていこうとするようになります。保護者や保育者は，次の4月から大丈夫だろうかという不安から，あれもさせよう，これもさせようと身構えてしまいがちですが，本当は子ども自身，期待感のなかで「大丈夫できるだろうか」という不安を感じているので，周りがあまりに不安いっぱいだと，子どもは自分自身の不安と大人の不安が共振して，ますます落ち着かなくなり，期待感が期待感でなくなって，重荷になってしまいかねません。

❶　期待感の中での就学：周囲の大人がどっしり構える必要

　子どもが胸を膨らませて就学を迎えるためには，保育者も保護者も挨拶や行儀作法のようなこまごましたところに子どもの目を向けていくのではなく，「小学校にいったらこんなこともできる」「こんなことも教えてもらえる」というように，期待感を助長するような対応をしたいものです。そして，大人が不安になったのでは，それが子どもに伝染しますから，大人がどっしり構えて「あなたならばちゃんと小学校でやっていける」という態度を示すことが大事です。とはいえ，子どもが第1子である保護者は，学校教育への期待と不安の入り混じった気持ちをうまく鎮めることができずに，その落ち着かない気持ちを子どもへの過干渉的なかかわりに表現してしまうこともまま見られます。

❷　就学につなぐものは何か

　今日の文化環境下では，小学校の先生から見て，身辺自立ができていること，自分の名前を書いたり読んだりする程度のことはできること，そして先生の言うことが大体聞けて，集団活動の流れに乗れること，というあたりが「就学の常識的な線」と考えられているようです。そのこともあって，文字が全く読めなくていい，自分の名前がかけなくてもいいとは保護者も保育者も簡単にいえない事情も分かります。本来，そのような文字指導などは，入学して後でよいはずなのですが，現実にはそうとばかりもいえないようなのです。

　そのこともあって，保護者は早くから幼児教育教材を買い与えたり，学習塾に通わせたりと，強く「教える」構えの下にあります。

「園でも文字指導をしてください，英語を教えてください，英語を教えないなんて時代遅れです」という保護者の自己主張が現にあります。そして，私立の幼稚園などでは，英語を教えるかどうかで入園する園児数に大きな違いがでてくるという現実もあります。

そこで，保育者としては就学を控えた秋以降，何かと設定場面で学習指導をしなければと考える傾向にあります。実際，いまの文化環境を反映して，年長児になれば，子ども自身，文字を読んだり書いたりすることに興味が広がり，「これどう読むの？」「これどう書くの？」と保育者に尋ねてくるという現実も確かにあります。それに対応していくことは当然ですが，むしろ保育者の中に就学の窓口に合わせなければという思いが強くあるために，いつのまにか早期教育の流れに巻き込まれ，学習指導の構えの中で「させる」対応が基調になってしまいがちです。しかしそのために肝心の「一個の主体として育てる」という保育目標，とりわけ二面ある心を育てるという保育目標を忘れてしまったのでは困ります。その目標こそ，小学校に上がって，集団で学ぶ上での基礎となるものだからです。基礎が危うい上に建物を立てたのでは，かならず建物は傾きます。

そうならないためには，周囲の雑音に惑わされることなく，その保育目標がある程度実現されているかどうかを一人ひとりの子どもについて確かめる必要があります。それが就学につなぐことなのです。

一人ひとりの子もが集団生活を楽しみ，そこで意欲的に自己発揮しているかどうか，それでいて自分勝手ではなく，周りをよく見て，みんなと一緒に生活することが自分にとって楽しいことだという感覚を身につけているかどうか，そして周りの友達を大事に思えるようになっているかどうか，それらの一個の主体としての生き方がある程度育っていれば，おそらく小学校に上がってから「学級崩壊」などという事態には陥らないはずです。その保育の基本を忘れて，そういう心の育ちが十分でないままに，強く教え込む体制に入り，単に挨拶ができる，じっと座って話を聞ける，自分の名前が書けるといった，個々の行動の定着を目指すことは，近道をしているようでいて，結局は遠回りなのです。

3 再度，幼児期の心の育ちをみることの意義

就学までの6年間のあいだに，子どもは目覚しい成長を遂げます。それは目に見える行動事実に表れているばかりでなく，子どもの心という目に見えないものが子どもの内部で確実に育ってきているという意味でもあります。その心の育ちを見届け，それを通して子ども一人ひとりの存在を受け止めることの意義を保育者が再確認することが，本当の意味で就学につなぐことではないでしょうか。

さくいん

あ
愛情 4
愛着 102
アイデンティティ 157, 161
預かり保育 160, 200
遊び 4, 46, 47, 50, 51, 52, 56, 58, 64, 67, 108, 118, 119, 120, 124, 126, 139, 141, 158, 196
遊ぶ 142
甘え 86, 87, 109
安心感 47, 68, 99, 102
安全感 102
安全基地 102
安定感 99
育児休業 100, 200
育児休業法 96
育児ノイローゼ 106
依存 68, 86, 87, 109
一時保育 106, 200
一個の主体 14, 56
一個の主体として 8, 9, 31, 32, 53, 68, 69, 72, 87, 98, 100, 137, 141, 152, 156, 158, 161, 168, 185, 197, 205
一対一の関係 126, 127
異年齢クラス 132, 133
異年齢交流 133, 139
居場所 113, 119, 139
イメージ 90, 92, 93, 108, 112, 113, 114, 115, 118, 120, 131, 154, 156, 162
イメージの世界 93, 120
インクルージョン 36, 37, 38
受け入れる 34, 87
受け手効果 90
受け止め 7, 34, 38, 137, 152, 154, 168, 189, 191
受け止める 16, 32, 33, 67, 68, 74, 85, 159, 167
映し返し 14
映し返す 64, 65, 121, 126
促す 167
運動会 146, 148
エピソード 24, 26, 27, 66, 169, 175
絵本の読み聞かせ 120
絵本読み 93
エンゼルプラン 198, 199
延長保育 160, 161
園庭開放 106
園庭での遊び 114
園内研修 172, 173, 174
園のポリシー 155
教え 152
教え・導く 33
教える 4, 5, 7, 10, 33, 153
大人の目 22, 23, 25, 26, 27, 34, 187, 189
思い遣り 39
思いを受け止めて 103
思いを伝える 80

か
カウンセリング・マインド 34, 35, 185
抱える 70
過干渉 88, 89
核家族 100
核家族化 ii
過剰依存 69
過剰な依存 87
価値観 i, ii, 25, 26, 164, 178, 181, 184
葛藤 34, 50, 51, 59, 73, 75, 162, 163, 164
加配 36, 37, 170, 171
環境構成 58, 59
感性的な体験 52
規制 45
気になる子ども 175, 176, 177, 179, 197
規範 16, 33, 80
基本姿勢 33
基本的生活習慣 106, 107
義務教育 4, 10
虐待 71, 199
客観的な目 24, 25, 26
共感的な 22
行事 146
競争心 79, 192
共同注意 90

禁止 38, 80, 102, 137, 180, 182
クールな目 24, 25, 27, 72
クラス構成 132
倉橋惣三 10
グレイゾーン 33, 34, 35
繋合希求性 15
健康管理 42
研修 172, 175
原初的コミュニケーション 91, 92
公開保育 172, 173
向社会的 16
肯定的な心 19, 21
コーナー 138, 139, 140
国際障害者年 36, 37
心の教育 7
心の健康 43
心の健康面 43
心の育ち 7, 31, 197
心を育てて 189
個人差 128, 129, 147, 149, 163
午睡 144
個性 57
子育て 6, 99
子育て支援 11, 106, 153, 157, 160, 198, 199, 200, 201
子育てのストレス 199
ごっこ遊び 93, 118
子ども観 i, 178
子ども主体の保育 130
子ども中心主義 10, 11
子ども同士 196
子どもの権利条約 20
子どもの目 22, 23, 25, 26, 27, 34, 72, 187, 196
子どもは子ども 20, 32
子ども一人ひとり 13, 29, 31, 146
子ども一人ひとりを大切に 32
コフート・H 86
コミュニケーション 90, 91, 97, 98, 99, 101, 127, 140
固有性としての主体性 14, 15, 17, 75
5領域 134

さくいん

さ

支える 7, 38, 40, 64, 65, 125, 137, 152, 167
させる 5, 7, 8, 33, 159
叱る 80, 81, 137, 181, 152, 182, 190, 191
自己肯定感 11, 12, 14, 53, 101, 126, 189, 192
自己実現 ii
自己充実欲求 14
自己主張 27, 74, 106, 107, 162, 180, 181
自己中心的 17
自己発揮 14, 20, 32, 33, 40, 67, 68, 69, 70, 79, 119, 121, 130, 194, 196, 205
自信 ii, 14, 15, 32, 59, 70, 78, 79, 101, 119, 126, 154, 174, 179, 180, 189, 190, 197
次世代育成支援 11, 42, 96, 157, 160, 185, 198
次世代育成支援対策推進法 199
自然環境 58, 66
自尊心 78
しつけ 108, 143, 144, 190
実践的専門性 169, 173, 174
室内遊び 114
児童憲章 11, 20
児童権利宣言 11
自発性 101, 102, 140
社会構築主義 6
社会性 5, 17, 73, 108, 109
社会文化環境 43
自由遊び 29, 56, 124, 125, 126, 127, 128, 133, 167, 185, 194, 195, 196, 197
自由感 130, 131, 133, 142, 182, 194
集団圧力 30
集団活動 113
集団生活 i, 5, 9, 21, 29, 30, 33, 44, 102, 112, 113, 119, 191
集団適応 7
集団保育 i, 112, 119, 144
自由保育 119, 124
主体 69
主体性 53, 70, 74, 79, 89, 124, 195
主体的 i, 45, 51, 65, 66, 89, 146
主体的な 56, 57, 59, 64, 119, 124, 194
主体的な活動 130, 137

主体的に 15, 130, 139, 143, 195, 197
主体的に遊ぶ 126
主体として 7, 14, 15, 16, 38, 68, 69, 73, 75, 86, 102, 107, 163, 180, 194, 195, 197
主体として生きていく基本姿勢 ii, 7
主体として生きる ii, 8, 12
主体として受け止める 70, 72
受容 80
純粋無垢 18, 19, 21
障碍児保育 36, 37, 170
障碍のある子ども 36, 37, 38, 170, 171
少子化 106, 133, 159, 180, 181, 198, 199
成就感 64
情動制御 82, 84
情動調律 64, 82, 83, 84, 85, 103, 109, 127, 193
情動の共有 91
食事 142
職場の対人関係 163
自立 ii, 86, 87
新生児期 96
身辺自立 5, 7, 21, 163, 204
シンボル機能 92
信頼 38, 39, 59, 64, 68, 69, 70, 74, 86, 87, 102, 155
信頼関係 i, 5, 6, 7, 8, 16, 32, 34, 45, 56, 67, 68, 69, 70, 71, 77, 78, 80, 81, 87, 89, 100, 101, 102, 103, 113, 114, 119, 127, 153, 154, 155, 177, 179, 180, 182, 183, 187, 189, 191, 193, 196
好き嫌い 142, 143
スキンシップ 47, 71, 109
生活の場 103
制止 38, 80, 102, 137, 177, 180, 182
正負二面 21
正負両面 18, 19, 51
世代間伝達 184
設定の場面 197
設定場面 205
設定保育 37, 40, 119, 124, 128, 129, 130, 131, 137, 167, 190, 194
世話 4, 42
専門性 157, 161

早期教育 205
相互主体的 8
相互性としての主体性 15, 16, 17
相貌的知覚 58
育てられる者 9
育てる 6, 7, 8, 9, 23, 44, 152, 153, 166, 167
育てる者 9, 185
存在を認めている 187
存在を認める 76, 77, 78, 79, 83, 126, 168, 189

た

第3の目 23, 27, 35, 89, 173, 187
対人関係 i, 27, 34, 69, 100, 108, 118, 165, 177, 180
代弁 39, 109
達成感 50, 51, 64
地域との交流 202, 203
チーム保育 170
通園施設 36
伝える 33
天真爛漫 18, 19, 21, 112
同一化 69
統合保育 36, 37, 170, 171
同年齢クラス 132
特別支援教育 37
特権的な場 11, 20
友達 i, 59, 92, 108, 114, 118, 119, 142, 187, 205
友達関係 103, 113, 118
共に生きる 8, 12, 15, 30, 32, 33, 37, 38, 39, 73
共に生きる基本姿勢 69
共に生きることの難しさ 39
共に生きる困難 36
共に生きる姿勢 8
トラブル 103, 145, 195, 196
取り込む 92

な

成り込み 64
二重資格 158
二面性 18, 20, 21, 32, 68, 75, 163
乳幼児期 i, 6, 9, 17, 21, 42, 68, 69
人間関係 ii, 57, 68, 69, 70, 137, 145, 183
人間として生きていく上での基本姿勢 68
人間として生きていくその基本姿勢 i

ネグレクト　77
能力障碍　36
能力促進　38
能力発達　5
ノーマライゼーション　36, 38

は
発達観　ii
発達促進　37
発達の最近接領域　5
発達保障　36, 37
発表会　146, 148
母親参照　69, 100
反抗期　74
ハンディキャップ　38, 39
一人ひとり　12, 39, 65, 168
一人ひとりを大切に　28, 30
評価的な目　27
表象機能　92
表象の世界　93
不安　102
不信　59
不信感　32, 81
懐の深い　34
懐の深さ　34, 35, 85
懐深い対応　35
負の感情　19, 21, 59, 84, 85, 176, 178
負の気持ち　103
負の経験　51, 59
負の行動　80, 187
負の心　18, 19
負の状態　71, 98, 103, 178
負の情動　82, 84, 85, 103, 109
負の出来事　181, 182, 183
プライド　156, 157, 165, 174
プラスの感情　18
振り返りの専門性　174
フレーベル・F　10
負を抱える　98
文化　6
文化伝達　6, 7, 44
保育イメージ　157
保育観　10, 20, 164, 173, 178
保育環境　138, 139, 141

保育記録　175
保育計画　65, 124, 128, 161, 167, 168, 169
保育士　152, 158, 160, 161, 164
保育集団　163
保育者主導　130
保育者主導の保育　130
保育者のアイデンティティ　152, 156, 163, 174
保育者の指導性　33
保育者の専門性　152, 153, 166, 167, 169
保育者養成　26
保育所保育指針　134
保育の5領域　114
保育の専門性　65, 169
保育の二大目標　14, 17, 162, 163
保育の場　ii, 5, 11, 20, 23, 26, 27, 28, 38, 42, 43, 44, 46, 47, 52, 53, 67, 68, 70, 71, 77, 80, 81, 85, 87, 99, 100, 103, 106, 112, 114, 127, 133, 137, 142, 144, 145, 154, 163, 168, 170, 177, 179, 180, 181, 182, 183, 185, 198, 201, 202
保育の目標　12, 13
保育目標　158, 205
保育論　10
放任　88, 89
保護　4, 5
保護者ニーズ　159, 184, 185
ホスピタリズム　4, 47
ホットな目　24, 25, 26, 27
ほどよい　88, 182, 183
ほどよさ　31, 87, 89
ほめる　78, 79, 80, 152, 190, 191
ポリシー　185

ま
マイナスの感情　18
待つ　53, 113, 169
学び＝真似び　5, 15, 44, 69
学ぶ＝真似ぶ　4
導く　33
認められる経験　177
認める　7, 32, 33, 34, 64, 76, 77,

78, 81, 83, 107, 125, 137, 152, 154, 167, 168, 189, 191, 195
未来の大人　20, 21, 32
みんな一緒に　13, 28, 29, 30, 32, 39, 146, 148, 168
みんなと一緒　15
みんなの中の私　13
みんな一人ひとり　149
無視　77
モッテッソーリ・M　10
物語の世界　93
物事を感じる目　25

や
やきもち　109
遊具　59
有能感　53, 59
指差し　90, 101, 102
養育環境　ii, 4
養護　5, 42, 43, 142, 152, 153
幼稚園教育　10
幼稚園教育要領　134
幼稚園教育要領解説　50, 124
幼稚園教諭　152, 158, 159, 160, 161, 164
幼保一元化　152, 160
読み聞かせ　52

ら
ランチ・ルーム　133, 138, 141
力動感＝vitality affect　14, 46, 47, 48, 52, 53, 56, 58, 64, 65, 66, 72, 74, 82, 83, 84, 90, 91, 93, 113, 114, 121, 125, 126, 127
療育　37, 38
療育　38
両義性　13, 21, 35, 168
ルール　16, 30, 33, 113, 115, 118, 120

わ
私はみんなの中の私　9, 13, 21, 29, 30, 32, 115, 119
私は私　8, 9, 12, 13, 14, 21, 28, 29, 30, 31, 32, 115, 119
私は私たちの中の一人　31

執筆者紹介 (氏名／よみがな／生年／現職／主著)

鯨岡　峻（くじらおか　たかし／1943年生まれ）
中京大学教授
京都大学博士（文学）
『心理の現象学』（世界書院）
『原初的コミュニケーションの諸相』（ミネルヴァ書房）
『両義性の発達心理学』（ミネルヴァ書房）
『関係発達論の構築』（ミネルヴァ書房）
『関係発達論の展開』（ミネルヴァ書房）
『養護学校は，今』（編・ミネルヴァ書房）
『保育を支える発達心理学』（ミネルヴァ書房）
『〈育てられる者〉から〈育てる者〉へ』（NHKブックス）
『〈共に生きる場〉の発達臨床』（ミネルヴァ書房）
『エピソード記述入門』（東京大学出版会）
『保育のためのエピソード記述入門』（共著・ミネルヴァ書房）
『エピソード記述で保育を描く』（共著・ミネルヴァ書房）
『最新保育講座15　障害児保育』（編・ミネルヴァ書房）
『保育・主体として育てる営み』（ミネルヴァ書房）

鯨岡和子（くじらおか　かずこ／1945年生まれ）
元大阪成蹊短期大学非常勤講師
『保育を支える発達心理学』（ミネルヴァ書房）
『母と子のあいだ』（共訳・ミネルヴァ書房）
『親はどのようにして赤ちゃんをひとりの人間にするか』（共訳・ミネルヴァ書房）
『保育講座　保育内容「人間関係」』（共著・ミネルヴァ書房）
『保育のためのエピソード記述入門』（共著・ミネルヴァ書房）
『エピソード記述で保育を描く』（共著・ミネルヴァ書房）
『最新保育講座15　障害児保育』（共著・ミネルヴァ書房）

やわらかアカデミズム・〈わかる〉シリーズ
よくわかる保育心理学

| 2004年7月25日　初　版第1刷発行 | 〈検印省略〉 |
| 2014年9月10日　初　版第8刷発行 | 定価はカバーに表示しています |

著　者　　鯨　岡　　　峻
　　　　　鯨　岡　和　子
発行者　　杉　田　啓　三
印刷者　　田　中　雅　博

発行所　株式会社　ミネルヴァ書房
〒607-8494　京都市山科区日ノ岡堤谷町1
電話代表　（075）581-5191
振替口座　01020-0-8076

©鯨岡　峻・鯨岡和子, 2004　　創栄図書印刷・新生製本

ISBN 978-4-623-04092-6
Printed in Japan

やわらかアカデミズム・〈わかる〉シリーズ

教育・保育

よくわかる学びの技法
　田中共子編　本体　2200円
よくわかる教育評価
　田中耕治編　本体　2600円
よくわかる授業論
　田中耕治編　本体　2600円
よくわかる教育課程
　田中耕治編　本体　2600円
よくわかる教育原理
　汐見稔幸・伊東　毅・髙田文子・東　宏行・増田修治編著　本体　2800円
よくわかる教育学原論
　安彦忠彦・児島邦宏・藤井千春・田中博之編著　本体　2600円
よくわかる生徒指導・キャリア教育
　小泉令三編著　本体　2400円
よくわかる教育相談
　春日井敏之・伊藤美奈子編　本体　2400円
よくわかる障害児教育
　石部元雄・上田征三・高橋　実・柳本雄次編　本体　2400円
よくわかる障害児保育
　尾崎康子・小林　真・水内豊和・阿部美穂子編　本体　2500円
よくわかる保育原理
　子どもと保育総合研究所　森上史朗・大豆生田啓友編　本体　2200円
よくわかる家庭支援論
　橋本真紀・山縣文治編　本体　2400円
よくわかる子育て支援・家庭支援論
　大豆生田啓友・太田光洋・森上史朗編　本体　2400円
よくわかる社会的養護
　山縣文治・林　浩康編　本体　2500円
よくわかる社会的養護内容
　小木曽宏・宮本秀樹・鈴木崇之編　本体　2400円
よくわかる小児栄養
　大谷貴美子編　本体　2400円
よくわかる子どもの保健
　竹内義博・大矢紀昭編　本体　2600円
よくわかる発達障害
　小野次朗・上野一彦・藤田継道編　本体　2200円
よくわかる子どもの精神保健
　本城秀次編　本体　2400円
よくわかる環境教育
　水山光春編著　本体　2800円

福祉

よくわかる社会保障
　坂口正之・岡田忠克編　本体　2500円
よくわかる社会福祉
　山縣文治・岡田忠克編　本体　2500円
よくわかる社会福祉運営管理
　小松理佐子編　本体　2500円
よくわかる社会福祉と法
　西村健一郎・品田充儀編著　本体　2600円
よくわかる社会福祉の歴史
　清水教惠・朴　光駿編著　本体　2600円
よくわかる子ども家庭福祉
　山縣文治編　本体　2400円
よくわかる地域福祉
　上野谷加代子・松端克文・山縣文治編　本体　2200円
よくわかる家族福祉
　畠中宗一編　本体　2200円
よくわかるスクールソーシャルワーク
　山野則子・野田正人・半羽利美佳編著　本体　2500円
よくわかる高齢者福祉
　直井道子・中野いく子編　本体　2500円
よくわかる障害者福祉
　小澤　温編　本体　2200円
よくわかる精神保健福祉
　藤本　豊・花澤佳代編　本体　2400円
よくわかる医療福祉
　小西加保留・田中千枝子編　本体　2500円
よくわかる司法福祉
　村尾泰弘・廣井亮一編　本体　2500円
よくわかる福祉財政
　山本　隆・山本惠子・岩満賢次・正野良幸・八木橋慶一編　本体　2600円
よくわかるリハビリテーション
　江藤文夫編　本体　2500円
よくわかる女性と福祉
　森田明美編著　本体　2600円

心理

よくわかる心理学
　無藤　隆・森　敏昭・池上知子・福丸由佳編　本体　3000円
よくわかる心理統計
　山田剛史・村井潤一郎著　本体　2800円
よくわかる保育心理学
　鯨岡　峻・鯨岡和子著　本体　2400円
よくわかる臨床心理学　改訂新版
　下山晴彦編　本体　3000円
よくわかる心理臨床
　皆藤　章編　本体　2200円
よくわかる臨床発達心理学
　麻生　武・浜田寿美男編　本体　2800円
よくわかるコミュニティ心理学
　植村勝彦・高畠克子・箕口雅博・原　裕視・久田　満編　本体　2500円
よくわかる発達心理学
　無藤　隆・岡本祐子・大坪治彦編　本体　2500円
よくわかる乳幼児心理学
　内田伸子編　本体　2400円
よくわかる青年心理学
　白井利明編　本体　2500円
よくわかる教育心理学
　中澤　潤編　本体　2500円
よくわかる学校教育心理学
　森　敏昭・青木多寿子・淵上克義編　本体　2600円
よくわかる学校心理学
　水野治久・石隈利紀・田村節子・田村修一・飯田順子編著　本体　2400円
よくわかる社会心理学
　山田一成・北村英哉・結城雅樹編著　本体　2500円
よくわかる家族心理学
　柏木惠子編著　本体　2600円
よくわかる言語発達
　岩立志津夫・小椋たみ子編　本体　2400円
よくわかる認知発達とその支援
　子安増生編　本体　2400円
よくわかるスポーツ心理学
　中込四郎・伊藤豊彦・山本裕二編著　本体　2400円
よくわかる健康心理学
　森和代・石川利江・茂木俊彦編　本体　2400円

——— ミネルヴァ書房 ———
http://www.minervashobo.co.jp/